GANZHEITLICH HEILEN

Buch

Wie innen so außen – das gilt auch für die eigene Wohnung. Sie ist ein Spiegel für das Befinden eines Menschen, und gleichzeitig beeinflußt sie auch die Stimmung und die Gesundheit derjenigen, die dort leben.
Jane Alexander ermuntert dazu, die Gestaltung von Wohnräumen nicht dem Zufall zu überlassen. Sie richtet die Aufmerksamkeit auf die feinen Energien, die für eine positive Wohnatmosphäre entscheidend sind. Mit wenig Aufwand können sie in die richtigen Bahnen gelenkt werden. Unter Einbeziehung von Feng-Shui-Quellen gibt die Autorin in ihrem Handbuch eine Fülle von Vorschlägen, um das eigene Zuhause zu einem Ort der Kraft und der Zentrierung zu machen. Ihre Tips umfassen alle Aspekte des guten Wohnens im Einklang mit der Umwelt sowie in Einklang mit individuellen Bedürfnissen nach Ruhe, Anregung und Kreativität.

Autorin

Jane Alexander lebt in England. Sie ist Buchautorin und schreibt als freie Journalistin und Expertin für ganzheitliche Medizin und Naturheilweisen in Tageszeitungen und Zeitschriften.

JANE ALEXANDER

DER GEIST DES HARMONISCHEN HAUSES

Ihr Zuhause als Ort der Inspiration und Regeneration

Aus dem Englischen von Gabriele Kuby

GANZHEITLICH HEILEN

GOLDMANN

Die Originalausgabe erschien unter dem Titel
»Spirit of the Home« bei Thorsons, London,
An Imprint of HarperCollins Publishers.

Deutsche Erstausgabe

Für Sophie, mit viel Liebe

Deutsche Erstausgabe März 1999
© 1999 der deutschsprachigen Ausgabe
Wilhelm Goldmann Verlag, München
in der Verlagsgruppe Bertelsmann GmbH
© 1998 der Originalausgabe Jane Alexander
Umschlaggestaltung: Design Team München
Umschlagfoto: TIB/Jill Enfield
DTP-Satz: Barbara Rabus
Druck: Graphischer Großbetrieb Pößneck GmbH
Verlagsnummer: 14154
Redaktion: Irina Mamula
WL · Herstellung: Stefan Hansen
Made in Germany
ISBN 3-442-14154-0

1. Auflage

Inhalt

Einleitung

Wir haben fast alle einen Ort, den wir Zuhause nennen. Ob es ein großes, vornehmes Haus ist, oder einfach nur eine Ecke in einem Zimmer – es gibt einen Ort, den wir als unser eigen beanspruchen können. Jeder von uns hat eine andere Vorstellung von Zuhause. Für den einen ist es ein Ort, über den man kaum nachdenkt, an dem man ißt und schläft und vor den Elementen geschützt ist. Für andere ist ihr Zuhause ein wesentlicher Bestandteil des Lebens: ein festes Zentrum, in dem sie sich sicher und geborgen fühlen. Für die meisten ist ihr Heim ein Symbol für Geschmack und Status, ein Bereich, in dem sie ihre Kreativität spielen lassen oder ihren sozialen Status unter Beweis stellen können. Welche Haltung wir zu unserem Zuhause auch immer haben mögen, es gibt keinen Zweifel, daß der Platz, an dem wir leben, immer größere Bedeutung erhält. Das allgemeine Interesse an Häusern, Hausbau, Innenarchitektur und Design wächst enorm. Die Zeitungskioske quellen über von Magazinen zum Thema Haus und Garten, und die Kaffeetische biegen sich unter Hochglanzbüchern, in denen vollendete Wohnkultur abgebildet ist. Sie brauchen nur den Fernseher einzustellen, und jemand wird Ihnen erzählen, wie Sie Ihre Küche renovieren oder einen Heizkörper verbergen können.

Dahinter steckt weit mehr als nur eine Modeerscheinung. Wir haben eine tiefe kollektive Sehnsucht nach einem idealisierten Bild unseres Zuhauses – nach dem idealen Heim. Es ist, als hätten wir das Gefühl: Könnten wir unserem Heim nur das richtige Aussehen geben, dann wäre irgendwie alles in Ordnung; in einem perfekten Heim würden wir auch ein perfektes Leben führen. Aber wenn wir meinen, wir könnten aus den Seiten einer Zeitschrift ein glückliches Heim schaffen oder uns den Weg zu einem heilenden Heim erkaufen, dann täuschen wir uns.

Hinter dem schier verzweifelten Interesse an der äußeren Aufmachung unseres Hauses – an den neuesten Farben, den modernsten Möbeln, dem besten Herd, den saubersten Gardinen – verbirgt sich eine tiefere Sehnsucht. Im Grunde unseres Herzens sehnen wir uns nach einem wirklichen Zuhause. Ein wirkliches Zuhause ist ein Ort, der uns auf allen Ebenen wohltut. Es schenkt uns die Behaglichkeit, die unser Körper braucht, um sich wohlzufühlen und auszuspannen. Es schafft einen Raum der Sicherheit und Geborgenheit, in dem unser Geist und unsere Gefühle zur Ruhe kommen. Und vor allem nährt es unsere Seele. Ein wirkliches Zuhause ist kein Ausstellungsraum, der mit teurem Mobiliar vollgepackt und von einem namhaften Innenarchitekten gestylt ist: Es ist ein lebendiger Innenraum, der uns in einer immer bedrohteren Welt ein Gefühl der Geborgenheit vermitteln kann. Es ist unser Zufluchtsort, unser Heiligtum – ein Ort, an dem wir die Welt hinter uns lassen, ein Platz, an dem sich Entspannung und Wohlbefinden einstellen, sobald wir die Tür hinter uns schließen.

In manchen Häusern geschieht dies automatisch. Andere brauchen dazu unsere Hilfe. Leider haben wir unser Heim oft vernachlässigt, genauer gesagt, wir haben uns nicht um den Geist des Hauses gekümmert. Ein Heim ist viel mehr als ein Haus; es ist eine Art lebendes Wesen mit einer eigenen Seele. Früher wurde das Heim wie eine Gottheit verehrt – man glaubte, daß es seinen eigenen Geist besäße mit einem ganzen Schwarm von Hilfsgeistern. Rund um die Erde haben die Menschen ihrem Heim Liebe und Achtung und Verehrung entgegengebracht. Man wußte, daß andernfalls Schwierigkeiten und Streit über das Haus und seine Bewohner kämen. Heutzutage gehen wir schlecht mit unserem Zuhause um. Oft wird es vernachlässigt, und wir dulden Schmutz und Unordnung. Oder wir sind auf peinlichste Sauberkeit und Ordnung bedacht und laufen dann Gefahr, daß unser Heim zu einem sterilen Ort steifen, modischen Glanzes wird, der zwar gut aussieht, aber sich nicht gut anfühlt. Diese seelenlosen Häuser mit dem schönen Schein kommen zustande, weil etwas Wesentliches in der Gleichung ausgelassen wurde: Die vitale Lebensenergie des Hauses, nämlich sein Geist, wurde ignoriert.

Wir können keinen wahren inneren Frieden finden, wenn wir nicht wieder auf dieser tiefen Ebene mit unserer Wohnstätte in Kontakt treten. Ohne ein wirkliches Zuhause haben wir keine Barriere zwischen uns und dem ständig wachsenden Streß des Alltags und der Arbeitswelt. Ein Zuhause mit Herz umfängt uns, wenn wir durch die Haustür treten; wir spüren, wie es uns mit einer heilenden Atmosphäre umhüllt. Sein Zweck und Ziel ist es, uns zu schützen und zu befrieden, uns in jeder Hinsicht nach Hause zurückkehren zu lassen. Es ist deswegen eines der wichtigsten Erfordernisse für unsere körperliche und psychische Gesundheit, im wahrsten Sinne des Wortes nach Hause zu kommen.

Die Kunst, ein Heim zu schaffen

Es scheint, als hätten wir die alte instinktive Kunst des Wohnens verloren. Wir wissen, wie man Bilder aufhängt, aber nicht, wie man einem Zuhause Wärme gibt, in der man sich geborgen fühlt. Wir sind Experten darin, einen offenen Kamin anzulegen, aber Amateure, wenn es um Atmosphäre und Gefühl geht. Wenn man die sterilen Wohnungen sieht, die wir Zuhause nennen, dann könnte man in Depression und Hoffnungslosigkeit verfallen. Aber wir können die Situation leicht verändern. Unsere Fähigkeit, ein Zuhause zu schaffen, ist nicht wirklich verlorengegangen, sie ist einfach in Vergessenheit geraten. Wir können sie wieder wachrufen, um uns ein wirkliches Heim zu schaffen und unserem Haus die Seele einzuhauchen. Wir benötigen dafür nur etwas Zeit und Engagement – und eine große Dosis Phantasie. Es geht um nichts weniger als die Wiederverzauberung unseres Heims, damit es ein Ort der Wärme und der Freude wird. Wir müssen ihm sein Leben und seine Seele zurückgeben, seinen Geist achten und seine Heilkraft zur Entfaltung bringen.

Wir brauchen nur die alten Wege wieder zu beschreiten, die uns lehren, wie man nicht nur die stoffliche Ebene eines Hauses reinigt, sondern auch seine spirituelle Energie; wie man Atmosphäre entwickelt und gestaltet; wie man spürt, was das Haus braucht und was ihm widerstrebt. Den Geist des Hauses wiederzuentdecken, heißt auch, daß

Sie die Natur in Ihren Innenraum einlassen, so daß die vier Elemente ihre Lebenskraft entfalten können. Lassen Sie Ihren Sinnen die Zügel schießen und erfüllen Sie Ihr Zuhause mit belebenden Farben, animierenden Düften, heiteren Klängen und behaglichen Stoffen.

Auf einer tieferen Ebene kann Ihnen der Geist des Hauses helfen, sich selbst besser kennenzulernen und herauszufinden, wer Sie sind und wer Sie sein können. Ihr Heim drückt aus, wer Sie sind. Ihre Umgebung zu verwandeln, hat Einfluß auf den Prozeß, dem eigenen wahren und authentischen Selbst näherzukommen. Es ist eine Entdeckungsreise, die Ihr ganzes Leben verwandeln kann. Am Ende kommen Sie da an, wo Sie immer sein wollten. Sie kommen nach Hause.

Ich weiß, daß es so ist, weil ich es selbst gesehen, gefühlt und erfahren habe. Ich habe an Orten ohne Seele gelebt. Sie haben sich verlassen und leer angefühlt, und ich habe mich verlassen und leer gefühlt, während ich darin lebte. Ich habe in Gebäuden gearbeitet, die »krank« waren, und die Menschen, die dort mit mir gearbeitet haben, waren oft depressiv und häufig selbst krank. Dann bin ich an Orte gekommen, die so stimmig waren, so von Geist erfüllt, daß meine Seele einen tiefen Seufzer der Erleichterung getan hat. Das sind die Orte, wo man sich sofort zu Hause fühlt. Man kann seine Sorgen an der Schwelle abstreifen und in einen heiligen Raum des Friedens eintauchen – ein wahres Refugium.

Das Ziel dieses Buches ist es, Ihnen zu zeigen, wie Sie ein ganz normales Heim in ein solches Refugium verwandeln können, in einen Ort des Lachens, der Freude, des Friedens und der Geborgenheit. Viele der Ideen in diesem Buch sind einfach, naheliegend und eine Sache des gesunden Menschenverstandes. Sie werden das Gefühl haben, »das wußte ich doch schon immer« – und so ist es auch. Wir alle tragen dieses Wissen in uns, denn es ist unser gemeinsames Erbe. Ob Sie an frühere Leben glauben, an das kollektive Unbewußte oder an die einfachen Gesetze der Genetik – die Menschen haben ihr Heim immer verehrt. Wir haben alle die heilige Flamme des Herdes gehütet, haben die Erde als unsere Mutter verehrt. In der Tiefe unserer Seele wissen wir, wie wichtig es ist, den Geist und die Geister unseres Hauses zu ehren, den energetischen Raum ebenso zu reinigen, wie wir die Fuß-böden putzen, und unser Heim mit der heilenden Kraft von Farbe, Klang und Licht zu füllen.

Auf der bewußten Ebene sind wir uns dessen jedoch nicht so sicher. Auch wenn vieles von diesem Buch gesunder Menschenverstand ist, werden Lesern mit einem ausgeprägt rationalen Verstand manche Ideen weit hergeholt, vielleicht sogar verrückt erscheinen. Ich spreche häufig über Archetypen (weil ich mich mit den Konzepten von C. G. Jung sehr wohlfühle). Ich spreche auch ohne Scheu über die feinstoff-liche Energie, weil ich spüre, wie sie sich in meinem Körper und in meinem Haus bewegt. Falls Sie solche esoterischen Ideen schwierig finden, macht das nichts. Sie können sich ein seelenvolles, heilendes Heim schaffen, ohne ein Wort von der Theorie oder der mystischen Seite der Gleichung zu verstehen oder zu glauben.

Benutzen Sie dieses Buch wie ein Handbuch für Ideen. Sie können darin eintauchen und wieder auftauchen, ganz nach Lust und Laune. Wenn Sie die Theorie, Psychologie und Mythologie mühsam finden, dann überschlagen Sie einfach Teil I. Ich würde Ihnen raten, sich für Teil II etwas mehr Zeit zu nehmen, weil ich festgestellt habe, daß die dort präsentierte Betrachtungsweise Ihre Sichtweise von sich selbst und Ihre Erwartungen an Ihr Zuhause verändern kann. Aber auch das ist nicht unbedingt notwendig. Wenn Sie ein Mensch sind, der gleich die Ärmel hochkrempeln und ans Werk gehen will, dann schlagen Sie sofort Teil III auf, denn hier beginnt die rein praktische Arbeit.

Herz ins Haus bringen

Wenn ich über diese Ideen spreche, dann ist die erste Reaktion meiner Zuhörer fast immer: »Das wäre ja alles schön und gut, wenn ich das richtige Haus hätte.« Oder: »Wenn ich genug Geld hätte, dann hätte ich das perfekte Heim.« Die Kirschen aus Nachbars Garten … Aber interessanterweise beginnt man anders zu denken, wenn man sich wirklich mit seinem Heim beschäftigt und es als Spiegel der eigenen Persönlichkeit sieht. Ich sehnte mich immer nach größeren und besseren Häusern, die natürlich auch immer viel teurer waren. Nachdem ich viele Übungen von der Art gemacht hatte, wie sie in Teil II beschrieben sind, stellte ich fest, daß ich gar kein Bedürfnis mehr nach großartigen Häusern hatte. Ich erkannte, daß ich durch die Häuser, die mir so erstrebenswert erschienen, ein falsches Bild von mir in die Welt projizierte. Jetzt wünsche ich mir nicht mehr etwas Größeres oder Beeindruckenderes – wahrscheinlich wird mein nächstes Heim viel schlichter als mein gegenwärtiges. Aber es wird ganz bestimmt ein Spiegel meiner Psyche und meiner Seele sein. Clare Cooper Marcus, die ein wunderbares Buch über die Psychologie des Heims geschrieben hat mit dem Titel *Houses as a Mirror of Self*, beleuchtet diesen Punkt sehr schön. Sie hat mit den verschiedensten Menschen über ihr Heim gesprochen und berichtet: »Manche Leute waren so wohlhabend, daß sie zwei Häuser besaßen, haben sich aber nirgends zu Hause gefühlt. Andere haben völlig zufrieden in einem einzigen Zimmer oder einer illegal gebauten Hütte gelebt.«

Das Geld ist nicht der eigentliche Stolperstein. Sie müssen Ihrem Heim Zeit, Anstrengung und ernsthaftes Nachdenken schenken – zusammen mit einem guten Quantum Durchsetzungsvermögen. Glauben Sie mir, es lohnt die Mühe. Ich will Ihnen ein Beispiel von meinem eigenen Heim erzählen. Als ich einzog, war es in einem jammervollen Zustand. Es war die Hälfte eines frühviktorianischen Pfarrhauses, das völlig heruntergekommen war. Mein Mann Adrian und ich waren am Tag des Einzugs mit folgender Situation konfrontiert: Zuerst wollte uns das Haus gar nicht hineinlassen – der Schlüssel ließ sich nicht drehen, und die Haustür klemmte. Als wir die Tür schließlich mit Gewalt geöffnet hatten, wurden wir von gräßlichem Gestank begrüßt – die Toiletten waren verstopft. Wir gingen in eins der Schlafzimmer und sahen, daß die Decke durchhing. Über uns war ein merkwürdiges Geräusch zu hören. Wir rannten hinauf und mußten feststellen, daß kochendes Wasser über die Wände lief – der Boiler war überhitzt.

Wir waren nahe daran, auf dem Absatz kehrtzumachen, aber wir hatten uns in das imposante alte Haus verliebt, und der Vertrag war unterschrieben. So zuckten wir mit den Achseln und entschlossen uns, trotz allem unsere Sektflasche aufzumachen und das Essen zu verzehren, das wir an einer Imbißbude gekauft hatten. Wir zündeten ein paar Kerzen an, machten Feuer im Kamin und stießen auf das Glück an, das uns (hoffentlich) in unserem neuen Haus beschieden sein würde. Innerhalb von Sekunden war das Zimmer voll beißendem Rauch. Hustend rannten wir zu den Fenstern, die aber nicht zu öffnen waren.

In diesen ersten Wochen und Monaten war das Leben in unserem Pfarrhaus ziemlich düster. Tagtäglich entdeckten wir, daß wieder irgend etwas nicht funktionierte. Wir mußten ein kleines Vermögen für Zimmerer, Maurer, Klempner und Elektriker ausgeben. Es schien, als setzte das Haus alles daran, uns wieder loszuwerden. Die Atmosphäre wurde im Laufe der Wochen zunehmend unangenehmer. Adrian arbeitete unter der Woche außerhalb, so daß ich allein im Haus war. Meine einzige Gesellschaft war unsere Katze. Obwohl ich daran gewöhnt war, allein in einem Haus zu schlafen, hatte ich hier Angst. Ich ließ das Licht beim Schlafen an und schreckte oft mitten in der Nacht ohne ersichtlichen Grund aus dem Schlaf.

Es war zum Verzweifeln. Wir begannen dieses Haus, das wir geliebt hatten, zu hassen. Eines Tages war ich so frustriert (wieder war etwas kaputtgegangen), daß ich mich in die Diele stellte und das Haus anschrie: »Was ist los mit dir? Was willst du von uns? Wir tun alles, was wir können. Wir bringen dich wieder in Ordnung. Was ist dein Problem?!« Ich erwartete keine Antwort, aber irgendwie bekam ich doch eine. In meinem Kopf hörte ich das Haus antworten: »Was soll das Ganze? Ihr seid genauso wie alle anderen. Euch gefällt mein Aussehen, aber wirklich am Herzen liege ich euch nicht. Wenn ihr feststellt, wie teuer es ist, mich von Grund auf zu erneuern, dann flickt ihr mich nur irgendwie zusammen und laßt es gut sein. Ihr kümmert euch nicht darum, die Feuchtigkeit aus den Mauern herauszubringen und die ganze Pfuscherei von euren Vorgängern zu beseitigen. Warum laßt ihr es nicht einfach bleiben und geht wieder? Ich habe die Nase voll von dem Ganzen.«

Ich weiß nicht, ob wirklich das Haus zu mir gesprochen hat oder einfach mein Unbewußtes, aber es fühlte sich richtig an. Ich war fasziniert, als ich Jahre später bei Clare Cooper Marcus las, daß sie immer versucht hat, Menschen dazu zu bringen, mit ihren Häusern zu sprechen – mit unglaublichen Ergebnissen. Jedenfalls entschloß ich mich, dem Haus zu antworten und ihm zu versichern, daß wir hier keine Stippvisite machten. Wir würden vielleicht nicht immer hier bleiben, aber wir hatten vor, das, was am Haus schlecht war, wiedergutzumachen. Wir haben unser Versprechen an dieses ehrwürdige alte Haus gehalten, und nach drei Jahren ist es ein völlig verwandelter Ort. Es hat nicht nur eine schöne neue Küche bekommen, ein gutes solides Dach und Doppelfenster. Es hat eine völlig andere Atmosphäre. Wenn man das Haus betritt, fühlt man sich willkommen und geborgen. Ich kann mich immer schwer entscheiden, in welche Ecke ich mich mit einem Buch zurückziehen will. Freunde bleiben gerne über Nacht, und das Haus scheint sich am Lärm von Kindern und Hunden, die in den Fluren herumtollen, zu freuen. Mittlerweile schlafe ich wie ein Baby.

Ich hoffe, daß Sie in Ihrem eigenen Haus einen ähnlichen Frieden genießen. Es bedarf einer Einstellungsänderung, aber wenn Sie sich erst einmal an die Arbeit gemacht haben, dann wird es Ihnen ganz merkwürdig vertraut vorkommen. Überstürzen Sie nichts – Sie können nicht alles auf einmal verändern – und denken Sie daran, daß jedes Haus seine eigene, individuelle Persönlichkeit hat. Manche – so wie meines – ähneln alten, bärbeißigen, schrulligen Großeltern, mit denen man sehr vorsichtig und diplomatisch umgehen muß. Andere haben einen jüngeren und forscheren Charakter und können ein kräftiges Durchfegen gut vertragen. Wie immer Ihr Zuhause beschaffen sein mag, nehmen Sie diese Gelegenheit wahr, um ihm sein Herz zurückzugeben. Wie Dorothy in *Der Zauberer von Oz* sagt: »Nichts geht über das Zuhause.«

Teil I
Der Geist des Hauses

1 Warum wir ein Zuhause brauchen

Vermutlich klingt diese Überschrift etwas lächerlich. Natürlich brauchen wir ein Zuhause. Jeder Mensch braucht irgendwo ein warmes Nest. Aber denken Sie einmal tiefer darüber nach. Wenn man fragt, was für jemanden der schlimmste Alptraum ist, dann sagen viele Menschen mit einem Schauer der Angst: das Dach über dem Kopf zu verlieren, obdachlos zu werden und auf der Straße leben zu müssen. Warum gelten Obdachlose als die schlimmsten Parias der Gesellschaft? Kaum einer fühlt sich wohl angesichts von Obdachlosen – sei es aus Schuldgefühlen oder aus Mitleid –, wir hasten an ihnen vorüber und versuchen sie zu ignorieren. Woher kommt diese extreme Reaktion? Liegt es daran, daß wir eine so tiefe Angst vor Obdachlosigkeit haben, das heißt, ohne Heim, ohne Rückzugsmöglichkeit, ohne Privatsphäre existieren zu müssen, und daß wir diese Angst nach außen auf die Obdachlosen projizieren? Ich halte das für sehr wahrscheinlich.

Obdachlosigkeit ist eine sehr reale und begreifliche Angst. Oft bekomme ich eine Ahnung davon, wenn ich mich in der Großstadt aufhalte. Ich fahre vom Land in die Stadt, habe tagsüber Termine und treffe mich am Abend mit Freunden. Ich stelle fest, daß mich solche Tage erschöpfen, daß ich sogar leicht depressiv werde. Warum? Nicht weil mein Terminplan so voll ist, sondern weil ich kein »Basislager« habe, keine Rückzugsmöglichkeit. Ich habe in der Stadt kein Zentrum für meine Seele und hänge deswegen auf einer ganz vitalen Ebene in der Luft. Nirgendwo kann ich meine Einkaufstüten lassen oder meine Schuhe wechseln, wenn sie unbequem werden; ich kann nicht sagen, »jetzt reicht's«, und einfach nach Hause gehen. Ich bin ein Wanderer. Oft haben wir dieses Lebensgefühl auch auf Reisen. Am Anfang ist es wunderbar, frei zu sein, uns von Lust und Laune leiten zu lassen, von Ort zu Ort zu fahren. Aber nach einer Weile sehnen wir uns nach einem Zuhause, oder zumindest nach einem Platz, an dem wir bleiben können. Wir brauchen einen Haken, an den wir unseren Hut hängen können, eine Tür, die wir hinter uns schließen können. Es muß kein Ort für immer sein, aber er muß uns das Gefühl der Sicherheit und Geborgenheit geben.

Die Sicherheit des eigenen Heims

Statistiken zeigen, daß das eigene Heim heutzutage viel Raum in unserem Bewußtsein einnimmt und zunehmend mehr Gewicht bekommt. In den westlichen Gesellschaften gibt es mehr Eigenheimbesitzer als jemals zuvor. Wir geben immer mehr Geld für die Verschönerung unserer Behausung aus, und Hausrenovierung gehört zu den beliebtesten Hobbys. Während wir früher vielleicht mit exotischen Reisen und teuren Autos geprahlt haben, suchen wir die Bewunderung unserer Freunde jetzt durch ein neues Sofa, farbenfrohe Wandanstriche oder ein ausgeklügeltes Alarmsystem zu gewinnen. Offenbar brauchen wir heute, mehr als je zuvor, die Geborgenheit in unseren eigenen vier Wänden.

Der Grund ist nicht schwer zu finden: Unser Arbeitsleben bietet uns immer weniger Sicherheit, die wenigsten Leute haben einen Beruf fürs ganze Leben. Die schwindelerregenden Scheidungsraten zeigen, daß auch in unseren wichtigsten Beziehungen keine Sicherheit zu finden ist. Im Lichte der wachsenden Erkenntnis des Weltraums und des Kosmos können wir nicht mehr darauf vertrauen, daß wir das Zentrum eines uns umhüllenden Universums sind, das es gut mit uns meint. Das

Leben wird für unsere Psyche immer furchterregender. Einstein wurde einmal gefragt: »Was ist die wichtigste Frage, die man im Leben stellen kann?« Er antwortete: »Ist das Universum ein wohlwollender Platz oder nicht?« Früher haben wir darauf vertraut, daß das Universum wohlwollend ist; zumindest hielten wir uns für einen großen und wichtigen Teil dieses Universums. Aber jetzt sind wir nicht mehr so sicher. Wir schauen mit Teleskopen in den Kosmos und stellen fest, daß wir um so kleiner werden, je größer und stärker die Teleskope sind; unsere Statur und Bedeutung schwinden immer mehr, je tiefer wir in den Weltraum hineinschauen können. Der Biochemiker Rupert Sheldrake weist darauf hin, daß 90 bis 99 Prozent der Materie im bekannten Universum »dunkle Materie« ist, über die wir absolut nichts wissen: »Es ist, als hätten die Physiker das Unbewußte des Kosmos entdeckt. Wir wissen nicht, was dunkle Materie ist, was sie tut oder wie sie den Gang der Ereignisse beeinflußt.«

Der Weltraum ist so gut wie unbekannt. Vielleicht befinden wir uns allein in der Unendlichkeit, was furchterregend genug ist. Aber noch beunruhigender ist der Gedanke, daß wir vielleicht nicht allein sind und daß unsere kosmischen Mitbewohner keine wohlwollenden, hochentwickelten außerirdischen Wesen sind.

Es ist ein merkwürdiges Gefühl für uns, diese Ungewißheit. In den letzten Jahrhunderten ist unser Selbstvertrauen in den Himmel geschossen. Wir hielten uns für die Herren dieser Erde mit allem, was ihr angehört. Wir plünderten ihre Ressourcen, ohne uns um die Zukunft zu scheren, und als wir dann begannen, die Grenzen der Erde zu überschreiten und zum Mond zu greifen und darüber hinaus, kannte unsere Arroganz kein Halten mehr. Und wenn wir die Erde dabei zerstören? Gewiß gibt es einen anderen Planeten dort draußen, den wir kolonisieren könnten. Unser Planet, unser Zuhause, begann in den Köpfen der Futuristen austauschbar zu werden. Wir wendeten uns von der Erde ab und richteten unseren Blick auf neue Ziele. Wir strebten nach der Sonne. Allein der Name des Raumfahrtprogramms – Apollo – verrät, worum es geht. Apoll oder Helios ist der Sonnengott – hell, strahlend, neu, grenzüberschreitend, erobernd, eine sehr maskuline Energie, die immer höher hinaus will, fort von der Erde, der warmen, umhüllenden, femininen Energie der Göttin.

Nach der Sonne greifen

Manche Psychologen glauben, unsere Kultur sei seit geraumer Zeit vom Helios/Apollo-Archetyp in Besitz genommen, jedenfalls seit dem Aufstieg des Christentums, das sein Hoffen vor allem auf das Jenseits richtet, auf ein Leben im Himmel, wo Engel auf Wolken schwebend Harfe spielen und Gott über allem thront. Das Ethos des Christentums war es, daß das Leben auf der Erde relativ unwichtig sei, wir vielmehr unseren Blick auf Gott und den Himmel fixieren müßten, um in den Genuß des ewigen Lebens zu kommen. Es ist also keine Überraschung, daß das Christentum den Geist über den Körper stellte, das himmlische Jenseits über das irdische Zuhause.

Jetzt hat die Wissenschaft den Platz Gottes eingenommen, aber wir greifen noch immer nach dem Himmel. Helios/Apoll ist immer noch zu dominant. Wenn wir uns von der Sonne verzaubern und von den Himmeln locken lassen, dann vergessen wir, daß wir ein Zuhause haben, hier auf der Erde. Statt dessen schauen wir sehnsüchtig zu den Sternen und glauben, daß wir dies alles eines Tages hinter uns lassen werden. Darin zeigt sich ein tiefgreifender Mangel an Gleichgewicht in unserer Psyche. Vom Chakrasystem her betrachtet, könnte man sagen, daß wir unsere oberen Chakras überentwickelt haben und mit der Erde, den Wurzeln und dem Boden, auf dem wir stehen, zu wenig verbunden sind, weil wir uns nur nach dem reinen, spirituellen Äther sehnen. Wir recken uns zum Himmel, zum Universum, zum Maskulinen, zum Vatergott, und drehen der physischen Materie, dem Femininen, der Mutter Erde den Rücken zu.

Wohin führt uns das? An einen sehr ungemütlichen Ort. Ohne eine feste Verbindung zur Erde sind wir nicht im Gleichgewicht. Wir haben uns von unseren Wurzeln abgeschnitten. Auf einer sehr tiefen Ebene haben wir unser Zuhause verloren. Denn die Erde ist unser Heim, unser einziges Zuhause, ob uns das gefällt oder nicht. In unserem Herzen, in unserer Seele, erkennen wir diesen Zusammenhang. Wir haben eine tiefe Verbindung mit unserem Planeten. Wenn wir sie leugnen und versuchen, die Erde zu transzendieren, dann treiben wir haltlos umher, so wie ich in der Großstadt, wo ich immer auf der Suche nach einem Ort bin, an dem ich mich niederlassen und eine Weile ausruhen kann.

Der Herd als Mittelpunkt des Hauses

Um zu verstehen, was das alles mit unserer physischen Wohnstätte zu tun hat, müssen wir zurückschauen und uns fragen, welche Einstellung die Alten zum Heim und zur Erde hatten. Der allererste Begriff für Heim war der Herd, das Feuer, das uns wärmte, auf dem Nahrung garte, das uns vor wilden Tieren schützte und Licht in die furchterregende Dunkelheit warf. Dieses Urfeuer hatte immer eine runde Form – als hätten unsere Vorfahren gewußt, daß die Erde auch rund war. Im alten Griechenland gab es den Omphalos, einen Stein in der Form eines halbierten Eies, in dem, eingebettet in die Erde, ein Feuer brannte – ein glühendes Herz, von Erde umgeben. Er galt als Nabel von Gaia, der Erdmutter. Später wurde er als runder Steinhügel dargestellt, aber die symbolische Bedeutung blieb doch erhalten: Er repräsentierte die Verbindung zwischen uns und der Erde. Beispiele dafür finden sich nicht nur in Griechenland, sondern auf der ganzen Welt.

Der runde Herd wurde also zum Symbol für das Heim, zum Mittelpunkt jedes heiligen Raums und damit zum Symbol für die heilige Erde selbst. Seit ewigen Zeiten ist der Kreis ein Symbol für Ganzheit, für Heilung und Heil, für die innere Einheit, für das vollentwickelte Selbst. Das östliche Mandala ist ein Sinnbild für den Weg zum Mittelpunkt, zur Individuation, zum Ganz- und Heilwerden der Seele. Irrgärten, Spiralen, Steinkreise – sie alle führen von außen in das innere Mysterium. Der Kreis ist das verborgene Herz, wo die Mystiker ihre Götter und Göttinnen und andere einfach ihre Seele finden.

Die ersten Häuser waren auch rund und brachten damit unsere essentielle Verbindung mit Mutter Erde zum Ausdruck. Als der große Psychologe C. G. Jung sein Haus in Bollingen baute, sagte er:

> Zuerst hatte ich nicht ein richtiges Haus geplant, sondern eine primitive, einstöckige Unterkunft. Sie sollte rund sein, mit einem Herd in der Mitte und Schlafplätzen an den Wänden. Mir schwebte eine afrikanische Hütte vor, wo das mit Steinen eingefaßte Feuer in der Mitte brennt und sich das ganze Familienleben um diesen Mittelpunkt dreht. Primitive Hütten konkretisieren die Idee der Ganzheit, einer familiären Ganzheit …

Jung erweiterte seine Hütte zu einem zweistöckigen Turm, aber er behielt die runde Form und den Herd in der Mitte bei. Er berichtet, daß »das Gefühl von Erholung und Erneuerung in diesem Turm von Anfang an sehr intensiv war. Für mich repräsentierte er den mütterlichen Herd«.

Architektur statt »Egotektur«

Nur weil wir moderne Menschen sind und besinnungslos durchs Leben hetzen, hören die Archetypen nicht auf, in unserem Inneren Resonanz zu finden. Kürzlich haben einige weitsichtige Psychologen und Philosophen erkannt, daß wir die Archetypen in unseren Wohnungen wieder entdecken und respektieren müssen.

»Jedes Heim ist ein Mikrokosmos, die archetypische ›Welt‹, die in einem Haus, einem Stück Land oder einem Apartment verkörpert ist«, sagt Thomas Moore. »Ein wirkliches Zuhause ist immer gleichzeitig ein individueller Ort und die gesamte Welt.« Beachten Sie, daß er von einem »wirklichen Zuhause« spricht – mit anderen Worten von einem Zuhause, das durch die Liebe und die Gefühle, die wir investieren, mit

Kraft und Harmonie aufgeladen wird. »Musterhäuser« haben dieses gewisse Etwas einfach nicht. Der Psychotherapeut Robert Sardello bringt uns diesen Punkt ins Bewußtsein, wenn er sagt: »Wenn Architektur zur ›Egotektur‹ verkommt, dann leben und arbeiten wir in einem aufgeblähten, hohlen, monotonen, selbstzentrierten, mondänen, abweisenden Milieu.«

Bestimmt kommen Ihnen sofort solche Häuser in den Sinn. Es ist soviel Stolz und Prestige hineingebaut, daß man sich unwohl fühlt, sobald man sie betritt. Man wagt nicht, sich hinzusetzen, weil die Kissen vielleicht ein Fältchen bekommen könnten. Das ist die Art von Wohnungen, in denen man in Habachtstellung bleibt, in denen Kinder und Tiere nicht willkommen sind und Erwachsene sich wie auf dem Präsentierteller fühlen. Dahinter steht der völlige Zusammenbruch der Beziehung zwischen dem Hausbesitzer und der Erde – die Verbindung wird einfach nicht erkannt. Aber jeder, der eine empfindsame Seele hat, spürt es sofort. Der Ort ist kein Zuhause, er ist eine Aussage, wie die neueste Designermode oder der mondänste Sportwagen: Innen ist alles hohl.

Sardello fährt fort:

> Das Bild des Heimes läßt archetypische, dauerhafte Aspekte der Erde hervortreten, verbunden mit der Sehnsucht, sich in der Welt heimisch zu fühlen. Das Heim ist mehr als eine Schachtel, in der wir leben. Es ist eine seelische Aktivität, die wir aus der schalen Welt der modernen Objekte gerettet haben. Jeder Ort im Haus, jedes Zimmer, jeder Flur, jeder Schrank, jede Treppe, jede Nische hat eine spezifische Gestalt, die unterschiedliche Aspekte der Seele anspricht.

Die symbolische Bedeutung des Hauses

Das Heim ist also ein Symbol für die Welt, unser eigener Mikrokosmos, unser Anteil an Mutter Erde. Wenn wir uns zu Hause sicher und geborgen fühlen, dann sehen wir uns besser in der Lage, mit der oft beängstigenden Außenwelt zurechtzukommen. Sind wir uns dieser Verbindung zur Erde bewußt, dann werden wir unserem Heim den Ehrenplatz geben, den es als eine so machtvolle schützende Kraft verdient. Wir werden nicht nur unsere Beziehung zu unserer kleinen Wohnstätte verändern, sondern auch zu unserer großen, der Erde. Wir müssen unsere Sehnsucht nach dem Himmel und der Sonne nicht verleugnen – niemand möchte für immer an die Erde gebunden sein. Aber das Heim kann zum Berührungspunkt zwischen Himmel und Erde werden. In der klassischen Symbolsprache war der Kreis, wie wir gesehen haben, das Symbol für die Erde. Ein Viereck gilt als Symbol für Ordnung, Stabilität und Kontrolle. Es ist also nicht erstaunlich, daß wir unseren Häusern eine quadratische oder rechtwinklige Gestalt gegeben haben: Wir versuchen Ordnung zu schaffen, die Erde zu kontrollieren und uns so ein Gefühl der Sicherheit zu verschaffen.

Leider sind die Formen mit den spitzen Ecken energetisch nicht so harmonisch wie die früheren Rundhäuser (worauf wir im Zusammenhang mit *Space Clearing*, energetischer Raumreinigung, und Feng Shui noch zu sprechen kommen werden). Aber da die Aussicht, in runden Häusern zu wohnen, gering ist, müssen wir lernen, mit unseren Ecken zu leben.

Die zweite symbolische Form des Hauses ist das geneigte Dach. Auf der ganzen Welt sind die Dächer nach unten geneigt. Praktisch gesehen ermöglichen sie dem Regen, schnell nach unten abzufließen. Symbolisch betrachtet ist das geneigte Dach jedoch mit der Pyramide verwandt, die zum Himmel weist. Das Haus steht zwischen Erde und Himmel, es ist das Bindeglied zwischen Mutter Erde und Vater Himmel, zwischen Gaia und Gott. Unsere Vorfahren waren sich dessen durchaus bewußt. Thomas Moore bemerkt, daß man auf der ganzen

Welt Häuser findet, die mit Sonne, Mond und Sternen geschmückt sind und sogar mit einer Kuppel, um das Himmelsrund zu symbolisieren. Auf diese Weise drückten unsere Vorfahren aus, daß sie sich nach oben und nach unten verbunden wußten: mit der Erde über den Herd und mit dem Kosmos über die Abbildung der Gestirne.

Ich hoffe, daß Sie jetzt ahnen können, daß ein Haus auf einer tiefen Ebene sehr viel mehr ist als Mauerwerk, mehr als eine sichere Behausung. Wenn wir begreifen, daß unser Heim die Welt symbolisiert, dann kann aus dem bescheidensten Raum ein Ort geheimnisvoller Resonanz und archetypischer Kraft werden. Kein Wunder, daß die Alten das Haus heilig hielten. Eine Spur von diesem ehrfurchtsvollen Staunen ist der erste Schritt, um unser Heim wieder mit Geist zu erfüllen.

2 Hestia, die vergessene Göttin des Hauses

Wenn das Heim ein so wesentliches Symbol für unsere Seele ist, warum haben wir es dann so sehr vernachlässigt? Vor allem weil wir uns keine Zeit nehmen. Wir sind so damit beschäftigt, »dort draußen« in der Welt zu leben, daß wir gar keine Möglichkeit mehr haben, unsere Augen, Ohren und Gefühle nach innen zu wenden. Die Welt wird zunehmend kleiner und verfügbarer. In den Ferien an die nächstgelegene Meeresküste zu fahren oder nach einer eintägigen Autofahrt irgendwo in der Wildnis zu kampieren, war früher spannend und aufregend. Jetzt können wir in die entlegensten Winkel der Welt fahren und Orte besuchen, von denen unsere Großeltern nur aus Büchern wußten. Wir steigen in ein Flugzeug und landen in einer anderen Zeitzone, einem anderen Land, einer völlig anderen Kultur. Wir müssen nicht einmal mehr unser Haus verlassen, um die Welt zu bereisen. Wir können im Internet surfen und nach Lust und Laune von einem Kontinent zum anderen springen und innerhalb von Sekunden mit Leuten in Kontakt treten, die auf der anderen Seite der Erdkugel wohnen.

Im letzten Kapitel haben wir darüber gesprochen, daß wir von Apollo beherrscht werden. Betrachten wir nun den anderen dominanten Archetyp unserer Zeit. Wir leben im Zeitalter von Hermes oder Merkur, dem geflügelten Götterboten, Experte der Kommunikation, ein Verherrlicher des Intellekts und der Geschwindigkeit. Hermes ist gewissermaßen der Gott des Telefons (besser noch des Handys), des Faxgeräts, des Computers (insbesondere des Laptops). Er ist der Gott der Medien, des Fernsehens, des Radios, der Zeitungen; er ist der Herr des Internets. Seine Münze ist Information, je mehr, um so besser. Schnelligkeit ist sein Element. Wir haben uns in Hermes verliebt mit seinem schnellen, wendigen Verstand, seinem rastlosen, forschenden Wesen, seinen charmanten Betrügerqualitäten. Hermes ist der Gott des schnellen Geldes, die Triebkraft des Arbeitssüchtigen, der sagt, »mehr, immer noch ein bißchen mehr«. Wir alle brauchen Hermes in unserem Leben (ohne ihn kann das Leben sehr langweilig werden), aber wir laufen Gefahr, uns in dieser irrsinnigen Raserei zu verlieren.

Eine Freundin von mir, die im PR-Bereich arbeitet, sagt, sie verbringe ihr halbes Wochenende damit, die Stöße an Informationsmaterial zu lesen, die durch ihren Türschlitz fallen. Dann hängt sie Stunden am Internet, um mit sämtlichen Nachrichtenorganisationen in Kontakt zu treten, aus Angst, sie könnte irgend etwas verpassen. Auf ihrer Visitenkarte stehen sechs Nummern: zwei Telefonnummern, Faxnummer, Handynummer, E-mail- und Internetadresse. Interessanterweise fehlt eine Information auf ihrer Visitenkarte: ihre Adresse, ihr Zuhause. Ist sie glücklich? Sie sagt, sie war es einmal, aber jetzt sei sie nicht mehr so sicher. Es scheint, daß etwas in ihrem Leben fehlt. Sie spricht sehnsüchtig davon, einmal Zeit für sich zu haben, Raum für sich, nur ein paar Tage, ohne daß ein Sturzbach an Informationen auf sie niederprasselt. Aber dann – sie zuckt hilflos mit den Schultern – würde sie etwas verpassen. Würde sie das wirklich?

Wir leiden an Informationsüberschwemmung. Es ist einfach nicht möglich, all die Informationen aufzunehmen, all die Nachrichten und Sichtweisen, die tagtäglich ohne Pause auf uns eindringen. Als ich zum ersten Mal in einem Retreat-Zentrum war, konnte ich mir nicht erklären, warum ich mich so sehr erleichtert fühlte. Es lag nicht daran, daß ich keine Arbeit hatte, auch nicht daran, daß ich Zeit hatte zu lesen und nachzudenken. Woran lag es also? Allmählich dämmerte es mir: Es gab kein Telefon, kein Radio, keine Zeitungen, kein Fernsehen – die aberwitzige Raserei der Außenwelt war ausgeblendet. Es war geradezu eine ekstatische Erfahrung, wenigstens ein paar Tage lang aus der Anforderung entlassen zu sein, auf der Bugwelle aller neuen Informationen, Trends und Moden reiten zu müssen.

Ich will damit nicht sagen, Sie müßten wie ein Eremit leben. Und ich würde gewiß nicht auf mein Telefon und meinen Computer verzichten wollen. Aber wir brauchen ein Gleichgewicht, und diese einseitige Anbetung von Hermes treibt uns immer weiter ins Ungleichgewicht.

Hestia im Zentrum des Hauses

Glücklicherweise gibt es ein natürliches Gegenmittel gegen Hermes' Raserei auf der Datenautobahn: Ihr Name ist Hestia. Hestia (bei den Griechen) oder Vesta (bei den Römern) ist die klassische Göttin von Heim und Herd. In Hestia finden wir das Gegengewicht, das wir brauchen, um dem Irrwitz des Hermes nicht völlig ausgeliefert zu sein. Er rast herum, sie bleibt an Ort und Stelle. Er sucht das Neue, sie genießt die Ordnung des Bekannten. Er lockt uns hinaus in die Welt in immer weitere und entferntere Räume, sie zieht uns zurück zum Mittelpunkt und nährt die tiefen, stillen Bedürfnisse der Seele. Wir sind Hestia in ihrer Urform schon im vorhergehenden Kapitel begegnet. Obwohl Hestia nur sehr selten künstlerisch dargestellt wurde, war es selbstverständlich, daß sie im Herzen jedes Hauses anwesend war, in der Glut des heimischen Herdes. Sie war das Feuer im Mittelpunkt des Hauses, der Geist des Hauses, seine Seele.

Hestia hat einen langen Stammbaum, sie ist nicht nur eine klassische Göttin. In den ersten Spuren menschlichen Lebens, die Archäologen entdeckt haben, finden sich Anzeichen für einen Kult des Herdes und des Feuers. Stephanie A. Demetrakopoulos schreibt in der Zeitschrift *Spring* (1979), daß die vedischen Nomaden in Indien zwischen 1000 und 2000 vor Christus einen Kult des Weltenfeuers zelebriert hätten. In der Anbetung des Feuers fühlten sich die Menschen mit der Erde und ihrer Familie verbunden. Die Rituale waren Ausdruck der Verbundenheit der Menschen untereinander und ihrer Verbundenheit mit der Erde, ihrem Heim und den Göttern. Hestia hat also eine lange und ehrwürdige Vergangenheit.

Als die griechische und römische Zivilisation entstand, war die Verehrung der Göttin des Herdes und des Heimes von größter Bedeutung. Hestia war keine prunkvolle Göttin. Sie hatte nichts vom Glanz der Aphrodite oder des Helios, von der Macht und Majestät des Zeus und der Hera, vom Geheimnis der Persephone oder der unersättlichen Energie des Hermes. Wie Athena und Artemis war Hestia eine jungfräuliche Göttin. Während sich ihre Schwestern sowohl in der Welt der Menschen als auch im Reich der Götter aktiv betätigten, hatte Hestia mit Politik und sonstigen weltlichen Geschäften nichts im Sinn. Sie hatte ihren Platz, und dort war sie zufrieden – was nicht weiter überrascht, wenn man sieht, daß sie als Mittelpunkt jedes Hauses und jeder Stadt verehrt wurde. Jedes Haus hatte einen Hestia geweihten Herd und jede Stadt ein Hestia-Heiligtum, wo ein Feuer brannte – Symbol für das lebendige Herz –, das der Stadt ihren Mittelpunkt gab und die Verbindung mit der Erde darstellte. Diese Orte waren heilig: Jeder, der sich ins Innere des Tempels flüchtete, war geschützt, das war ein heiliges Recht. Sie sehen also, daß schon damals die Idee von Heim und Heiligtum als einem Ort, wo man sich vor der Welt retten konnte, miteinander verschmolzen waren.

Hestia war der Mittelpunkt des griechischen und römischen Lebens. Sie verlieh dem Haus seine Seele. Stephanie Demetrakopoulos zitiert einen Hymnus des Homer an Hestia, der zeigt, wie wichtig Hausbesitzern ihr Segen war: »Hestia, tritt ein in dieses Haus, komm herein mit dem scharfsinnigen Zeus. Neige dein Ohr zu meinem Lied.«

»Ein Haus oder ein Tempel … ist nichts weiter als ein Gebäude, bis es die Seele von Hestia empfängt«, sagt die Autorin. Im alten Griechenland wurde die Seele der Hestia auf sinnfällige Weise ins Haus gebracht. Wenn eine junge Frau heiratete und ihren eigenen Haushalt gründete, dann entzündete die Mutter eine Fackel an ihrem Herd und trug das heimische Feuer vor der Braut und dem Bräutigam ins neue Haus und entzündete dort das Feuer im Herd. Dann war sichergestellt, daß Hestia im Haus der Tochter Einzug gehalten hatte. Ein ähnlicher Brauch findet sich in Rußland, wo der Hausgeist des Herdes *Domovik* genannt wird. Wenn die Familie umzog, dann nahm sie Glut aus dem alten Herd und entzündete damit im neuen Haus das Feuer. Über dem Herd wurde ein Gebet gesprochen, um den *Domovik* willkommen zu heißen.

Dieser Brauch wird auch von modernen westlichen Heiden praktiziert. Als wir in unser neues Haus einzogen, trug mir eine Freundin auf – sie ist eine heidnische Priesterin –, ein glühendes Holzscheit aus unserem alten Kamin mitzunehmen und im neuen Kamin wieder zu entzünden. Sie hielt es für wichtig, auf diese Weise eine Verbindung zwischen dem alten und dem neuen Haus zu schaffen. Ich muß gestehen, daß die Glut auf der dreistündigen Fahrt zu unserem neuen Haus leider erlosch, aber ich hatte ein merkwürdiges Gefühl von Kontinuität, als ich das verkohlte Stück Holz auf den Rost des offenen Kamins im neuen Haus legte.

Hestia bringt also den Geist ins Haus. Ihr Herd stellt die Verbindung zur Erde her. Sie schafft einen Raum der Sicherheit und Zugehörigkeit. Sie führt die Menschen, die in einem Haus leben, zusammen, wie viele es auch sein mögen – in einer Atmosphäre der Wärme und Geborgenheit.

Sie ist eine gesellige Göttin. Sie wachte über die Zubereitung des Essens, und der erste Bissen wurde immer ihr geopfert. Bei den Römern war es üblich, auf Vesta anzustoßen und ihr zu danken. Obwohl sie in gewisser Weise als Vertreterin von Mutter Erde betrachtet werden kann, ist sie doch keine mütterliche Gottheit. Hestia blieb immer Jungfrau, gehörte sich selbst, vertraute auf sich selbst und schaute nach innen. Ihre Stimmung ist die der ruhigen Innenschau und Selbstvergessenheit. Eben deswegen ist sie ein so gesunder Ausgleich, wenn uns zu viel Hermes-Energie durchs Leben hetzt.

Der vernachlässigte Herd

Aber Hestia ist in Vergessenheit geraten. Wir haben keinen Platz mehr für sie im Mittelpunkt unseres Hauses. Ihr Herd ist fast überall verschwunden, und ihre Wärme wird durch ein zentrales Heizungssystem im Haus verteilt. Das Zentrum unseres Hauses ist eher der Computer als ein offenes Feuer, eher der Fernseher als der Eßtisch. Wer allein lebt, steckt oft sein Essen in die Mikrowelle und verzehrt es dann auf dem Schoß vor dem Fernseher. In vielen Familien holen sich die Kinder das Essen aus dem Kühlschrank, während die Erwachsenen ihren Geschäften nachgehen. Wer setzt sich noch in Ruhe an den Tisch, um zu essen? Wer setzt sich vor ein lebendiges Feuer, um zu träumen? Wer sitzt mit Freunden in einem Kreis, um zu singen, Geschichten zu erzählen oder Musik zu machen? Und wer kann von sich sagen, daß er die Hausarbeit in meditativer Hingabe verrichtet? All das sind Hestias Freuden, die uns abhanden gekommen sind.

Hestia ist einfach nicht auffallend genug, nicht sexy und aufregend genug. Den frühen Feministinnen war Hestia verhaßt. Sie stand für alles, wogegen Frauen rebellierten. Hestia war eine schüchterne Hausfrau, ein introvertiertes, unterdrücktes Hausmütterchen, das sich in seinem Käfig versteckt hat. Wir nahmen uns aufregendere Archetypen zum Vorbild: die sexuell kompetente und anspruchsvolle Aphrodite, die weise, intelligente, kühle Athena, die stolze, unabhängige, reizbare Artemis. Die bodenständige Demeter, deren Kinder ihr an den Rockzipfeln hängen, wurde zwar nicht gerade gefeiert, aber sie behielt doch ihren Platz in unseren Gedanken. Aber Hestia haben wir den Rücken gekehrt, und sie wurde zu einer vergessenen Göttin. Wir Frauen sind in die Welt hinausgegangen und haben bewiesen, daß wir genauso gut sind wie die Männer, genauso fähig und notfalls auch genauso skrupellos und ehrgeizig. Wir haben aber, indem wir uns von Hestia abwandten, etwas überaus Wichtiges verloren, nämlich unser Gefühl für den Mittelpunkt, unsere Fähigkeit der Unterscheidung. Wir haben auch unseren Himmel verloren. Heutzutage beginnen die Frauen zu spüren, daß etwas fehlt. Wir haben unsere Arbeit. Wir schaffen es, Familie und Karriere irgendwie unter einen Hut zu bringen, aber oft ist dabei der häusliche Mittelpunkt auf der Strecke geblieben. Wir sind Hermes in die Falle gegangen, sind zu beschäftigt, nehmen uns nicht die Zeit, die wir brauchen, um zu uns selbst zu finden und den Fokus auf das zu richten, was wirklich wichtig ist. Fokus ist übrigens ein lateinisches Wort, es bedeutet Herd – das Reich der Hestia.

Damit will ich durchaus nicht sagen, die Frauen sollten ihre Arbeit aufgeben und Heimchen am Herd werden. Weit gefehlt! Aber ich will sagen, daß es vielen Frauen gut täte, sich wieder mit den Werten von Hestia in Verbindung zu bringen. Sie benötigen Zeit für Besinnung und Muße, sie brauchen ein Heim, das sie aufbaut, damit sie mit frischer Kraft und ausgeglichenem Geist wieder den Kampf dort draußen in der modernen Welt aufnehmen können. Die Sozialpsychologin Ginette Paris bringt es auf den Punkt: »Nachdem wir nun einen Feminismus hatten, der uns aus dem Haus getrieben hat, wäre da nicht auch Raum für einen Feminismus, der uns ins Haus zurückbringt, damit unser Heim wieder zu einem Spiegel von uns selbst wird und seine Seele zurückerhält?«

Auch wenn es so klingen mag, ist dies durchaus nicht nur ein Thema für Frauen. In der alten patriarchalen Gesellschaft konnte ein Mann automatisch damit rechnen, daß Hestia zu Hause sein würde. Die Frau, deren ganzer Lebensinhalt ihr Heim war, war eine natürliche Anhängerin der Göttin, und der zufriedene Gatte durfte erwarten, in einem warmen, tadellos gepflegten Heim willkommen geheißen zu werden mit einem knisternden Feuer im Kamin und einer warmen Mahlzeit auf dem schön gedeckten Tisch – immer vorausgesetzt, daß auch die Gattin zufrieden war, was allerdings oft nicht der Fall war (man kann es mit Hestia auch übertreiben). Das alles hat sich in der modernen Gesellschaft radikal verändert. Während die moderne Frau Hestia wiederentdecken muß, ist die Herausforderung für den modernen Mann noch größer: Für ihn geht es darum, eine eigenständige Beziehung zur Göttin des Hauses zu finden.

Hermes und Hestia in Harmonie

Jeder von uns, ob Frau oder Mann, braucht den Schutz von Hestia. Hestia war die Beschützerin des Hauses und kann es wieder werden. Sie ist es, die den Raum heiligt und uns auffordert, die Türen und Fenster zur Welt zu schließen und uns nach innen zu wenden, zu uns selbst, zur Familie und zu unserem Heim. Sie ist es, die sagt »genug«, die den Fernseher abstellt und ein Gespräch beginnt, die ein Buch in die Hand nimmt, anstatt im Internet zu surfen, die sich gemeinsame Essenszeiten mit der ganzen Familie wünscht, anstatt mit Chipstüten vor dem Fernseher zu sitzen. Sie ist es, die den trickreichen Hermes in die Schranken verweisen kann. Interessanterweise hatten die Griechen eine sehr genaue Vorstellung von der Dynamik zwischen Hermes und Hestia. Während Hestia im Haus regierte, war Hermes der Hüter der Schwelle. Er wurde oft in Gestalt eines phallusartigen Steins darge-stellt, genannt »Herm«. Er schaute hinaus in die Welt; ihr Blick war nach innen gerichtet. Doppelgesichtige Statuen an Eingangstüren müs-sen nicht Janus darstellen, sondern können auch eine Abbildung von Hermes und Hestia sein. Einer schaut nach draußen, der andere nach drinnen. Sie sind in vollkommenem Gleichgewicht. Das ist das Modell, das wir für unsere emotionale Gesundheit und unser Wohlbefinden brauchen. Wir können Hermes nicht ganz ausschließen, das wäre ge-nauso unnatürlich wie die Abwendung von Hestia. Wir brauchen Kom-munikation. Unser Geist muß sich genauso nach außen ausdehnen kön-nen wie nach oben zu Helios, der Sonne. So wie unser Streben nach oben durch ein Besinnen auf unsere Wurzeln ins Gleichgewicht kommt, so müssen wir uns auch nach innen wenden, wenn wir außen aktiv sind. Hestia wieder ihren Platz im Herzen unseres Hauses zu geben, kann den Heilprozeß in Gang setzen.

 HEILUNG VON HESTIA

Es gibt viele einfache Möglichkeiten, Hestia wieder in unserem Heim ansässig zu machen. Hier nur einige Vorschläge, wie Sie damit begin-nen können, wenn Sie mit der Göttin Fühlung aufgenommen haben. Bestimmt werden Ihnen noch viele Ideen kommen, wie Sie Hestia in Ihr Heim zurückholen können.

Nichts geht über ein offenes Feuer im Wohnzimmer. Es gibt nichts Schöneres, als an einem kalten Tag am Feuer zu sitzen und in die Flammen zu schauen. Wenn Sie keine Feuerstelle für ein lebendiges

Feuer haben, dann gibt es heutzutage schöne Gasfeuer. Es sieht realistisch aus und gibt Hestia ein symbolisches Zuhause.

Gibt es für ein Feuer keinen Platz, dann kaufen Sie sich eine große, duftende Altarkerze, stellen sie an einem zentralen Ort auf und machen diesen zum Herz Ihres Heims. Es kann eine Art Hausaltar werden, wenn Sie Fotos von sich und Ihrer Familie dazustellen, irgendwelche besonderen Erinnerungsstücke, frische Blumen und Räucherstäbchen. Zünden Sie die Kerze jeden Tag eine Weile an, und heißen Sie Hestia in der Flamme und in Ihrem Heim willkommen.

Hestia ist der Inbegriff der Hausfrau, so wie das Wort gemeint ist, ohne seinen modernen negativen Klang. Das Haus zu pflegen und schön zu machen, ist nichts, wofür man sich schämen müßte. Putzen Sie Ihr Haus mit Sorgfalt und Stolz (mehr darüber in Teil III). Betrachten Sie es als eine Art Meditation, bleiben Sie in der Gegenwart bei dem, was Sie tun. Geizen Sie nicht mit Ihrer Zeit, und ärgern Sie sich nicht über die Vergeblichkeit Ihres Tuns (frischer Staub, sobald Sie abgestaubt haben). Es ist eine Zeit, in der Sie nachdenken und zu sich kommen können.

Hestia liebt die häusliche Ordnung. Ob Sie allein leben oder mit anderen – Sie heiligen die Essenszeiten, indem Sie sich zum Essen immer an den Tisch setzen. Decken Sie den Tisch mit Sorgfalt, und stellen Sie frische Blumen in die Mitte oder irgend etwas aus der Natur (schöne Steine, Töpfe mit Kräutern oder ein ungewöhnliches Stück Treibholz). Kochen Sie das Essen, wie einfach es auch sein mag, mit Sorgfalt und Aufmerksamkeit, und servieren Sie es liebevoll. Machen Sie sich bewußt, daß Sie nicht nur Körper ernähren, sondern auch Seelen. Danken Sie, bevor Sie essen, was auch immer Ihre religiöse Glaubenshaltung sein mag. Es muß nicht heißen »O Gott, von dem wir alles haben …«, es kann ein einfaches »Danke« sein an Gott, an die Erde, an das Essen, an die Köchin. Es könnte sogar das alte römische »an Vesta« sein.

Eines der wichtigsten Symbole von Hestia ist der Kreis, das Ursymbol von Mutter Erde, der seelischen Ganzheit und Einheit. Alles, was Menschen im Kreis zusammenführt, schafft eine wunderbare Verbindung – denken Sie nur an die runde Tafel von König Arthur. Das heißt nicht, daß Sie einen neuen Eßtisch kaufen müssen (falls Sie einen brauchen, versuchen Sie einmal, sich einen runden vorzustellen!), aber Sie könnten Menschen um ein Feuer versammeln oder um einen runden Kaffeetisch oder eine runde Picknickdecke. Wenn Leute im Kreis sitzen, sprechen sie automatisch mehr miteinander und sind aufmerksamer füreinander.

Setzen Sie der Dominanz von Hermes in Ihrem Haus Schranken. Sie könnten den Fernseher an einen anderen Platz stellen, so daß er nicht das Wohnzimmer beherrscht. Schalten Sie ihn nicht mehr automatisch an, wenn Sie ins Zimmer kommen. Können Sie Ihren Zeitungs- und Zeitschriftenkonsum reduzieren? Brauchen Sie wirklich alle jeden Tag? Müssen Sie jede Nachrichtensendung hören? Können Sie ein oder zwei Tage leben, ohne Ihre E-mail durchzuschauen? Können Sie den Anrufbeantworter ein- und Ihr Handy eine Weile ausschalten und die Telefonate dann führen, wenn Sie es wollen? Machen Sie sich einmal bewußt, wieviel Raum Sie Hermes und seinen Spielzeugen geben. Schenken Sie sich jeden Tag ein wenig ruhige Hestia-Zeit, in der Sie Ihr Heim genießen, hier etwas in Ordnung bringen, dort etwas zurechtrücken. Und wenn ein Sessel Sie einlädt, sich niederzulassen, dann gönnen Sie sich einige Augenblicke der Muße, und freuen Sie sich an einem Lichtstrahl, der schräg durchs Fenster fällt.

Hetzen Sie sich nicht, versuchen Sie nicht, alles auf einmal zu machen. Hestia ist die Göttin der gebündelten Aufmerksamkeit. Sie lehrt, daß wir uns einer Aufgabe ganz widmen und unsere Arbeit in heiterer Gelassenheit verrichten sollen. Vielleicht erscheint uns ihr Weg manchmal ein wenig langweilig, aber das, was ansteht, wird erledigt – und zwar gut und effizient.

Wenn Sie zu den Menschen gehören, die immer ein offenes Haus haben, dann sorgen Sie dafür, daß Sie auch einmal mit Ihrer Familie allein sind. Erklären Sie Ihren Freunden, daß Sie nicht immer Zeit haben, wenn jemand hereinschaut. Wenn Sie nicht gestört werden wollen, könnten Sie einfach ein Schild an die Tür hängen, das die Besucher bittet, ein anderes Mal wiederzukommen. Erklären Sie den Kindern, daß Sie manchmal gerne mit der ganzen Familie essen würden – nicht nur mit ein oder zwei Familienmitgliedern und auch nicht mit allen Freunden: nur mit der Familie. Hestia würde das sehr begrüßen.

3 Die Geister des Hauses

Glauben Sie, daß es Hausgeister gibt, oder halten Sie das nur für abergläubischen Unsinn? Ich will Ihnen eine merkwürdige Geschichte erzählen. Als ich Studentin war, lebte ich zu sechst in einer Wohngemeinschaft. Mein Zimmer teilte ich mit Gina aus Malaysia. Sie war hochintelligent, sehr praktisch und vernünftig und studierte Architektur. Eines Tages tauchte sie in unserer Küche auf und erklärte, sie hätte gerade unseren »Hausgeist« gesehen. »Und wie sah er aus?« fragte ich lachend, in der Überzeugung, daß sie einen Witz machte. »Oh, es ist ein Mann, ungefähr acht Fuß groß, sehr streng und eindrucksvoll«, antwortete sie in vollem Ernst. Ich war sprachlos. »Wo ist er? Wo hast du ihn gesehen?« fragte ich. »In der Dusche«, sagte sie. Wir lachten alle laut darüber, aber komischerweise hörten wir auf, die Dusche zu benutzen und badeten statt dessen. Die Vorstellung, die Dusche mit einem über zwei Meter großen malaysischen Hausgeist teilen zu müssen, war etwas beunruhigend, um das Mindeste zu sagen. Gina erläuterte, daß in Malaysia jedes Haus einen Hausgeist hat, ja sogar jeder Wohnraum, wie klein er auch sein mag. Sie sagte, wir bräuchten uns nicht vor ihm zu fürchten, er wäre da, um uns zu beschützen. Sie fand es sonderbar, daß wir nicht an Geister glaubten und uns nicht an unsere eigenen Geister wandten, um uns und unsere Wohnstätten zu schützen.

Die meisten Menschen in westlichen Gesellschaften dürften sich darüber einig sein, daß es so etwas wie Hausgeister nicht gibt – Wächter der Schwelle, unsichtbare Wesenheiten, die den Wohnraum mit uns teilen. Aber wir sind in der Minderheit. Die große Zahl aller nichtwestlichen Kulturen glaubt an Geister. Dort gehören zu einem Heim die Hausgötter, die Geister und die Seelen der Ahnen. In den Häusern leben nicht nur die Menschen mit ihren physischen Körpern, sondern auch ätherische Wesen mit ihren Energiekörpern. Wir mögen darüber spotten, aber es ist gar nicht so lange her, da glaubten wir auch in unserer Kultur noch daran. In ganz Europa gab es in den Häusern eine regelrechte Armee von unsichtbaren Helfern: Zwerge und Feen, Elfen und Kobolde. Frühe amerikanische Siedler malten Schutzsymbole an ihre Häuser und Scheunen, um böse Geister fernzuhalten, und stellten eine Sahneschüssel vor die Tür, um die guten anzuziehen.

Geister und Kobolde

Schauen Sie sich irgendein Buch über Brauchtum an, und Sie werden in jedem Land und jeder Kultur auf die gleichen Geschichten stoßen. In Schottland und in Teilen von England gibt es die Heinzelmännchen, die sich zu einem bestimmten Haus gesellen und nachts herauskommen und die Arbeiten erledigen, die getan werden müssen – reparieren, fegen, Tiere und Menschen schützen. In Wales gibt es die *pwca*, in Irland die *puca* oder *pooka*, in Dänemark die *puge*. Im Baltikum gibt es einen Zwerg namens *puk*. Ihre Namen sind alle verwandt, und ihre Funktion ist überall die gleiche: den Haushalt zu beschützen und zu helfen, vorausgesetzt, daß sie von den Bewohnern respektiert und belohnt werden. Ähnliche Wesen sind die *shvod* in Amerika, die *kikimora* in Rußland, die *haltia* in Finnland, die *befana* in Italien, die *nisse* in Skandinavien, die *nat* in Burma und die *phi* in Thailand. In Deutschland gibt es *Zwerge* und *Heinzelmännchen*, die den Kindern wohlgesonnen sind. In Afrika heißen die Schutzgeister *aiza*; in Litauen gibt es die *aitvaras*, die im Haus in der Gestalt eines Hahnes erscheinen und draußen als ein gefährlicher Drache.

Manche Geister haben besondere Aufgaben und einen besonderen Platz im Haus. Der slawische *skritek* wohnte hinter dem Herd und wurde in Gestalt eines kleinen Jungen mit gekreuzten Armen und einer Krone auf dem Kopf dargestellt. Seine Statue wurde auf den Herd gestellt, um das Haus zu beschützen, wenn die Familie nicht da war. Der *cluricaun* ist ein irischer Hausgeist, der im Weinkeller lebt; in Rußland gibt es den *bannik*, den Geist der Badewanne, der verlangt, daß man ihm ein wenig Wasser in der Wanne läßt und ein Stück Seife, falls er gerade Lust hat, sich zu waschen.

All diese Elementargeister haben ähnliche Charakterzüge. Sie sind bereit zu helfen – sofern man sich ihrer Gunst erfreut. Wenn man sie nicht achtet und ihnen gewisse Gaben vorenthält (üblicherweise eine Schüssel Milch oder Sahne), dann machen sie sich aus dem Staub oder plagen das Haus mit allerhand Unfug. Sie sind allesamt sehr scheu und kommen nur in der Nacht hervor. Und sie sind sehr stolz. Man soll sich ihnen gegenüber zwar respektvoll und dankbar erweisen, aber das muß unauffällig geschehen. Der Lohn sollte wie zufällig dastehen. Würde man einem Heinzelmännchen oder einem seiner Verwandten ein Kleidungsstück als Dankeschön hinlegen, so würde man den Geist nie wiedersehen. Bauern nahmen ihre Hausgeister sehr ernst: Sie ließen besten Kuchen und Milch oder andere Leckerbissen für sie in der Küche stehen, oder sie ließen beim Melken die ersten Tropfen auf den Boden fallen – als Tribut an die Stallgeister.

Die Hausgeister des Altertums

Im alten Griechenland und Rom war das Haus von zahlreichen Göttern und Göttinnen bewohnt. Hestia und Hermes haben wir schon kennengelernt. Die Griechen verehrten auch Aphrodite in ihrem Heim, indem sie Schönheit und Sinnlichkeit im Haus kultivierten. Sie schenkte dem Haus dafür Lachen und Spiel, Freude und Frieden. Hera war die Göttin der Ehe und regierte über die öffentlichen Bereiche des Hauses – die Empfangshalle, den Salon, das Speisezimmer. Sie verlangte, daß man Besucher ehrenvoll empfing. Ihr Metier war der geordnete, gut geführte Haushalt. Im römischen Kalender hieß der erste Tag eines jeden Monats »die Kalenden« und war Hera gewidmet. Kleine Häuser aus Ton waren heilige, der Hera geweihte Gegenstände. Hestia regierte über den Herd, während Demeter darauf kochte – sie backte das Brot und nährte die Familie. Sie ist die treu Sorgende, der Archetyp der Mutter. Im Studierzimmer oder der Bibliothek fand man Athena, in Bücher vertieft. Artemis hatte ihren ganz eigenen Bereich, man begegnete ihr am Fenster sitzend oder draußen in einem wilden Teil des Gartens.

In römischen Häusern schützte der doppelgesichtige Janus den Eingang, die Schwelle des Hauses. Er schaute nach innen und nach außen, sah die Familienmitglieder kommen und gehen und hielt Ausschau nach unwillkommenen Besuchern. Dann gab es zwei verschiedene Arten von Hausgeistern, die *lares* und die *penates*. Die *Penaten* wurden mit Vesta (Hestia) zusammen verehrt. Sie waren ursprünglich die Götter der Speisekammer, verantwortlich für die Lebensmittel. Sie wurden in Wachs oder Elfenbein abgebildet und auf dem Hausaltar verehrt. Zu ihrer Ehre ließ man ein Feuer brennen. Die *Laren* wurden ursprünglich als Geister der Ahnen verehrt. Das Oberhaupt der Laren war der *lar familiaris*, der Stammvater der Familie. Sowohl die Laren wie die Penaten bekamen Opfergaben in Gestalt von Essen und Wein im Austausch für den Schutz, den sie dem Haus und der Familie gewährten.

In China war der Ahnenkult ein wesentlicher Bestandteil des Lebens und ist es oft heute noch. In den Häusern hängen Bilder der Ahnen, vor denen Räucherwerk verbrannt wird. Die Chinesen beten zu den Ahnen und pflegen die Erinnerung an sie. Man glaubt, daß die Vorfahren dafür das Haus schützen und Segen über die Lebenden bringen. Das schafft ein Gefühl der Kontinuität zwischen den Generationen.

Die Wiederkehr der Geister

Alles ganz interessant, aber eben Folklore und Aberglauben, mögen Sie vielleicht denken. Welche Bedeutung könnten die verschiedenen Geister und Götter wohl für uns heute haben? Der Architekt Christopher Day sagt kategorisch: »Jeder Ort sollte einen Geist haben; sofern er nicht durch brutale, unsensible Aktionen zerstört worden ist, hat er das auch.«

Die Jungsche Analytikerin Marion Woodman stimmt dem zu:

Ältere Kulturen haben den Göttern immer Raum gewährt, sei es an der Schwelle, neben dem offenen Feuer und in anderen Bereichen des Hauses. Wenn die Möglichkeit der Überschneidung des Menschlichen und Göttlichen im täglichen Leben erkannt wird, dann bleibt das Ritual nichts Fremdes.

Aber was tun wir in unseren Häusern? Wir lassen uns vielleicht keine brutalen Aktionen zuschulden kommen, aber gewiß sind wir unsensibel für die Geister unseres Hauses. Und wir erkennen nur selten die Möglichkeit, von der Marion Woodman spricht, eine lebendige Beziehung zwischen uns und den Göttern, Geistern und energetischen Kräften des Hauses herzustellen. Sind denn unsere Häuser wirklich von jeglichem Geistleben völlig entleert? Haben uns die Götter, Engel, Hausgeister und Kobolde wirklich verlassen, weil wir sie so sehr vernachlässigt haben? Ich bin mir nicht sicher. Wie oft sagen Leute, die etwas im Haus verlegt haben, daß der »Poltergeist« es wohl versteckt hat, oder die »Feen« wieder hier gewesen seien? Und wie erklären wir uns die Erfahrung von Leuten wie meiner Zimmergenossin Gina, die den Geist des Hauses ganz klar gesehen hat?

Kinder sind besonders offen für solche Geistwesen. Ich werde nie vergessen, wie mein Neffe »jemanden« auf dem Bett sah. Er war noch klein, vielleicht drei Jahre alt, und es war ihm verboten worden, ins Zimmer meiner Großmutter zu gehen. Meine Mutter und ich waren überrascht, als er mit offensichtlich schlechtem Gewissen in die Küche kam. »Wer ist dieser Mann, der auf Omas Bett liegt?« fragte er. »Welcher Mann?« fragten wir erstaunt zurück. Mein Neffe schien beunruhigt und winkte uns, ihm zu folgen. Wir gingen in das Zimmer, in Sorge, daß es sich um einen Einbrecher handeln könnte, aber es war niemand zu sehen. »Ist er noch da?« fragte meine Mutter. »Ja, auf dem Bett«, antwortete er kichernd. Als wir ihn fragten, was denn so lustig sei, antwortete er: »Weil er komisch ist.« Er sagte offensichtlich die Wahrheit, und uns war etwas unheimlich zumute. Wir sagten meiner Großmutter übrigens nichts davon, daß sie einen Bettgesellen hatte.

Viele Menschen schwören, daß sie Geister in ihrem Haus gesehen haben. Manchmal machen sie uns Angst, aber meistens sind sie wohlwollend. Viele Menschen kennen auch die Erfahrung, etwas aus dem Augenwinkel zu sehen, oft hat es die Gestalt eines Tieres. Geister nehmen nicht immer menschliche Form an, und viele Kulturen glauben an Geisttiere als helfende und beschützende Führer. Der römische Genius des Ortes, ein weiterer Schutzgeist, wurde oft als Schlange dargestellt. In Indien werden Kobras als heilig verehrt, und es ist nicht ungewöhnlich, daß eine Familie glücklich mit einer Kobra auf dem Dachboden zusammenwohnt. Sie schützt das Haus auf der psychischen Ebene und hält auf der praktischen Ebene die Ratten in Schach. Eine Freundin von mir erinnert sich an ein Haus in Indien, wo sie nachts eine Riesenkobra über den Dachboden kriechen hörte. Die Familie stellte ihr eine Schale Milch hin, um sie glücklich und zufrieden zu machen.

Das ist ein weiteres Beispiel dafür, daß den Geistern Nahrungsmittel als Gabe angeboten werden. Wir haben ja schon gehört, daß der *puk* und die *aitvaras* auch als Schlange oder Drachen dargestellt werden.

Ich persönlich liebe die Vorstellung, daß ein Haus von wohlgesonnenen Geistern bewohnt wird. Vielleicht ist es gar nicht so schwer, sie wieder in unser Bewußtsein einzulassen. Schließlich sind wir ja auch bereit, den heiligen Antonius anzurufen, wenn wir etwas verloren haben. Wir beten, daß wir in der Nacht beschützt werden. Es ist nur ein kleiner Schritt bis hin zu der Vorstellung, daß unsere Häuser mit einer ganzen Schar von Schutzgeistern bevölkert sind. Ich glaube, es spielt keine Rolle, ob man sie sich als Heinzelmännchen, Laren, Engel oder Götter vorstellt. Wichtig ist zu erkennen, daß das Haus voll energetischer Kräfte ist, die so real sind wie Sie und ich.

Die schützenden Laren

Ich möchte noch eine Geschichte erzählen, um zu zeigen, daß diese alten, scheinbar vergessenen Geister, doch noch Kraft haben und sehr unberechenbar sein können. Meine Analytikerin, Jane Mayers, hatte das *Pelican Centre* gegründet. Es war ein wunderbares Refugium, in dem Retreats angeboten wurden, Kunsttherapie und verschiedene Workshops über tiefenpsychologische Themen. Leider konnte sich das Zentrum nicht halten, und Jane mußte das schöne mittelalterliche Haus verkaufen. Jane ist eine große Verehrerin der Laren. Im Pelican gab es zwei Darstellungen von ihnen als Götter des Hauses: eine kleine Figur von Ganesh, dem Elefantengott der Hindus, und eine kleine Raku-Figur, ein Gott, der den Brennofen beschützte. Beide standen auf einem niedrigen Deckenbalken in der Eingangshalle. Jane wollte das Haus nur an jemanden verkaufen, der es genauso liebte und so gut dafür sorgen würde wie sie. Sie hatte schon viele Interessenten herumgeführt. Ein Paar lehrte sie das Fürchten. Sie sprachen offen darüber, daß sie Mauern versetzen, das Haus halbieren, den Garten anheben, mit einem Wort die Seele aus dem Haus herausreißen würden. Jane hatte die Laren heruntergenommen, als sie aber zu der Stelle kamen, wo sie normalerweise standen, blieb der Mann stehen und legte die Hand genau auf die Stelle, wo die Laren sonst waren, und sagte: »Das gefällt mir überhaupt nicht.« Offenbar hielt er die Balken für unsicher, aber er fühlte sich auch nicht wohl. Es war, als würden ihn die Laren abweisen, erzählte mir Jane voller Erstaunen.

Schaffen Sie Raum für die Geister, indem Sie zunächst überhaupt den Gedanken zulassen, daß es sie geben könnte. Verscheuchen Sie sie nicht aus Ahnungslosigkeit. Wenn Ihnen die Idee gefällt, daß Sie Ihr Heim mit unsichtbaren Mitbewohnern teilen, dann könnten Sie einige der folgenden Vorschläge in die Tat umsetzen: Falls Sie religiös sind, dann sind es für Sie vielleicht Engel oder göttliche Wesenheiten. Wenn Sie sich mit den klassischen Archetypen wohlfühlen, dann könnten Sie sich mit den Göttern und Göttinnen des Hauses anfreunden. Oder Sie fühlen sich mehr zur Erde und den heidnischen Gebräuchen hingezogen und brennen darauf, mit Elementarwesen wie Zwergen und Feen in Kontakt zu kommen.

 ## DAS HAUS DER GEISTER

Im alten Rom gehörte Essen, das auf den Boden fiel, automatisch den Hausgeistern. Fegen Sie es nicht sofort auf, sondern geben Sie den Geistern der Verstorbenen ein wenig Zeit, sich ihren Anteil zu nehmen, bevor Sie saubermachen. Sollten Sie einen Hund haben (Ihren ganz persönlichen Zerberus, den Wachhund der Unterwelt), dann müssen Sie wahrscheinlich überhaupt nichts auffegen.

Wenn Ihnen die Idee gefällt, Zwerge im Haus und im Garten einzubürgern, dann halten Sie sich an die alten Regeln: Stellen Sie eine Untertasse mit Milch und ein paar Kekse auf. (Wir befolgen diesen Brauch noch immer zu Weihnachten, wenn wir ein Stück *mince pie* und ein Glas Sherry für den Weihnachtsmann hinausstellen.)

Suchen Sie Darstellungen, die für Sie die Laren und Penaten repräsentieren. Stellen Sie ein Bild oder eine Statue, die Ihnen gefällt, an einen Platz, von dem aus sie das Haus überblicken kann. Ich habe eine kleine Katzenfigur, die ich im Pelican Centre gemacht habe, zum obersten Schutzgeist meines Hauses gemacht – weil das Wesen, das ich aus dem Augenwinkel sehe, immer eine Katze ist. Es könnte auch ein Engel sein, eine Hindu-Gottheit oder ein glückbringender Zwerg.

In den folgenden Kapiteln werden wir Aphrodite, der Göttin von Schönheit und Liebe, begegnen. Wir ziehen ihren Segen auf uns herab, indem wir unser Haus so schön wie möglich machen. Verwöhnen Sie sie mit frischen Blumen (sie ist auch die Göttin der Blumen), einem prächtigen Sofakissen, mit Düften und mit Gegenständen, an denen sich das Auge erfreut.

Artemis schätzt es sehr, wenn die Fenster offenstehen und den frischen Frühlingswind ins Haus lassen. Sie liebt frische Luft und den Ruf der Wildnis. Auch sie entzückt sich an Blumen, insbesondere an wilden

Blüten und Kräutern. Falls Sie ein Trimmgerät haben, dann denken Sie beim Üben an Artemis, die schlanke, geschmeidige Göttin, die Ihrem Gang etwas Federndes verleihen kann.

Gedenken Sie Ihrer Ahnen. Sarah Shurtey, eine Freundin von mir, die eine sehr erfahrene Feng-Shui-Beraterin ist, sagt, daß wir im Westen genau das Gegenteil vom Osten tun. Während die Menschen im Osten ihre Vorfahren verehren, vergessen wir sie hier fast vollständig. Stöbern Sie Fotos von Ihren Ahnen auf, so weit zurück wie möglich, rahmen Sie sie und geben Sie ihnen einen Ehrenplatz im Haus. Sie könnten auch wie die Chinesen einen Altar mit Räucherwerk und Kerzen aufstellen – im Kapitel über Feng Shui werden Sie Hinweise finden, wie Sie den besten Platz für Ihren Hausaltar finden.

Lesen Sie die alten Sagen und Märchen Ihrer Kultur, um mit den Geistwesen Ihres Heimatbodens vertraut zu werden. Noch besser ist es, sich mit der Familie und Freunden um ein offenes Feuer zu setzen und die Geschichten vorzulesen. Erzählen Sie einander von Ihren ungewöhnlichen Erfahrungen – Sie werden überrascht sein, wie gewöhnlich sie in Wahrheit sind. Jeder scheint jemanden zu kennen, der einen Geist gesehen oder etwas Merkwürdiges erlebt hat. Achten Sie darauf, ob es in Ihrem Haus nicht einige Stellen gibt, die sich irgendwie bewohnt anfühlen. Die Schwelle, der Herd, die Speisekammer, das Bad, der Keller und der Dachboden sind bevorzugte Aufenthaltsorte der Hausgeister. In meinem Haus gibt es eine bestimmte Stelle auf der Treppe, wo ein Kobold sein (Un)wesen treibt. Oft stolpere ich fast über ihn und bemühe mich immer, ihn irgendwie freundlich zu stimmen.

Hunde wurden vielfach als die Schutzgeister der Schwelle betrachtet. Wenn Sie keinen lebendigen Wachhund halten können, dann könnten Sie zwei Hunde (Löwen oder Drachen) aus Stein neben die Haustür oder in die Diele setzen.

Es gibt auch unwillkommene Besucher. Manche Leute haben das Empfinden, daß ihr Haus von bösen Geistern bewohnt wird. Das schafft eine sehr unangenehme Atmosphäre. Dazu werde ich einiges in Kapitel 11 über die energetische Reinigung des Hauses sagen.

4 Die Psychologie des Hauses

Bisher haben wir über das Heim in mythologischer, archetypischer und spiritueller Hinsicht gesprochen. Jetzt wollen wir den Blickwinkel verengen und uns damit beschäftigen, welche persönliche und psychologische Wirkung unser Wohnraum auf uns hat. Unser Wohnraum ist eine Spiegelung unserer Psyche. Das Haus oder die Wohnung, die Sie auswählen, und die Art der Einrichtung sprechen Bände über Ihre seelische Verfassung, über Ihre Weltsicht, Ihre Hoffnungen und Sehnsüchte, Ihre tiefsten Unsicherheiten und Ängste. In *House as a Mirror of Self* sagt Clare Cooper Marcus: »Die Menschen benutzen ihre häusliche Umgebung, um bewußt oder unbewußt etwas von sich zum Ausdruck zu bringen. Unser Heim und sein Inhalt sind sehr starke Aussagen darüber, wer wir sind.«

Indem wir uns bewußtmachen, welche Entscheidungen wir in unserem Wohnbereich treffen, können wir mehr von unserer Psyche und Seele verstehen, sowie auch mehr über uns erfahren, wenn wir unseren Träumen Beachtung schenken. Jungianer glauben, daß Träume Botschaften oder Projektionen des Unbewußten sind. Alle Themen und ungelösten Probleme sind darin enthalten. Durch die Arbeit mit Träumen können wir oft Antworten auf die drängendsten Fragen finden. Auf ähnliche Weise projizieren wir unsere Innenwelt, unsere Vorlieben und Abneigungen auf die Gestalt und Gestaltung unseres Hauses. Clare Cooper Marcus weist darauf hin, daß die Unordnung, die ein Jugendlicher in seinem Zimmer hat, ein unbewußter Ausdruck von Trotz gegenüber den Eltern sein kann. Jemand kauft vielleicht ein Haus unbewußt deswegen, weil es Ähnlichkeit mit dem Stil und Haus eines geliebten verstorbenen Verwandten hat, oder mietet eine Wohnung, die eine Kopie seines Zuhauses in der Kindheit ist. Die Psychologin Sarah Dening sagt: »Weil die Gestaltung Ihrer häuslichen Umgebung Ihrer inneren Vorstellung entspringt, sei es bewußt oder unbewußt, kann sie wie ein Traum sehr viel über den Zustand Ihrer Komplexe aussagen.«

Wenn Sie zum Beispiel dazu neigen, Ihr Haus mit Gegenständen vollzustopfen, dann versuchen Sie vielleicht unbewußt, sich gegen einen befürchteten Mangel in der Zukunft zu schützen, oder Sie hängen übermäßig an der Vergangenheit und meinen, daß die Zukunft auf keinen Fall etwas so Wertvolles mit sich bringen kann, wie das, was schon gewesen ist. Dazu Sarah Dening: »Die stagnierende Energie reflektiert die innere Stagnation; deswegen besteht Feng Shui darauf, sich als ersten Schritt alles Überflüssigen zu entledigen.«

Dazu werden Sie mehr in Kapitel 8 erfahren.

Manche Leute neigen jedoch auch zum anderen Extrem. Sie verändern ihre Umgebung ständig, müssen immer wieder die Möbel umstellen. Das könnte auf einen »Peter-Pan-Komplex« hinweisen: einen Mangel an Bereitschaft, sich zu erden und Bindungen einzugehen, eine dauernde Unzufriedenheit mit dem Status quo. Natürlich wäre die gesunde Mitte das Beste – wir bewahren einen Teil der Vergangenheit und sind gleichzeitig bereit, die Zukunft willkommen zu heißen.

Das Elternhaus verlassen

Bevor wir uns fragen, was Ihr gegenwärtiges Zuhause über Sie aussagt, denken Sie einmal an die Zeit zurück, als Sie Ihr Elternhaus verlassen haben. Konnten Sie es gar nicht erwarten auszuziehen, oder war es eine schwere und schmerzhafte Trennung? Vielleicht leben Sie immer noch zu Hause bei den Eltern. Für manche Leute ist es schier unmöglich, sich auf eigene Beine zu stellen, selbst wenn sie erwachsen und berufstätig sind. Manche Menschen versuchen um jeden Preis, das Zuhause ihrer Kindheit in ihren eigenen vier Wänden wiederherzustellen. Jung sprach von »mystischer Partizipation« mit der Familie, als dessen Mitglied sich jemand in erster Linie definiert, anstatt sich als eigenständiges Individuum zu erfahren. Sarah Dening erklärt das so:

Es ist eine Art Stammesverhalten. Einige meiner eigenen Verwandten, die als Flüchtlinge vor den Progromen gegen die Juden hier ankamen, taten genau dies. Eine Frau hat selbst nach ihrer Heirat noch immer bei ihren Eltern gelebt. Ihr Ehemann zog einfach dazu. Die Kinder wuchsen in ihrem Elternhaus auf, und sie lebt bis zum heutigen Tag dort. Im Hintergrund ist offenbar eine große Angst vor jeder Veränderung, vermutlich deswegen, weil Veränderung mit etwas Schlimmem in Zusammenhang gebracht wird.

Nicht alle, die zu Hause bleiben, leben in dieser »mystischen Partizipation«. Manche leiden am Syndrom der »ewigen Jugend« – sie schaffen es einfach nicht, erwachsen zu werden und die Verantwortung für ihr Leben auf sich zu nehmen. Das geschieht meistens deswegen, weil sie als Kinder so verwöhnt wurden, daß sie diese bequeme Position einfach nicht verlassen wollen. Oder es könnte daran liegen, daß sie von ihren Eltern die unbewußte Botschaft bekommen haben, das Erwachsenenleben sei ziemlich kummervoll, so daß sie es vorzogen, erst gar nicht erwachsen zu werden.

Andere nehmen genau die entgegengesetzte Position ein. Sie können es nicht erwarten, in ihrer eigenen Wohnung zu leben und selbst entscheiden zu können. Manchmal steckt eine unglückliche Kindheit dahinter und das brennende Bedürfnis, sich von der Familie zu trennen, um als Erwachsener alles so anders wie möglich zu machen. Solche Menschen werden weit weg ziehen, und Haus und Einrichtung werden völlig anders aussehen als bei den Eltern. Sollten Sie zu denen gehören, die nach der Schule sofort ausgezogen sind und sich im Gegensatz zu dem gutbürgerlichen Stil der Eltern minimalistisch eingerichtet haben, muß das nicht heißen, daß Sie eine unglückliche Kindheit hatten. Manche Leute hatten eine gute Kindheit und haben trotzdem einen völlig anderen Lebensstil als die Eltern. Sarah Dening glaubt, daß man diese Unterschiede mit der Persönlichkeitstypologie von Jung erklären kann.

Jungs Persönlichkeitstypen

C. G. Jung glaubte, daß die Menschen in vier Persönlichkeitstypen und zwei Verhaltenstypen unterteilt werden können. Wir kennen alle den extrovertierten und den introvertierten Typ. Aber die Persönlichkeitstypen – Denken, Fühlen, Empfinden und Intuition – sind weniger bekannt.

Sie wissen wahrscheinlich schon, ob Sie ein introvertierter oder extrovertierter Typ sind. Der Extrovertierte bewegt sich immer auf die Welt zu, der Introvertierte zieht sich instinktiv zurück. Die meisten Menschen lassen sich klar zuordnen, auch wenn wir alle Zeiten haben, wo wir ins Gegenteil verfallen (der Extrovertierte, der auch einmal Stille braucht oder der Introvertierte, der plötzlich zum Mittelpunkt einer Party wird); aber das sind eher Ausnahmen als die Regel. Was das Wohnen angeht, so werden sich Extrovertierte eher Gedanken darüber machen, wie ihr Zuhause in den Augen anderer wirkt und sie mit Einrichtung und Dekoration beeindrucken wollen. Introvertierten geht es mehr darum, wie sie sich selbst am wohlsten fühlen. Im allgemeinen sind Innenarchitekten extrovertiert.

Was die vier Persönlichkeitstypen angeht oder »Funktionen«, wie Jung sie nannte, so ist das ein subtilerer Prozeß. Jung erkannte, daß manche Menschen das Leben im wesentlichen über das Denken erfahren, andere vor allem über das Fühlen. Zunächst nahm er an, daß die Extrovertierten die Gefühlstypen wären und die Introvertierten die Denker, aber im Laufe der Zeit erkannte er, daß die Dinge sehr viel komplexer waren. Denken und Fühlen erwiesen sich als Persönlichkeitsdimensionen, die von der Unterscheidung extrovertiert/introvertiert ganz unabhängig waren. Jung erkannte auch, daß es zwei weitere Funktionen gab – Empfindung, nämlich die Information, die wir über die Sinne Sehen, Hören, Schmecken, Berühren, Riechen empfangen, und Intuition, die Information, die wir direkt vom Unbewußten aufnehmen.

Jeder von uns ist eine Mischung von zwei oder vielleicht drei recht gut entwickelten Funktionen und ein oder zwei Funktionen, mit denen wir uns weniger identifizieren. Sehen wir uns die vier Funktionen in ihrer Auswirkung auf unseren häuslichen Bereich genauer an.

Empfindung

Menschen, die eine starke Empfindungsfunktion haben, nehmen die Dinge so, wie sie sind. Es geht ihnen weniger um Ästhetik als um die Funktion eines Gegenstandes. Wenn Sie ein Empfindungstyp sind, funktioniert Ihr Haus wie ein Uhrwerk. Alles hat seinen Platz, kein Wasserhahn tropft, die Wände werden gestrichen, wenn es notwendig ist, Vorhänge werden mühelos angefertigt. Ihnen geht es darum, wie die Dinge jetzt sind, in diesem Augenblick, nicht nächste Woche oder nächstes Jahr. Die Arbeit, die ansteht, wird gleich erledigt. Sie wissen immer, wo Sie etwas finden, das Sie brauchen, und haben tadellose Ordnung in Ihrem Haus. Sarah Dening sagt:

> Ich kenne jemanden mit einer starken Empfindungsfunktion. Alle seine Werkzeuge hängen ordentlich aufgereiht an der Wand im Gartenhäuschen; die Schraubenzieher in aufsteigender Größe und die Nägel und Schrauben nach Größe und Dicke in Kästchen geordnet.

Falls Sie ein Empfindungstyp sind, dann erkennen Sie sich hier wieder. Sie kommen mit dem aus, was da ist, Sie reparieren lieber als daß Sie wegwerfen, und werden nur dann Veränderungen vornehmen, wenn etwas abgenutzt ist.

Intuition

Intuitive Menschen sind sehr sensibel für die Atmosphäre und den Fluß der Energie. Das sind die Leute, die sich für Feng Shui und ähnliche Ansätze begeistern können. Sie sind von allen Typen am originellsten bei der Gestaltung ihrer häuslichen Umgebung. Das Ungewöhnliche und Individuelle ist ihnen wichtig. Sind Sie dieser Typ, so kann es durchaus sein, daß Sie zu einer gewissen Exzentrik neigen und verschiedene

Stile miteinander mischen, wie zum Beispiel jene intuitive Frau, über die Sarah Dening schreibt: Mitten in der Großstadt hat sie ihre Wohnung im französischen Empire-Stil eingerichtet mit völlig unpraktischen weißen Teppichen und Vorhängen. Intuitive Menschen halten nichts vom Do-it-yourself, und Funktionalität ist nicht ihre erste Sorge bei der Einrichtung der Wohnung. Sehr designbewußte Leute würden vielleicht die Stirn in Falten legen. Intuitive halten immer Ausschau nach neuen Möglichkeiten. Während die Küche für einen praktischen Empfindungstyp einfach ein Ort ist, an dem man kocht, könnte sie für den Intuitiven alles Mögliche sein – ein Studio, ein Gewächshaus, ein kleiner Tempel, in dem der Kühlschrank oder der Kochherd hinter Grünpflanzen oder Sichtblenden verborgen ist. Intuitive sind zu radikalen Veränderungen in ihrer Umgebung bereit, und es macht ihnen nicht viel aus, wenn sie sich dafür von brauchbaren Gegenständen trennen müssen.

Denken

Wenn Ihre Denkfunktion stark ausgeprägt ist, dann nehmen Sie wahrscheinlich nicht viel Notiz von Ihrer Umgebung. Ideen sind Ihnen viel wichtiger als Dinge, und solange Sie einen Platz für Ihre Bücher und Papiere haben, ist für Sie alles in Ordnung. Ihr Haus mag einem Außenstehenden vielleicht chaotisch erscheinen, aber Sie wissen, wo alles ist, und würden es gar nicht schätzen, wenn jemand käme und aufräumen wollte. Sie merken kaum, daß sich immer mehr Kram ansammelt, und Sie werden von den vier Typen am meisten Probleme mit dem Entschlacken und Reinigen Ihres Hauses haben. Das ist der Archetyp des zerstreuten Professors, der verschimmelte Kaffeetassen herumstehen läßt.

Echte Denker interessieren sich nicht für Trends und Moden und werden deswegen selten radikale Veränderungen in ihrem Haus vornehmen, außer vielleicht, um ihren Computer auf den neuesten Stand zu bringen. Sollten sie an etwas Praktischem hinreichend interessiert sein, um Energie hineinzustecken, so gehen sie methodisch vor. Das geschieht jedoch meistens nur dann, wenn irgend etwas schiefgeht, wenn zum Beispiel das Bücherregal zusammenbricht. Käme jemand auf die Idee, Ihnen Vorschläge zu machen, wie Sie sich bequemer einrichten können, wären Sie sehr erstaunt.

Gefühl

Fühlen ist in Jungs System das Gegenteil von Denken. Der Gefühlstyp reagiert sehr stark auf die häusliche Atmosphäre, den Stil des Hauses, die Einrichtung, das Design, die Farben. Sie sind der Mensch, der am ehesten einen Innenarchitekten zu Rate zieht oder sehr viel Mühe darauf verwendet, den Wohnraum bis ins Detail zu gestalten. Höchstwahrscheinlich wollen Sie, daß sich auch andere in Ihrem Haus wohlfühlen, Behaglichkeit ist Ihnen wichtig, wobei Sie sich gerne nach der Mode richten. Gefühlstypen haben im allgemeinen einen guten, wenn auch etwas konventionellen Geschmack. Da Sie sich auf Ihre Gefühle verlassen, gehen Sie davon aus, daß andere Ihr Haus genauso schön und harmonisch finden wie Sie. Falls jemand keine Wertschätzung für das zeigt, was Sie mit soviel Hingabe geschaffen haben, können Sie sich leicht gekränkt fühlen.

Manchmal kann das Heim eines Gefühlstyps aber auch frostig sein, perfekt gestaltet, aber irgendwie unlebendig. Kein Krümel darf auf den Boden fallen und kein Fleck auf die Tischdecke kommen.

Oft ist das Haus mit geerbten Familienmöbeln eingerichtet, die nicht richtig passen. Das ist zunächst überraschend, aber für einen Gefühlstyp kann die Familientradition wichtiger sein als die Ästhetik.

Ihren Typ verstehen

Viele Leute verbringen in der Psychoanalyse oder Therapie Jahre damit herauszufinden, was ihre primäre, ihre sekundäre und vor allem ihre inferiore Funktion ist (die Funktion, die oft unbewußt und ungenutzt ist). Sarah Denings Grundton-Skizzen sind für meine Begriffe ein ganz einfacher Weg, wie man feststellen kann, aus welchem Blickwinkel man die Welt erfährt. Sie werden sich wahrscheinlich sofort erkennen, Ihre primäre Funktion wahrnehmen und Ihre inferiore. In Jungs System ist die inferiore Funktion meistens der Gegenpol in einer paarweisen Zuordnung: Denken und Fühlen, Empfindung und Intuition. Wenn Ihre primäre Funktion also das Denken ist, dann dürfte das Fühlen die inferiore Funktion sein. Die sekundäre Funktion wäre im anderen Paar zu suchen, also entweder Empfindung oder Intuition. Falls Ihre primäre Funktion die Intuition ist, dann wäre Empfindung die inferiore Funktion, während Denken und Fühlen Ihre Intuition stärken würden.

Warum, so könnte man fragen, ist es überhaupt wichtig, den eigenen Typ zu kennen? Wenn Sie Ihr psychologisches Profil verstehen, dann wissen Sie etwas von Ihren blinden Flecken und befinden sich auf dem Weg zu tieferer Selbsterkenntnis. Die inferiore Funktion ist unser schwacher Punkt. Während wir die anderen drei Funktionen mehr oder weniger bewußt nutzen, ist die inferiore Funktion oft völlig unbewußt. Man sieht an Menschen, die dem Denktyp entsprechen, wie sie die Welt des Fühlens oft vollständig verdrängen; oder daß Intuitive keine Beziehung zu den Sinnen haben und umgekehrt. Die inferiore Funktion ist zwar unser blinder Fleck, aber gleichzeitig die Quelle ungeahnten Reichtums. Indem wir Verbindung damit aufnehmen, gewinnen wir Zugang zum Unbewußten mit seinem enormen Wachstumspotential.

Die inferiore Funktion entwickeln

Hier folgen einige Vorschläge, wie Sie mit Ihrer inferioren Funktion in Kontakt treten können. Sie werden das wahrscheinlich keineswegs reizvoll finden, vielleicht sogar abstoßend. Das ist ein gutes Zeichen, weil es zeigt, daß Sie Ihren schwachen Punkt entdeckt haben. Wenn Sie sich dazu bringen können, die Schattenseite Ihrer Persönlichkeit zu entwickeln, dann werden Sie ganz gewiß einen großen Schritt nach vorne machen.

Fühlen

Sollte die Denkfunktion bei Ihnen sehr betont sein, so können Sie neue Tiefen entdecken, wenn Sie sich auf Ihre Gefühle einlassen. Nach Sarah Dening liegt der Schlüssel darin, in Beziehung zu anderen zu treten und dabei klare Grenzen zu ziehen. Die Arbeit mit einem Psychotherapeuten ist ein guter Ausgangspunkt, dabei wäre Gruppenarbeit besonders günstig. Sie könnten einen Abendkurs besuchen, in dem Sie Teil einer Gruppe sind, oder sich in einem Teamsport versuchen. Tanzen (Volkstanz oder Gesellschaftstanz) wäre ideal. Musik kann das Herz von Denktypen öffnen, ein Haustier kann ähnliches bewirken. Beschäftigung mit Ihren Träumen in einer Gruppe wäre hervorragend.

Intuition

Empfindungstypen werden die sonderbar zwielichtige Welt der Intuitiven einfach nicht verstehen können – sie neigen dazu, das alles für kompletten Unsinn zu halten. Es wäre für sie ein großes, lohnendes Abenteuer, sich auf ihre Intuition einzulassen. Sie könnten sich für das Unbekannte öffnen, indem Sie Orakelsysteme befragen, etwa das I Ging, Runen oder Tarot. Ignorieren Sie Ihre Skepsis eine Weile und beobachten Sie, was geschieht. Zu lernen, mit der Wünschelrute umzugehen, wäre für Sie eine interessante Aktivität, die Sie einfach damit rechtfertigen können, daß sie praktisch und nützlich ist. Auch Sie könnten großen Gewinn davon haben, sich mit Ihren Träumen zu beschäftigen – entweder allein oder in einer Traumgruppe.

Denken

»Ich hab's einfach nicht mit der Logik. Ich verlasse mich auf meine Gefühle, nicht auf meinen Verstand« – klassische Äußerungen von Gefühlstypen, denen das vernünftige, logische Denken fremd ist. Für eine ausgeglichene Psyche brauchen Gefühlstypen eine Verarbeitungsmöglichkeit, die nicht auf Emotionen angewiesen ist. Sie werden wahrscheinlich gar keine Lust haben, Kreuzworträtsel zu lösen, Puzzles zusammenzusetzen oder Schach zu spielen. Sie haben Angst vor Computern oder einfach kein Interesse daran. Es wäre eine lohnende Herausforderung für Sie, sich auf die Welt der Elektronik einzulassen. Ein Grundkurs in Mathematik wäre ein unglaublicher Schritt. Probieren Sie irgend etwas aus, was mit logischem Denken zu tun hat.

Empfindung

Die Welt der Empfindung, das Physische, das Hier und Jetzt, ist für manche Menschen eine fremde Welt, insbesondere für die Intuitiven. Für sie kann es überaus hilfreich sein, sich mit ihrem Körper zu verbinden. Ist Empfindung Ihr Schwachpunkt, dann lassen Sie sich auf praktische Aktivitäten ein, in denen Sie mit Materie und Form zu tun haben: Töpfern, Gärtnern, Schneidern, Tischlern. Zeichnen oder Malen kann ebenfalls sehr nützlich sein. Jede Art von Körperarbeit, sei es Yoga, Massage, Alexander-Technik, Rolfing oder T'ai Chi, wäre hervorragend.

Das Heim als Spiegel der Seele

Wenn wir uns unser Haus einmal gründlich anschauen, erfahren wir allerhand über uns selbst. Zumindest werden Sie aufhören, sich selbst Vorwürfe zu machen, weil Sie es einfach nicht fertigbringen, mit Hammer und Nagel umzugehen (kein Wunder, Sie sind ja ein Intuitiver). Es könnte wechselseitiges Verstehen fördern, etwa: »Klar, daß ihr Zimmer so unordentlich und vollgestopft ist, sie ist eine typische Denkerin, die völlig andere Dinge im Kopf hat.« Die Beschäftigung mit dem eigenen Wohnstil kann jedoch noch viel tiefer gehen und zum Ausgangspunkt für eine faszinierende Reise in die Tiefenschichten des Selbst, ja in die Seele werden. Indem wir unser Heim so umgestalten, daß es zu einer echten und aufrichtigen Reflexion unserer Seele wird, treiben wir den Prozeß der Individuation voran und erkennen mehr und mehr, wer wir wirklich sind. Wir machen uns klar, was in unserem Leben wirklich wichtig ist und was nur eine Fassade darstellt. Wir können den Zugang zu einem inneren Zuhause finden, wo wir uns geborgen und in Frieden fühlen. An diesem Ort müssen wir niemandem etwas beweisen oder irgend jemand anders sein als die Person, die wir wirklich sind. Unser wahres Selbst zu finden, ist die Aufgabe, die jedem von uns im Leben gestellt ist. Manchen gelingt das frühzeitig, andere beginnen den Prozeß erst später im Leben. Das »Neudenken« der häuslichen Umgebung ist ein wesentlicher Bestandteil dieses Prozesses. Indem wir erkennen, was uns in unserem Heim wichtig und unwichtig ist, halten wir unserem inneren Zuhause, der Seele, einen Spiegel vor.

Wenn wir beginnen, auf unsere Seele zu horchen, kann es geschehen, daß wir sehr drastische Veränderungen für notwendig halten. Wir merken vielleicht, daß wir uns nicht mehr an der Vergangenheit festklammern wollen, an dem Heim unserer Kindheit. Wir wollen unseren eigenen Stil entwickeln, unser Leben selbst gestalten. Vielleicht empfinden wir unser Haus plötzlich als zu rational, zu geordnet, und sehen einen Zusammenhang mit unserem Leben, das auch zu perfekt und zu statisch ist. Was wir brauchen, ist ein Schuß Irrationalität, einen zündenden Funken für eine neue Lebensphase. Gibt es einen besseren Ausgangspunkt als das eigene Zuhause? Wenn wir etwas Neues in unser Leben bringen wollen, dann geschieht das oft dadurch, daß wir den Arbeitsplatz wechseln, eine Beziehung beenden oder unser Image verändern. Man könnte statt dessen auch damit beginnen, das Wohnzimmer in einer neuen Farbe zu streichen oder das Haus gründlich zu entschlacken.

In den folgenden Kapiteln werden wir uns unser Zuhause auf neue Weise anschauen. Wir beginnen mit der Frage, was für uns den Geist des Hauses ausmacht. Wenn wir wissen, was uns wirklich wesentlich ist, und damit eine Art Blaupause in der Hand haben, dann werden wir viel über uns selbst erfahren haben und uns auf den Weg machen, unser Heim in einen wahren Hafen für unsere Seele zu verwandeln.

Teil II
Nachdenken über das eigene Heim

5 Nach Hause kommen

Jetzt ist es an der Zeit, ein paar praktische Übungen zu machen. Sie sind einfach, und ich hoffe, daß sie Ihnen Spaß machen und daß Sie dabei entdecken, was Ihnen Ihr Zuhause wirklich bedeutet und was Sie sich von der geistigen Welt für Ihr Haus wünschen. Zuerst müssen wir uns klarmachen, daß es *das* perfekte Heim nicht gibt. Jeder von uns hat seine eigene Idee von einer Heimat für die Seele. Was für den einen ein Traum ist, etwa ein Bauernhof auf dem Land, kann für den anderen, dessen Ideal eine Dachwohnung in der Großstadt ist, ein Alptraum sein. Um unser spirituelles Heim zu finden, müssen wir erst einige Hausaufgaben erledigen. Die meisten glauben, sie wüßten genau, was sie wollen, was sie kaufen würden, wenn sie im Lotto gewännen – aber was unser Ego will und wonach sich unsere Seele sehnt, sind oft zwei völlig verschiedene Dinge. Wir müssen etwas tiefer schürfen, um das wahre Heim unserer Seele zu entdecken.

Die Übungen, die in den nächsten zwei Kapiteln folgen, sollen diesen Prozeß in Gang bringen. Wieviel Sie dabei gewinnen, liegt ganz bei Ihnen. Sie können die Oberfläche streifen – oder Sie nehmen sich Zeit und betreiben ernsthaft Archäologie. Falls Sie sich entschließen, wirklich tief zu schürfen, brauchen Sie einige Werkzeuge.

VORBEREITUNG

Beginnen Sie damit, Zeitschriften und Magazine über Wohnkultur und Lebensstil zu sammeln. In den meisten Häusern gibt es irgendwo einen Stapel. Wenn Sie kein Zeitschriftenleser sind, dann fragen Sie Ihre Freunde, ob sie Ihnen einige schenken können (nicht leihen, weil Sie sie zerschneiden werden).

Außerdem brauchen Sie zwei leere Schreibbücher. Eines sollte DIN-A4-Format haben. Das andere ist eine Art Tagebuch, es kann also jede Größe haben, am besten die, in die Sie gerne hineinschreiben. Wenn Sie neue Bücher kaufen, dann nehmen Sie solche, die Sie inspirieren. Ihr wahres Heim zu finden, ist ein Prozeß der Entdeckung, der Inspiration und der Verzauberung. Die Bücher, die Sie benutzen, um Ihren Fortschritt festzuhalten, sollten also zu dieser Stimmung passen. Sie brauchen bunte Stifte, Kreiden oder Farben und einige größere Zeichenblätter oder einen Skizzenblock.

Wenn Sie ein Tonbandgerät haben, wäre das sehr nützlich. Eine Freundin oder ein Freund, dem Sie vertrauen und mit dem Sie sich wohlfühlen, könnte bei manchen Übungen sehr hilfreich sein, um Kommentare aufzuschreiben, die Sie dann später gemeinsam besprechen.

Das Wichtigste ist, daß Sie sich Raum und Zeit geben, um in den Prozeß einzutauchen. Nehmen Sie sich möglichst jeweils eine ganze Stunde, um sich auf die Übungen einzulassen. Sorgen Sie dafür, daß Sie kein Telefon, kein Klingeln, kein weinendes Kind stört. Suchen Sie sich also die richtige Tageszeit dafür aus. Das soll aber nicht dazu führen, daß Sie nie damit anfangen, nur weil Sie nicht die perfekten Umstände schaffen können. Es ist besser, die Übungen in irgendeine Lücke zu schieben, als sie überhaupt nicht zu machen. Ich habe oft festgestellt, daß mir die besten Ideen ganz unerwartet kommen – wenn ich im Bett liege, kurz vor dem Einschlafen, oder wenn ich in einer Tasse Kaffee rühre. Es gibt also keine Vorschriften – machen Sie es so, wie es Ihnen am besten paßt.

 Einstimmung

Jedesmal, wenn Sie an Ihrem Seelenheim arbeiten, ist es empfehlenswert (aber nicht unabdingbar), daß Sie sich darauf einstimmen. Ihre Intention wird dadurch auf Ihr Ziel ausgerichtet, und Ihre Ressourcen, sowohl die bewußten wie die unbewußten, werden verfügbar gemacht. Diese Vorbereitungen sind auch eine gute Überleitung vom Alltag in diesen Prozeß.

Suchen Sie sich einen Ort, an dem Sie ungestört sind. Vielleicht zünden Sie eine Kerze an oder Räucherstäbchen oder eine Duftlampe. Falls Sie einen Hausgeist haben, dann könnten Sie eine Darstellung von ihm vor sich auf den Tisch stellen.

Recken und strecken Sie sich. Dehnen Sie sich bis zur Decke, als wollten Sie nach den Sternen greifen. Sie spüren die Spannung von der Taille aufwärts durch den Rücken, die Schultern, den Hals bis in den Kopf. Lassen Sie dann den Körper nach vorne fallen, der Kopf baumelt nach unten, und die Hände berühren den Boden. Beugen Sie sich so weit vor, wie es Ihnen angenehm ist. Rollen Sie den Kopf vorsichtig von einer Seite zur anderen, dabei dehnen sich die Sehnen im Hals. Nun lassen Sie den Kopf sanft im Uhrzeigersinn kreisen, dann in die Gegenrichtung. Schütteln Sie den ganzen Körper aus. Legen Sie sich hin, und strecken Sie sich wieder so lang aus, wie Sie können. Ziehen Sie die Knie zum Kinn hoch, und lassen Sie sie nach rechts fallen, während sich Kopf und Schultern nach links drehen. Vielleicht knackt es dabei leise in der Wirbelsäule. Üben Sie das gleiche zur anderen Seite.

Jetzt fühlen Sie sich körperlich sicherlich wohler als vorher. (Achtung: Falls Sie irgendwelche Probleme mit dem Rücken oder Hals haben oder irgendeine Form von Arthritis, fragen Sie Ihren Arzt, ob Sie diese Streckübungen machen dürfen.)

Bitten Sie um Segen für Ihre Arbeit. Sie können Ihren Schutzengel um Führung bitten oder den Engel des Hauses. Widmen Sie Ihre Arbeit Hestia, der Beschützerin des Hauses, oder verbringen Sie einfach ein paar Augenblicke in stiller Meditation. Was immer Sie auch tun, Sie machen Ihren Geist frei und geben dem Unbewußten Gelegenheit, sich zu entspannen und Sie zu unterstützen.

Gehen Sie mit Ihrer Aufmerksamkeit ein paar Minuten zu Ihrer Atmung, und nehmen Sie Ihren Herzschlag wahr. Durchwandern Sie den Körper mit Ihrer Aufmerksamkeit. Ist noch irgendein Körperteil verspannt? Wenn ja, dann versuchen Sie, die Spannung loszulassen. Falls das nicht gelingt, nehmen Sie sie einfach wahr, und achten Sie darauf, was Ihnen dieser Körperteil sagen will. Es kann durchaus sein, daß sich ein Teil von Ihnen gegen diesen Prozeß wehrt.

Wenn man sich ernsthaft mit seinem Wohnraum auseinandersetzt, dann entdeckt man manchmal, daß man sehr tiefgreifende Veränderungen vornehmen muß: daß es nicht nur darum geht, ein paar Möbel zu verrücken, sondern etwas tief im Inneren zu verwandeln. Vielleicht ahnen Sie das, und ein Teil von Ihnen will keine Veränderung oder hat Angst davor. Das ist ganz in Ordnung – nehmen Sie es einfach wahr und rufen Sie sich in Erinnerung, daß Sie zu nichts gezwungen werden. Sie können frei entscheiden. Nichts wird verändert, außer Sie wollen es so.

Ein Warnhinweis, bevor Sie anfangen: Die meisten Menschen werden keinerlei Schwierigkeiten mit diesen Übungen haben, sie werden einfach Spaß machen und hoffentlich sehr aufschlußreich sein. Es kann jedoch sein, daß Ihre frühen Erfahrungen in Ihrem ersten Zuhause nicht glücklich waren und daß ein Besuch in der Vergangenheit schmerzhafte Gedanken und Erinnerungen an die Oberfläche bringt. Falls Sie wissen oder vermuten, daß Sie eine unglückliche Kindheit hatten, wäre es ratsam, diese Übungen gemeinsam mit einem ausgebildeten Psychotherapeuten oder einem Hypnotherapeuten zu machen. Sollten Sie erst während der Übung feststellen, daß unangenehme Gefühle und Erinnerungen hochkommen, möchte ich Ihnen ebenfalls dringend raten, einen qualifizierten Therapeuten aufzusuchen, dem Sie vertrauen und mit dem Sie diese Dinge besprechen können.

Ihr erstes Zuhause

Wie schon gesagt, kann Ihr Elternhaus einen enormen Einfluß auf das gesamte Leben haben – insbesondere auf Ihre Einstellung zu allem Häuslichen. Wir beginnen also da, wo alles anfing.

Wir machen eine Reise zurück in die Vergangenheit. Sie sollte nur so lange dauern, wie Sie sich gut dabei fühlen, und nicht länger als zwanzig Minuten. Unser Ausgangspunkt ist das Haus, das in Ihrer Kindheit am wichtigsten war. Es kann das allererste Zuhause sein, oder das erste, an das Sie sich erinnern, oder jenes, in dem Sie den größten Teil Ihrer Kindheit verbracht haben. Bei dieser Übung kommen Sie in einen sehr tiefen Entspannungszustand. Wenn Sie sich dabei nicht wohlfühlen, lassen Sie die Anweisung aus, die Treppe in die Tiefe hinabzusteigen, und benutzen Sie einfach Ihre Erinnerung und Imagination im Wachbewußtsein.

Wenn Sie wieder ganz im Alltagsbewußtsein sind, dann schreiben Sie Ihre Gedanken und Gefühle in das Tagebuch. Falls Sie die Augen geschlossen halten wollen, dann sprechen Sie Ihre Antworten auf ein Tonbandgerät oder bitten Sie einen Freund oder eine Freundin, Ihnen die Fragen zu stellen und Ihre Antworten aufzuschreiben. Wenn Sie möchten, können Sie Ihren Schutzengel oder Schutzgeist mit auf die Reise nehmen.

1. Lehne dich zurück und mache es dir bequem. Schließe die Augen und achte auf den Atem. Atme sanft und tief, und verlangsame allmählich den Rhythmus, bis du ganz entspannt und gleichmäßig atmest. Wandere mit dem Bewußtsein durch den Körper, und laß mit dem Ausatmen die Spannung los, die vielleicht noch in dir ist. Stell dir jetzt vor, daß du oben an einer kurzen Treppe stehst. Du gehst diese Treppe Schritt für Schritt hinab und zählst dabei langsam von eins bis zehn. Beim Gehen merkst du, wie du in die Vergangenheit eintauchst und in deine Kindheit kommst, zu dem Haus, in dem du als Kind gelebt hast, tiefer und tiefer. Zähle jeden Schritt

und sage dabei »eins, ich gehe hinunter, zwei, ich gehe tiefer hinunter«, bis du ganz unten bei zehn angekommen bist. Du stehst vor einer Tür. Die Tür kommt dir bekannt vor, ja, es ist die Haustür zu dem Haus deiner Kindheit. Sieh dir die Tür an, die Farbe, das Material, vielleicht siehst du irgendwo das Namensschild und die Hausnummer? Langsam öffnet sich die Tür, und du trittst ein.

2. Jetzt bist du im Haus deiner Kindheit. Ist es das Haus, das du erwartet hast, oder befindest du dich woanders? Nimm dir Zeit und schau dich um. Geh durch das Haus oder die Wohnung, und schau in jedes Zimmer. Wie sieht es aus, wie ist es eingerichtet? Welche Farben bestimmen das Bild? Wie sehen die Möbel aus? Was siehst du durch die Fenster? Was hast du in diesem Zimmer getan? Ist es ein Zimmer, in dem du dich oft aufgehalten hast oder selten oder gar nicht? Wie fühlt sich das Zimmer an? Du gehst überall herum und spürst, wie alles wieder lebendig wird. Halte deine Eindrücke fest. Du wirst überrascht sein, wieviele Einzelheiten du wahrnimmst, die du ganz vergessen hast.

3. Wo waren deine Lieblingsplätze in diesem Haus? Wo war dein Zimmer oder dein Bett, und wie war es dort? Du siehst dich selbst in deinem Zimmer – was tust du gerade? Gab es einen bestimmten Ort zum Spielen, zum Lesen, zum Träumen? Gab es einen geheimen Platz oder irgendwo eine Ecke nur für dich? Wo war das? Du siehst dich an diesem Ort. Was tust du? Wie fühlst du dich?

4. Wo war der Mittelpunkt, das Herz deines Zuhauses? In welchem Zimmer oder in welchem Zimmerteil war die Seele des Hauses? Stell dich dort hin und warte ein bißchen, bis du spürst, wie du dich dort fühlst. Welche Gefühle steigen in dir auf? Warst du dort glücklich?

5. Kannst du mit dem Geist des Hauses in Verbindung treten? Wie ist er/sie? Wie hat das Haus eure Familie empfunden? Frage den Hausgeist, welchen Eindruck ihr auf das Haus gemacht habt. Bitte den Geist um nützliche Einsichten über die damalige Zeit. Welche Schlüsselworte fallen dir ein, um das Haus zu beschreiben? Welche

Farbe würdest du damit in Verbindung bringen? Welchen Geruch oder Duft? Welchen Namen würdest du dem Haus geben?

6. Gibt es irgendwelche Elemente an dem Haus deiner Kindheit, die ein nostalgisches Gefühl in dir wecken? Gibt es irgend etwas, das du gerne in deinem gegenwärtigen Heim so haben möchtest wie damals – sei es ein architektonisches Merkmal, die Art der Einrichtung oder einzelne Möbel, ein Gefühl oder eine Stimmung? Gibt es etwas, das dir mißfällt, das ein ungutes Gefühl aufkommen läßt? Was magst du nicht an dem Haus?

7. Für deine erste Reise zurück in die Vergangenheit genügt das nun. Verabschiede dich bei dem Haus und danke dem Geist des Hauses, daß er dir geholfen hat. Gehe zur Haustür zurück und öffne sie sachte. Vor dir befindet sich wieder die kurze Treppe. Du gehst aus dem Haus hinaus, die Tür schließt sich leise hinter dir, und du trittst auf die erste Stufe. Zähle von zehn bis eins, während du die Stufen hinaufgehst, nach oben ins Helle, wo dein gegenwärtiges Zuhause ist im Hier und Jetzt. Beim Hinaufgehen spürst du, wie du immer wacher wirst und wieder beginnst, deine Umgebung wahrzunehmen. Du bist entspannt und dabei voller Energie. Du hörst die Geräusche um dich herum, spürst dein Gewicht auf dem Stuhl, auf dem du sitzt. Eins – und du befindest dich wieder in der Gegenwart, ganz wach und bewußt. Öffne die Augen und strecke dich.

Nehmen Sie sich nun Zeit, darüber nachzudenken, was Sie gesehen, gehört, gerochen und gefühlt haben. Schreiben Sie alles in Ihr Tagebuch. Oder sprechen Sie darüber mit Ihrem Begleiter und machen Sie sich dann Notizen. Gab es irgendwelche Überraschungen?

Rückkehr nach Hause

Sie kennen nun diese Übung und wissen, wie Sie jederzeit einen Besuch in Ihrer Kindheit machen können, wenn Sie mehr Informationen über das Haus haben möchten, in dem Sie aufgewachsen sind. Denken Sie immer daran, Ihre Beobachtungen festzuhalten.

Wenn Sie mit dieser Übung vertraut geworden sind, können Sie sich und dem Haus noch einige zusätzliche Fragen stellen:

- Sind Ihre Freunde in Ihr Haus zum Spielen gekommen, oder haben Sie die meiste Zeit in deren Häusern verbracht? Wenn ja, warum?
- Gab es Zimmer, an die Sie sich nicht mehr erinnern? Könnten Sie sich den Grund denken?
- Hatten Sie zu irgendeinem Zeitpunkt Alpträume? Haben Sie jemals irgend etwas Außergewöhnliches wahrgenommen, etwa einen Geist?
- War Ihr Zuhause ein Ort, an dem Kinder glücklich sein konnten? Hatten Sie Platz, um zu spielen und Sie selbst zu sein, oder mußten Sie sich immer in Acht nehmen, um nur ja nirgends anzuecken? War es verboten, bestimmte Dinge zu berühren oder bestimmte Räume zu betreten?
- Faszinierte Sie etwas an dem Haus oder bestimmte Gegenstände im Haus? Können Sie sich an besonders schöne Dinge erinnern?
- Versuchen Sie sich an bestimmte wichtige Möbelstücke zu erinnern, etwa den Eßtisch, den Herd, das Sofa, den Fernsehapparat, Ihr Bett, die Badewanne oder was immer sonst. Was waren die wichtigsten Gegenstände im Zuhause Ihrer Kindheit?

Um das Bild abzurunden, denken Sie an andere Orte Ihrer Kindheit. Gab es Häuser, die Sie wirklich geliebt haben? Wem gehörten sie – den Großeltern, Verwandten, Freunden, Nachbarn? Was hat Ihnen besonders gut daran gefallen? War es die Atmosphäre, die Sie so angezogen hat?

Das Haus der Kindheit malen

Sie haben jetzt ein ziemlich detailliertes Bild vom Zuhause Ihrer Kindheit. Um es noch vollständiger zu machen, können Sie Ihr Unbewußtes noch weiter aktivieren. Legen Sie ein weißes Papier vor sich hin und daneben die Farbstifte, Kreiden oder Malfarben. Zeichnen oder malen Sie jetzt Ihr Zuhause. Lassen Sie sich von Ihrer Intuition führen. Nehmen Sie die Farben, die Sie gerade ansprechen, und malen Sie so, wie Sie Lust haben. Es muß keine naturgetreue Darstellung sein, es können einfach Farben und Formen sein. Sie können das Haus von außen darstellen, von innen oder die Atmosphäre zum Ausdruck bringen.

Machen Sie so viele Zeichnungen oder Bilder, wie Sie wollen. Was fällt Ihnen daran auf? Sind die Farben hell, pastell oder düster? Sind die Formen und Ränder weich und rund oder hart und stumpf? Welche Gefühle steigen in Ihnen auf, wenn Sie Ihre Bilder anschauen? Falls Sie Ihr Bild nicht verstehen, dann versuchen Sie, sich mit ihm zu unterhalten. Stellen Sie sich vor, daß es Ihre Fragen beantworten kann, Ihnen sogar selbst Fragen stellt. Keine Sorge! Das ist nicht verrückt, vielmehr eine bewährte Methode der Kunsttherapie, mit der Sie vielleicht einige überraschende Einsichten gewinnen können. Zeichnen Sie jetzt den Geist des Hauses. Was sagt er/sie zu Ihnen?

Sie können auch an Ihr Bild schreiben – oder einen Dialog zwischen Ihnen und dem Haus oder Ihnen und dem Geist des Hauses aufschreiben. Kleben Sie alle Bilder und Notizen in Ihr Tagebuch. Wenn sie zu groß sind, dann besorgen Sie sich eine Mappe zum Aufbewahren.

Weitergehen

Diese Übungen brauchen Zeit, aber wenn Sie Freude daran haben, dann wäre es sehr nützlich, sie auch für die anderen Orte zu machen, an denen Sie gelebt haben, bevor Sie sich mit dem Haus beschäftigen, in dem Sie gegenwärtig wohnen. Vielleicht gibt es ein bestimmtes

Haus, das noch besonders wichtig war. Es würde sich durchaus lohnen, den ganzen Prozeß für dieses Haus zu wiederholen. Wenn Sie keine Zeit oder keine Lust dazu haben, dann nehmen Sie sich wenigstens die Zeit, über die folgenden Fragen nachzudenken und die Antworten in Ihr Tagebuch zu schreiben:

- Waren die Wohnorte in Ihrem Leben immer ziemlich ähnlich oder gab es große Unterschiede?
- In welchem Haus waren Sie am glücklichsten? Worauf führen Sie das zurück? Gibt es bestimmte Elemente, an denen Sie das gute Gefühl festmachen können? Lassen Sie sich für diesen Wohnort besonders viel Zeit – vielleicht wiederholen Sie die Treppenübung oder malen Ihr damaliges Zuhause.
- Wurden Sie in der Kindheit für längere Zeit von zu Hause weggeschickt, etwa in ein Internat, ein Ferienlager oder zu Verwandten? Sind Sie gerne dort gewesen und wenn ja, was hat Ihnen besonders gefallen? Oder haben Sie Heimweh gehabt? Was hat Ihnen besonders gefehlt?
- Wie war Ihre erste eigene Wohnung? Sind Sie wegen einer Arbeit an einen anderen Ort gezogen oder zur Ausbildung an eine Hochschule? Wie war es dort? Wie haben Sie Ihre erste Wohnung zu Ihrer eigenen gemacht? Hatten Sie ein gutes Gefühl, in Ihren eigenen vier Wänden zu leben, oder hat Ihnen Ihr Familienhaus gefehlt?
- Als Sie zu Hause ausgezogen sind, mußten Sie da Ihre erste Wohnung oder gar Ihr Zimmer mit anderen teilen? Haben Sie gerne mit anderen zusammengelebt, oder haben Sie sich danach gesehnt, eine Wohnung für sich allein zu haben?

Aus den Übungen wird eine Art Mosaik entstehen. Wenn immer mehr Erinnerungen und Einsichten dazukommen, werden Sie höchstwahrscheinlich ein klares Muster erkennen. Bestimmte Gedanken, Stimmungen, Ideen und Gefühle werden immer wieder auftauchen. Achten Sie auf diese Wegweiser in Ihrer Seelenlandschaft.

Das Zuhausegefühl

Für diese Übung brauchen Sie die Hilfe von einem Freund oder einer Freundin. Es wäre auch sehr nützlich, wenn Sie Ihre Antworten auf Band aufnehmen würden. Machen Sie es sich gemütlich und entspannen Sie sich, bevor Sie anfangen. Bitten Sie Ihren Freund, Ihnen ein paar Fragen zu stellen, und antworten Sie einfach darauf. Versuchen Sie nicht, tief darüber nachzudenken oder das, was Sie sagen, zu zensieren, seien Sie einfach ehrlich. Es macht nichts, wenn Ihre Antworten sich nicht direkt auf Ihr Zuhause beziehen. Ihr Begleiter soll darauf achten, ob irgendwelche Worte vorkommen, die Sie besonders betonen oder die Sie oft wiederholen. Auf diese Weise zuzuhören, ist eine Kunst – deswegen die Tonbandaufnahme. Sie können dann selbst feststellen, was Sie besonders betonen – beim Sprechen merken wir das meistens nicht. Hier also die Fragen:

1. Erinnere dich an eine Zeit in deiner Kindheit, als du ganz glücklich und zufrieden warst. Wo war das? Was tatest du? Was war das Besondere daran? Wie hast du dich gefühlt? Warst du allein, oder war noch jemand da? Was hat dir in dieser Situation am meisten Freude gemacht?
2. Denke an eine gute Zeit in deiner Jugend. Stelle dieselben Fragen wie unter 1.
3. Erinnere dich an einen Augenblick, als du dich ganz im Einklang mit dir selbst gefühlt hast, ganz zu Hause. Wo warst du? Was hast du getan? Wieder dieselben Fragen wie vorher.
4. Denke an eine deiner liebsten Freizeitbeschäftigungen oder Hobbys – in der Vergangenheit oder Gegenwart. Stelle die gleichen Fragen.

Bei der Beschreibung dieser Situationen haben Sie bestimmten Worten oder Ausdrücken oder Sätzen besonderes Gewicht beigelegt. Schreiben Sie diese auf einen Zettel, und suchen Sie nach den Mustern. Was taucht

immer wieder auf? Wo zeigen sich wichtige Werte oder Gefühle? Wenn
Sie nur drei oder vier auswählen sollten, welche wären es? Sie können
daraus ablesen, was Ihnen ein gutes Lebensgefühl vermittelt.

Vielleicht stellen Sie fest, daß Ihre Antworten gar nichts mit Ihrem
Zuhause zu tun haben. Es tauchen Ausdrücke auf wie »mit meinen
Freunden lachen« oder »spirituelle Erfahrungen« oder »geachtet wer-
den«. Nehmen Sie Ihre Antworten ernst. Diese Übung zeigt auf, was
Ihnen im Leben am wichtigsten ist – die Werte und Empfindungen, die
Ihnen das Gefühl geben, in Ihrer Welt zu Hause zu sein. Vielleicht
müssen Sie sich frei und ungebunden fühlen, oder Sie brauchen andere
Menschen um sich. Vielleicht ist es für Sie ganz besonders wichtig,
Ihrer Spiritualität Zeit zu widmen, oder Sie spüren, daß die Arbeit der
wichtigste Aspekt Ihres Lebens ist; vielleicht sehnen Sie sich nach Einfluß und Anerkennung. All diese Themen berühren die Anforderungen
an Ihr Zuhause. Ihr Heim kann Sie in jedem Aspekt Ihres Lebens unterstützen, wenn Sie es zulassen. Aber Sie müssen wissen, was Sie
wollen.

Das Mosaik zusammenfügen

Mittlerweile haben Sie eine Menge Informationen gesammelt. Nehmen
Sie sich ein wenig Zeit, bevor wir dazu übergehen, das ganze Material
zu sichten und nach wiederkehrenden Mustern Ausschau zu halten.
Wenn Sie die verschiedenen Orte, an denen Sie gelebt haben, Revue
passieren lassen, entdecken Sie dann irgendwelche Ähnlichkeiten?
Zeigen sich Themen, die immer wiederkehren? Selbst wenn sich die
Wohnorte und auch die Architektur stark unterschieden haben, so gab
es möglicherweise doch gemeinsame Elemente. Welche? Waren die
Decken vielleicht immer besonders hoch? Oder war die Atmosphäre
immer ähnlich? War es immer unordentlich oder stets elegant?

Vor allem: Welche Elemente des Wohnens haben Sie aus Ihrer Kindheit beibehalten? Haben die Wohnungen und Häuser, die Sie sich

selbst ausgesucht haben, Ähnlichkeit mit dem Zuhause Ihrer Kindheit? Oder rebellieren Sie immer noch gegen Ihre Eltern? Gibt es Elemente früherer Wohnungen, die Ihnen fehlen und die Sie gerne wieder verwirklichen würden? Gibt es ein Zuhausegefühl, das Ihnen fehlt? Welche Worte könnten diese idealen Aspekte Ihres früheren Zuhauses am besten wiedergeben? Wenn es kein glücklicher Ort war, welche Worte drücken am besten Ihr Unbehagen aus? Würde das gegenteilige Wort das beschreiben, wonach Sie jetzt suchen? Wenn Ihr Kindheitszuhause kalt war, sehnen Sie sich heute nach Wärme? Wenn damals immer Lärm und Hektik im Haus herrschten, wünschen Sie sich jetzt Stille und Frieden?

Suchen Sie nach Verbindungen, nach Schlüsselworten, nach Stimmungen, Atmosphären, Gefühlen, Farben, Gerüchen, Empfindungen. So weben Sie den Teppich für das ideale Refugium Ihrer Seele.

6 Ihr ideales Heim

Sie haben inzwischen viel Basisarbeit bewältigt – das Umgraben sozusagen. Jetzt beginnt der Spaß. Sie dürften mittlerweile eine ziemlich klare Vorstellung davon haben, welche Faktoren in der Kindheit Ihre Erfahrung von Zuhause geprägt haben. Sie wissen, welche Elemente Sie in Ihrem Heim übernehmen und welche Sie vermeiden wollen. Jetzt geht es darum, das Heim für Ihre Seele im Geist entstehen zu lassen. Wir sind im Reich der Phantasie, nicht im Reich der Realität. Hören Sie also nicht auf die nörgelnde Stimme, die da sagt, »aber du bist kein Millionär, also kannst du dir deine Flausen abschminken« oder »ein Haus für deine Seele hast du nicht verdient« oder gar »du verschwendest doch nur deine Zeit«. Wir erlauben uns jetzt, uns in der Phantasie genüßlich alle Wünsche zu erfüllen. Wenn Sie die Übungen in diesem Kapitel machen, dann vergessen Sie für eine Weile, daß Sie Ihr Haus mit anderen teilen, Sie brauchen jetzt einmal nicht an deren Bedürfnisse zu denken. Denken Sie nur an sich selbst: Wonach sehnt sich Ihre Seele? Später werden wir uns Gedanken über die anderen machen.

Materialsammlung: Ihr ideales Heim

Jetzt ist der Zeitpunkt gekommen, um sich den Stapel Zeitschriften und Magazine zum Thema Wohnen vorzunehmen. Setzen Sie sich in einen bequemen Sessel. Sie können schöne, inspirierende Musik auflegen, die Sie auch in Ihrem idealen Heim gerne hören würden. Nehmen Sie sich ein paar Augenblicke Zeit, um sich zu zentrieren – vielleicht haben Sie Lust, die Entspannungsübung aus dem vorhergehenden Kapitel zu machen, um Ihr Wohlbefinden zu steigern. Stellen Sie sich ein angenehmes Getränk bereit, je nach Wetter warm oder kalt, sei es eine große Tasse heißer Kaffee oder ein Kräutertee oder ein kühler Longdrink. Wenn es Abend ist, könnten Sie sich eine gute Flasche Wein aus dem Keller holen oder sich einen Cognac kredenzen. Kekse, Nüsse, Pralinen – warum nicht? Verwöhnen Sie sich einfach ein bißchen.

Blättern Sie nun die erste Zeitschrift durch und achten Sie darauf, welche Bilder Sie anziehen. Sie brauchen noch nicht besonders wählerisch zu sein. Schneiden oder reißen Sie einfach die Bilder heraus, die Ihnen gefallen. Es können Außen- oder Innenaufnahmen von einem Haus sein, Farben, Stoffe und Objekte. Es könnten auch Lifestyle-Aufnahmen sein, Leute die genießen, lachen, arbeiten, Sport treiben, spazierengehen, in einem Straßencafé sitzen. Es können auch Symbole sein, abstrakte Bilder, die ein Gefühl zum Ausdruck bringen; Worte oder Sätze, die eine Seite in Ihnen zum Schwingen bringen. Das einzige Kriterium ist, daß Sie sich gut fühlen, wenn Sie die Bilder anschauen.

Blättern Sie alle Zeitschriften durch, bis Sie einen ansehnlichen Stapel von Bildern zusammengebracht haben. Ich hatte vier Jahre lang Magazine gesammelt, die ich in vier Mammutsitzungen durchgeforstet habe. Falls Sie nicht viele Zeitschriften haben, bitten Sie Ihre Freunde und Ihre Familie, Wohnmagazine für Sie zu sammeln; oder fragen Sie bei Ihrem Arzt oder Zahnarzt nach, ob er welche für Sie aufheben kann (sie dürfen für Ihre Zwecke ruhig Eselsohren haben).

Legen Sie alle Bilder in eine Mappe, und warten Sie ein oder zwei Tage, bis Sie sie mit frischem Blick erneut anschauen. Nun kommt das Aussortieren. Diesmal suchen Sie nach den Bildern, die Sie wirklich begeistern, die das ideale Heim für Sie darstellen. Schauen Sie sich jedes Bild an und fragen Sie sich: »Würde ich hier leben wollen?« »Ist das das Zuhausegefühl, nach dem ich mich sehne?« Wenn ja, legen Sie das Foto auf einen Stoß, wenn nein, legen Sie es auf den anderen. Sie können den Ausschußstapel jederzeit wieder durchsehen und neu entscheiden.

Jetzt brauchen Sie das große Schreibbuch mit den leeren Seiten und einen Papierkleber, der zuläßt, daß Sie die aufgeklebten Ausschnitte wieder ablösen können. Nun ist alles vorbereitet, um vor Ihren Augen Ihr ideales Seelenheim entstehen zu lassen. Wir arbeiten mit Bildern, weil sie direkt zum Unterbewußten sprechen. Wenn Sie ein Bild anschauen, wissen Sie in der Regel sofort, ob Sie es mögen oder nicht – auch wenn Sie nicht wissen, warum. Auf diese Weise können Sie zu überraschenden Einsichten kommen, welche Art von Heim sich Ihre Seele wirklich wünscht.

Halten Sie einen Moment inne, bevor Sie ein Foto in Ihr Buch kleben. Dieses Buch wird die Geschichte Ihres Zuhauses enthalten, und wenn Sie auf diese Weise mit Bildern arbeiten, kann es dazu führen, daß Ihre Träume in Erfüllung gehen. Vorsicht also mit Ihren Wünschen! Sie programmieren nämlich hier Ihr Unterbewußtsein, um Ihre Träume zu realisieren. Wählen Sie die Bilder also sorgfältig aus. Wollen Sie das wirklich? Hören Sie auf Ihr Herz. Wenn ja, wenn es genau stimmt, oder wenn das Wesentliche darin stimmt, dann schneiden Sie es aus und kleben Sie es ein. Arbeiten Sie sich auf diese Weise durch Ihren Ja-Stapel hindurch. Das Buch muß nicht gleich ganz voll werden, Sie werden bestimmt noch Fotos finden, die Sie hinzufügen möchten. Andererseits merken Sie später vielleicht, daß manche Bilder in Ihrem Buch doch nicht passen. Nehmen Sie sie einfach heraus, und kleben Sie statt dessen ein anderes ein.

Blättern Sie Ihr Buch oft durch – am Anfang täglich – und beobachten Sie, was geschieht. Als ich das tat, bemerkte ich zu meinem Erstaunen, wie sehr sich die Bilder in meinem Buch von dem Haus unterschieden, in dem ich lebte und von dem ich glaubte, es sei mein Idealhaus. Ich hatte eine Menge Bilder von Häusern aus Holz und Naturstein ausgeschnitten. Leuchtende Farben spielten eine große Rolle. Die Räume waren luftig, aber kleiner als in meinem gegenwärtigen Haus. Die Außenansichten zeigten Häuser eingebettet in eine hügelige Landschaft mit Flüssen und Seen. Im Inneren gab es große offene Kamine, Schaukelstühle, weite Studios voller Licht und Kunstmaterial, Tische voller Essen, an denen lachende Menschen saßen. Eine Katze schlief auf einem Bett, in ihrem Fell spielte das Sonnenlicht. Hunde lagen auf einem verschlissenen Ledersessel oder spielten im hohen Gras. Es gab Bilder von Kindern, die sich mit einem Buch in eine Sofaecke verkrochen hatten oder sich verkleideten.

Die Bilder versetzten mich zurück in meine Kindheit, und ich erinnerte mich an weitere Einzelheiten aus meinen frühen Jahren. Die ganze Atmosphäre war warm und freundlich. Es war ein gastfreundliches Haus, aber auch eines, in dem ich mich zurückziehen und Stille finden konnte, wenn ich sie brauchte. Mein Bilderbuch festigte meinen Entschluß, auf dem Land zu bleiben, und gab mir eine klare Vision, wo ich leben wollte. Je mehr ich darüber nachdachte, um so mehr erkannte ich, daß ich gar nicht umzuziehen brauchte, sondern die Essenz meiner Wünsche in dem Haus realisieren konnte, in dem ich wohnte.

Die Sinne benutzen

Dieses Bilderbuch ist eine visuelle Übung. Falls Sie glauben, daß Sie nicht besonders visuell veranlagt sind, dann ist sie für Sie vielleicht nicht so ergiebig. Aber machen Sie sich trotzdem daran, selbst wenn Sie nur eine Handvoll Bilder finden. Sie sollten aber auch von Ihren anderen Sinnen Gebrauch machen, um Ihr ideales Heim zu finden. Machen Sie zur Vorbereitung die Entspannungsübungen aus Kapitel 5, um in einen angenehmen Tagtraumzustand zu kommen. Dann lassen Sie Ihrer Phantasie freien Lauf.

Hören

Was möchten Sie in Ihrem Zuhause gerne hören? Stellen Sie sich vor, daß Sie in Ihrem idealen Heim beim Frühstück sitzen: Hören Sie Vogelgezwitscher oder Hupen von Autos im Morgenverkehr? Hören Sie die Morgennachrichten im Fernsehen, oder sind Ihre Räume von gregorianischem Gesang erfüllt? Wenn Sie Ihr Haus betreten – möchten Sie dann von Stille begrüßt werden oder von einem Stimmengewirr? Wird Ihnen eine Katze entgegenkommen und schnurrend an Ihren Beinen vorbeistreichen, oder läuft ein Kind in Ihre Arme und überschüttet Sie mit seinen Erlebnissen vom Tage? Werden Sie Ihren Partner mit einem Kuß begrüßen oder sich vom Frieden Ihrer eigenen Wohnung umfangen lassen? Wenn Sie abends einschlafen, was wollen Sie dann hören – in Ihrem Zimmer und draußen?

Haben Sie eine gute Stereoanlage oder mehrere? In welchen Zimmern? Haben Sie einen Fernseher und wo? Telefon und Faxgerät – wo stehen sie? Mögen Sie den Klang des Telefonläutens, oder schreckt es Sie auf? Benutzen Sie einen Anrufbeantworter, wenn Sie einmal nicht erreichbar sein wollen? Mögen Sie die Geräusche, die von Ihren Nachbarn kommen, oder macht es Sie verrückt? Mögen Sie es, wenn sich Mitbewohner im Haus bewegen oder nicht? Wie wichtig sind Ihnen die Geräusche der Natur? Und die Geräusche des Lebens in Gemeinschaft? Viele Menschen glauben, sie sehnten sich nach der Stille auf dem Land, aber fühlen sich dann gar nicht wohl, wenn sie nicht das Leben pulsieren hören. Im übrigen ist es keineswegs immer still auf dem Land. Wenn Freunde bei uns im Haus wohnen, beklagen sie sich oft darüber, daß sie vom Muhen der Kühe frühzeitig aufgeweckt oder vom Bellen der Füchse aus dem Schlaf geschreckt wurden.

Schreiben Sie Ihre Vorlieben auf ein oder zwei Seiten in Ihr Tagebuch unter der Überschrift »Geräusche in meinem Zuhause«.

Riechen

Unterschätzen Sie niemals den Geruchssinn. Der Geruch kann ein Haus einladend machen oder einen Besucher schneller vertreiben als irgend etwas anderes. Wie riecht und duftet Ihr ideales Heim? Natürlich gibt es Blumen, Öle und Parfums, aber es gibt noch feinere Nuancen. Lieben Sie den frischen Ozongeruch des Meeres oder den Duft eines Pinienwaldes? Oder fühlen Sie sich in den ständig wechselnden Gerüchen der Stadt wirklich zu Hause? Können Sie sich an Gerüche aus der Vergangenheit erinnern, die Sie gern hatten: an den wohligen Duft frisch gewaschener Bettwäsche, an Lavendel in der Möbelpolitur Ihrer Mutter, an die Heckenrosen am Gartenzaun, an frisch aufgebrühten Kaffee, an den Sonntagsbraten?

Denken Sie auch an die Gerüche, die Ihnen zuwider waren – sowohl in der Vergangenheit wie in der Gegenwart. Ich hasse den Geruch von feuchten Kleidern, an den ich mich nur allzu gut aus der Kindheit erinnern kann. Der Geruch von modernen Wandfarben läßt meine Drüsen sofort anschwellen, ebenso Reinigungsmittel fürs Badezimmer. Auch Staub mag ich nicht riechen, weil ich davon einen Niesanfall bekomme.

Schreiben Sie Ihre Gedanken auch zu diesem Thema auf ein oder zwei Seiten in Ihr Tagebuch unter der Überschrift »Gerüche in meinem Zuhause«.

Tasten

Während wir den Geruch oft vergessen, ignorieren wir den Tastsinn vollständig. Und doch ist es so wichtig, wie sich unser Zuhause anfühlt. Denken Sie also wieder an die Dinge, die Sie gerne berühren. Was fühlt sich gut auf der Haut an? Gehen Sie zurück in die Vergangenheit. Mir fallen sofort die kuscheligen Biberbettlaken ein, die meine Großmutter im Winter benutzte; der Schafsfellteppich, den ich unbedingt behalten wollte, um damit einen Küchenstuhl in ein »Pferd« zu verwandeln; die Samtstoffe und weichen Pelze, über die ich in den Kaufhäusern meine Hand gleiten ließ (als ich noch zu klein war, um etwas von der Grausamkeit der Pelztierzucht zu wissen). Auch heute noch liebe ich diese Empfindungen, möchte aber noch einige hinzufügen. Nichts übertrifft die frisch gemangelte Bettwäsche eines guten Hotels. Ich liebe das Gefühl von glatten Holzdielen unter meinen Füßen, aber auch rauhen Kokos- oder Sisalteppich. Samt ist und bleibt verführerisch, auch Kord, Satin, Seide und reine Wolle. Das seidige Gefühl von Badewasser, dem Duftöle zugesetzt sind; glatt geschliffene Steine am Meer; die Rundungen von gedrechseltem Holz; der weiche Flaum eines reifen Pfirsichs.

Auf der anderen Seite gibt es reichlich unangenehme Tastempfindungen. Ich vermeide Nylonbettlaken, synthetische Teppiche, Vinyltapeten, Plastikmöbel – ich schwitze in Synthetikkleidern und fühle mich nicht wohl mit Plastik. Tragen Sie Ihre eigenen Eindrücke und Empfindungen wieder in Ihr Tagebuch ein unter der Überschrift »Tastempfindungen in meinem Zuhause«.

Schmecken

Wie können Sie Ihr Zuhause schmecken? Es ist in der Tat unwahrscheinlich, daß Sie die Wände ablecken und am Teppich kauen, aber dennoch: Vergessen Sie nicht den Geschmackssinn. Ihr Heim sollte auch köstliche Geschmackserlebnisse möglich machen. Duft spielt dabei eine große Rolle: Das Aroma von frisch gemahlenem Kaffee oder frisch gebackenem Brot läßt das Wasser im Mund zusammenlaufen; ebenso eine Schale mit unwiderstehlichen Früchten oder ein Korb mit Kastanien, die darauf warten, auf dem Feuer geröstet zu werden. Denken Sie an das, was Sie am liebsten schmecken, und wie Sie diese Dinge in Ihrem Haus genießen werden. Zum Beispiel Croissants mit selbstgemachter Marmelade zum Frühstück; Picknicks im Garten; Abendessen bei Kerzenlicht und ein Toast mit einem Becher Kakao zum Schlafengehen. Auch das ist wichtig. Fügen Sie Ihrem Tagebuch also eine weitere Seite hinzu unter der Überschrift »Schmecken in meinem Zuhause«.

Anregungen aus fernen Ländern

Beim Durchsehen der Zeitschriften fühlten Sie sich vielleicht von Häusern in fernen Ländern angezogen. Möglicherweise sind Sie nie dort gewesen oder vielleicht nur kurz zu einem Ferienaufenthalt. Lassen Sie Erinnerungen an solche Orte aufsteigen.

Versuchen Sie sich klarzumachen, was Ihre Seele an diesen Orten so liebt. Ist es die reine Einfachheit eines weiß gekalkten griechischen Hauses? Die erdige Geborgenheit einer spanischen Hacienda? Sind es die leuchtenden Farben der Karibik? Die exotischen Stoffe und Statuen von Indien und dem Fernen Osten? Das duftende Holz einer Tiroler Hütte? Der handbehauene Stein eines schottischen Bauernhauses?

Welches Gefühl wecken diese Orte in Ihnen? Wie kommt die Atmosphäre zustande? Können Sie sich irgend etwas davon abschauen – eine Farbzusammenstellung oder Möbel oder die Art, wie der Raum aufgeteilt ist? Schreiben Sie auch diese Gedanken in Ihr Tagebuch.

Ihr Lebensstil

Wer sind Sie? Welche Rollen haben Sie im Leben, und wie spielen Sie diese Rollen? Ihr Heim sollte alle wichtigen Aspekte Ihres Lebens reflektieren, aber oft wissen wir gar nicht, welche Aspekte das sind. Nehmen Sie sich also etwas Zeit, um über Ihre Rollen nachzudenken. Vielleicht meinen Sie: »Ich spiele keine Rollen, ich bin einfach ich.« Aber das stimmt nicht. Sie haben eine Position in der Familie: Sie sind Mutter, Vater, Tochter, Sohn, Tante oder Onkel. Sie haben einen Beruf, und Sie haben Neigungen: Vielleicht sind Sie eine Patchworkkünstlerin, Reiter, Dichterin, Eremit, die Seele einer Gesellschaft, Wunderköchin, leidenschaftlicher Liebhaber etc. Verstehen Sie, was ich meine?

Schreiben Sie alle Rollen auf, die Sie im Leben haben – zuerst alle, die Sie jetzt spielen. Malen Sie einen Kreis auf und teilen Sie ihn in Segmente ein, je nachdem, wieviel Zeit jede Rolle in Anspruch nimmt. Als ich das zum ersten Mal machte, war ich schockiert. Ich stellte fest, daß ich fast meine ganze Zeit damit verbrachte, die »Journalistin Jane Alexander« zu sein. Alle meine anderen Rollen (Schwester, Tante, Tochter, Ehefrau, Freundin, Künstlerin, Gärtnerin, Kontemplative etc.) nahmen nur einen winzigen Teil ein. Es gab in meinem Leben keinen Platz für die Menschen und die Tätigkeiten, die ich liebte. Das zeigte sich auch in meinem Haus. Der wichtigste Raum war mein Arbeitszimmer, danach mit großem Abstand mein Schlafzimmer. Den Rest sah ich kaum.

Diese Übung kann Ihnen die Augen öffnen und Ihnen zeigen, welche Bereiche des Lebens Ihrer Seele fehlen. Wenn Sie Ihr Leben auf diese Weise graphisch dargestellt sehen, kann das ein Anstoß sein, Änderungen vorzunehmen. Es gibt wohl niemanden, der auf dem Totenbett bedauert, daß er nicht mehr Überstunden gemacht hat! Ich spreche nicht gerne über den Tod, aber keiner von uns weiß, wieviel Zeit ihm noch auf dieser Erde vergönnt ist. Deswegen sollten wir so leben, wie wir leben wollen – und zwar jetzt. Natürlich müssen wir unseren Lebensunterhalt verdienen, aber es gibt Möglichkeiten, wie wir den anderen wichtigen Dingen im Leben auch Raum geben können.

Zeichnen Sie jetzt einen zweiten Kreis auf, aber unterteilen Sie ihn diesmal anders. Geben Sie jeder Rolle die ihr gebührende Zeit. Mein Beispiel zeigt die klassische Arbeitssüchtige, die im Begriff ist, ihre Seele zu verlieren. Aber es könnte auch umgekehrt sein. Vielleicht spielt sich Ihr Leben in den Rollen Mutter, Hausfrau, Ehefrau, Tochter, Kindertaxiservice, Köchin, Waschfrau, Putzfrau und verständnisvolle Zuhörerin ab, und Sie brennen darauf, in die Welt hinauszugehen, ein Unternehmen zu führen und Geld zu verdienen. Sie können es gar nicht mehr erwarten, aus dem Haus zu kommen. Ob Sie es glauben oder nicht, auch dabei kann Ihnen Ihr Zuhause helfen. An diesem Punkt kommt es allerdings nur darauf an, daß Sie sich darüber klarwerden, was Sie wollen. Möchten Sie am liebsten die meiste Zeit von zu Hause weg sein? Oder brauchen Sie nur mehr Gleichgewicht?

Welche Rollen es auch sein mögen, die Sie erweitern möchten – Ihr Heim kann Ihnen dabei helfen, selbst wenn es eng und klein ist. Es gibt immer eine Möglichkeit, Ihre Ziele zu verfolgen. Wir kommen im Laufe des Buches immer wieder darauf zurück. Jetzt genügt es, daß Sie den Samen gesät haben, Ihr Unterbewußtsein kann jetzt daran arbeiten. Vielleicht finden Sie die Antworten früher als erwartet.

Alles zusammenfügen

In Ihren beiden Büchern hat sich mittlerweile eine Fülle an Informationen angesammelt. Es ist jetzt an der Zeit, das alles zusammenzubringen, und mit Kopf und Herz eine Vorstellung davon zu bilden, was ein Zuhause für Ihre Seele wirklich für Sie bedeutet.

Ich hoffe, daß Sie inzwischen erkannt haben, daß ein solches Zuhause nicht gänzlich außer Reichweite und nur auf dem Boulevard der Millionäre zu finden ist. Es könnte gut möglich sein, daß Ihr jetziges Heim nur einige Veränderungen braucht, damit sich Ihre Seele darin wohl fühlt. Diese abschließenden Übungen schaffen ein einheitliches Bild, so daß Sie erkennen, was getan werden muß.

Das Zuhause malen

Holen Sie Ihre Farben, und zeichnen oder malen Sie ein Bild von Ihrem idealen Heim. Es muß auch diesmal wieder keine perfekte Darstellung sein, sie muß nur Ihnen etwas bedeuten. Schreiben Sie Ihre Gedanken auf, als normalen Text oder in Gedichtform. Wichtig ist nur, daß im Bild und beim Schreiben Ihre Gefühle zum Ausdruck kommen. Lassen Sie sich folgende Fragen durch den Kopf gehen, während Sie malen oder schreiben:

- Was sind die wichtigsten Aspekte in Ihrem Zuhause?
- Welches Gefühl möchten Sie haben, wenn Sie durch die Eingangstür gehen?
- Welche Worte drücken »Zuhause« am besten für Sie aus? Was sind die wichtigsten Bilder, Gerüche, Geräusche, Gefühle?
- Welche Rollen wollen Sie in Ihrem Heim spielen? Welche Worte drücken diese Rollen aus?
- Welches ist das wichtigste Möbelstück in Ihrem Heim? Warum? Welche drei Stücke kommen danach?
- Wenn Sie Ihr Zuhause plötzlich verlassen müßten und nur sechs Dinge mitnehmen könnten, welche wären das? Und wenn es nur eins sein könnte? (Alle Menschen und Tiere sind natürlich in Sicherheit!)
- Wenn Sie eine Farbe für Ihr Zuhause wählen sollten, welche wäre es? Wenn es eine Grundform gäbe, wie sähe die aus? Ein Symbol …? Ein geheimer Name …?

Die Schatzkarte

Jetzt brauchen wir wieder den Stapel Zeitschriften und das Buch mit den eingeklebten Bildern, außerdem ein großes Blatt Papier, A3 wäre gut geeignet, aber auch ein kleines Format ist möglich (je nach Größe Ihrer Bilder). Wir machen jetzt eine Collage von unserem Traumhaus. Diese Übung hat es in sich: Es ist eine der wirksamsten, die ich je gemacht habe. Es geht im Grunde darum, das Unterbewußtsein zu programmieren, so daß unsere Wünsche wahr werden können. Fragen

Sie mich nicht, wie es funktioniert – ich habe keine Ahnung –, aber es scheint zu wirken, und nur darauf kommt es an. Indem Sie Ihre Wünsche und Absichten in eine klare graphische Form bringen, bewegen sich die Dinge irgendwie darauf zu. Ich vermute, es hat etwas mit Synchronizität zu tun, mit der Bewegung des Tao, Quantenphysik in Aktion ... vielleicht mit all diesen Dingen.

Ich habe diese Übung zum ersten Mal vor einigen Jahren gemacht, als ich von der Stadt aufs Land ziehen wollte. Ich hatte genug von den kleinen engen Stadthäusern und wollte mehr Platz. Ich schnitt also die Bilder aus, die meine phantastischsten Träume zum Ausdruck brachten. Aus Hochglanzmagazinen schnitt ich viktorianische oder gregorianische Villen aus. Menschen saßen auf dem Rasen neben einem See und picknickten. Ich fügte Rotkehlchen hinzu und einen verrückten Hund. Die Leute stießen mit Sektgläsern an, und ich stellte mir vor, daß sie mich zu meinem Buch beglückwünschten. Die Auswahl der Bilder war damals reichlich unrealistisch. Es gab nicht die geringste Aussicht, daß ich mir ein geräumiges Landhaus würde leisten können, und ich verdiente mein Geld mit meinem hektischen Journalistinnendasein. Es schien ein Luftschloß zu sein, weiter nichts. Aber es wurde wahr. Es war, als hätte ich das Universum herausgefordert und als hätte es geantwortet. Wir fanden ein unglaubliches, frühviktorianisches Pfarrhaus auf dem Land. Es war billig, sogar billiger als unser dürftiges Stadthaus, weil es stark renovierungsbedürftig war und wir auch nur eine Haushälfte kauften. Es hatte hohe, gewölbte Decken, ein holzverkleidetes Eßzimmer, ein höchst romantisches, geschwungenes Treppenhaus und gotische Fensterbögen. Es war ganz einfach die lebendige Verkörperung meiner Zeitschriftenträume. Wir zogen ein, und jetzt essen wir auf dem Rasen neben dem Teich, den wir unter dem Schutt entdeckten. Das Rotkehlchen schaut zu, und der verrückte Hund spielt auf der Wiese. Ich arbeite heute ganz zu Hause, und das ist mein drittes Buch. Es wurde alles Wirklichkeit, was ich mir seinerzeit mit den ausgeschnittenen Bildern zusammengeträumt hatte.

Sie können diese Technik für jeden beliebigen Bereich Ihres Lebens anwenden, aber jetzt geht es darum, Ihr Heim für Ihre Seele anziehend zu machen. Beginnen Sie also mit den Bildern, die für Sie das »Gefühl« von Zuhause ausdrücken. Sie sind wahrscheinlich nicht so spezifisch wie meine – ich wollte damals umziehen. Aber sie können durchaus die Farben, die Stimmungen und die Gefühle Ihres Traumhauses zum Ausdruck bringen. Malen Sie das weiße Blatt in der Farbe an, die für Sie »Zuhause« darstellt. Wenn Sie sich nicht entscheiden können, dann nehmen Sie Gold, denn das zieht gute Dinge an, oder ein weiches Rosa. Kleben Sie jetzt die Bilder darauf, die den Wünschen Ihrer Seele wirklich entsprechen. Fügen Sie Bilder hinzu, die zeigen, welche Rollen Sie in Ihrem Heim spielen wollen. Lassen Sie in der Mitte Platz frei und kleben Sie ein Foto von sich ein. Sie können auch Wörter und Gedichte verwenden – aber der Schwerpunkt sollten die Bilder sein.

Hängen Sie Ihr Bild nun an einer Stelle auf, wo Sie es jeden Tag sehen, in der Küche oder neben Ihren Schreibtisch. Wenn es nicht jeder sehen soll, dann legen Sie es in eine Schublade, die Sie oft aufmachen. Jedesmal, wenn Sie es anschauen, stellen Sie sich vor, wie Ihr Traumhaus Wirklichkeit wird. Und nun lassen Sie das Bild seine Arbeit tun …

Die Wunderfrage

Wie fühlen Sie sich nach all dieser Arbeit? Gespannt und voller Energie oder etwas bedrückt und hoffnungslos? Oft sieht es so aus, als wäre es unmöglich, daß unsere Träume wahr werden, und es scheint fast besser zu sein, erst gar nicht zu träumen, weil ja doch nie etwas daraus werden wird. Vielleicht denken Sie jetzt, daß diese ganze Arbeit schön und gut ist, wenn Sie viel Geld verdienen und die Aussicht haben, umzuziehen. Aber was, wenn Sie bankrott sind; was, wenn es aus Ihrer gegenwärtigen Wohnsituation keinen Ausweg gibt? Ich weiß, das kann sehr belastend sein. Aber, wie ich schon sagte, müssen Sie höchstwahrscheinlich gar nicht umziehen – Sie müssen nur Ihre Perspektive ändern. Daß man Glück nicht kaufen kann, klingt abgedroschen, aber Zeitungsberichte zeigen, daß die meisten Menschen, die im Lotto gewinnen, dadurch nicht glücklicher werden, vielmehr führt der unverhoffte Reichtum oft zu Angst und Familienzwisten. Oder denken Sie an die Filmstars, die Rockstars und andere Prominente, die in ihrem Reichtum nur Einsamkeit und Traurigkeit finden.

Wenn Sie immer noch nicht überzeugt sind, dann versuchen Sie es mit dieser Übung. Es ist eine Methode der lösungsorientierten Therapie, ein sehr effektives psychotherapeutisches Modell.

Die Wunderfrage stellen

Stellen Sie sich folgende Fragen:

1. Wenn Sie beim Aufwachen feststellten, daß all Ihre Probleme verschwunden sind, woran würden Sie erkennen, daß ein Wunder geschehen ist?
2. Wie würden Sie sich verhalten? Beschreiben Sie die Veränderungen so genau wie möglich.
3. Wie würden sich Ihre Familie und Ihre Freunde verhalten?
4. Woran würden sie erkennen, daß ein Wunder geschehen ist? Woran würden sie die Veränderungen in Ihrem Verhalten erkennen?
5. Geschehen Teile von diesem Wunder bereits jetzt in Ihrem Leben?
6. Wie haben Sie das fertiggebracht? Können Sie weitere Veränderungen bewirken?
7. Welche Elemente Ihres gegenwärtigen Lebens möchten Sie beibehalten?
8. Wenn Sie Ihr Leben auf einer Skala von 0 bis 10 betrachten (0 steht für den größten Tiefpunkt in Ihrem Leben und 10 für den Tag nach dem Wunder), wo befinden Sie sich jetzt?
9. Wenn Sie auf der Skala jetzt bei 4 sind, wie kommen Sie zu 5? Was würden Sie dann anders machen?
10. Wie würden Ihre Familie und Ihre Freunde erkennen, daß Sie einen Punkt nach oben gekommen sind?

Wenn Sie sich mit diesen Fragen wirklich beschäftigen, dann können Sie zu erstaunlichen Ergebnissen kommen. Die Fragen klingen einfach; sie sind auf Ihr Verhalten gerichtet – auf etwas, das Sie ändern können – und nicht auf äußere Faktoren wie Geld. Angenommen, Ihr erster Gedanke ist, daß Sie im Lotto gewonnen oder ein schönes großes Haus bezogen haben. Wie würden Sie sich verhalten? Sie sind wahrscheinlich entspannter, glücklicher, gelassener. Woran würde Ihre Familie das erkennen? Sie spielen mehr mit den Kindern, rufen Ihre Eltern an, um zu plaudern; Sie sind weniger gereizt. Verstehen Sie, worum es geht? All diese Dinge könnten Sie ändern, ohne im Lotto gewonnen oder ein großes Haus bezogen zu haben.

Sie können die Wunderfrage auch direkt auf Ihre Wohnsituation beziehen. Woran würden Sie erkennen, daß Sie das Haus für Ihre Seele gefunden haben? Wie würden Sie sich darin verhalten? Wie würde sich das Verhalten Ihrer Familie ändern?

Versuchen Sie es. Sie werden vielleicht feststellen, daß viele Qualitäten Ihres Seelenheims nicht von der physischen Struktur des Hauses abhängen, sondern von Ihrer Stimmung und Ihrem Verhalten. Verändern Sie diese, so kann eine bescheidene Unterkunft zu einem Traumhaus werden.

7 Das eigene Heim besichtigen

Bisher haben wir uns weitgehend in der Welt der Vorstellung bewegt, haben unserer Phantasie freien Lauf gelassen und dem Unterbewußten erlaubt, mit der Idee des idealen Heims zu spielen. Jetzt ist es an der Zeit, in die Wirklichkeit zurückzukehren und das eigene Haus, den Ort, an dem Sie jetzt wohnen, unter die Lupe zu nehmen. Es kann sein, daß die ganze Arbeit, die Sie bisher getan haben, dazu führt, daß Sie Ihren Wohnraum völlig neu gestalten (das kommt vor), aber verlassen Sie sich nicht darauf. Sie haben bereits ein Zuhause und wahrscheinlich eines, das Aufmerksamkeit braucht. Selbst wenn Sie nicht vorhaben, in diesem Haus zu bleiben, so schulden Sie es dem Haus und den Leuten, die nach Ihnen kommen, ihm seine Seele zurückzugeben. Fangen wir also an.

Gehen Sie um Ihr Haus herum (nehmen Sie einen Notizblock oder ein Diktiergerät mit) und stellen Sie sich vor, daß Sie Ihr Haus oder das Haus, in dem sich Ihre Wohnung befindet, zum ersten Mal sehen – als wären Sie ein Fremder, etwa ein potentieller Käufer, der sich das Objekt anschauen will. Betrachten Sie zuerst die Haustür, den Eingang. Welchen Eindruck macht er auf Sie? Ist er einladend oder eher abweisend? Falls Sie in einem Gebiet leben, in dem starke Sicherheitsvorkehrungen nötig sind – wirken diese eher wie beruhigende Schutzmaßnahmen, oder sehen sie mehr nach Gefängnis aus? Das sind feine Unterschiede, die aber eine Rolle spielen. Öffnen Sie die Haustür – geht es leicht, oder klemmt sie? Sie sollten Ihr Haus ohne jede Schwierigkeit betreten können – eine klemmende Tür macht Sie gereizt, bevor Sie überhaupt zu Hause angekommen sind.

Jetzt stehen Sie in der Diele, falls die Eingangstür nicht direkt in eines der Zimmer führt. Gibt es eine Übergangszone, irgendeine Markierung, die zeigt, daß Sie von außen nach innen gekommen sind? Im alten Griechenland und Rom galt die Eingangshalle als der Ort zwischen zwei Welten, zwischen außen und innen, geschützt von Hermes/Hestia und dem zweigesichtigen Janus. Können Sie irgendwo die Füße abstreifen, den Mantel aufhängen und die Schuhe ausziehen? Sie sollten an der Schwelle Gelegenheit für eine Pause haben, um sich auf den Innenraum einstellen zu können, den Sie gleich betreten werden.

Achten Sie auf den Geruch des Hauses. Ist er frisch, sauber und einladend oder abgestanden und muffig? Unsere Nase ist äußerst sensibel, sie nimmt die feinsten Nuancen wahr, oft ohne daß es uns bewußt wird. Damit Ihr Haus frisch riecht, genügt es nicht, mit einem Duftspray herumzugehen – es muß gründlich saubergemacht werden (dazu mehr im nächsten Kapitel).

Schauen Sie sich Ihr Heim von diesem ersten Standpunkt aus an. Was sagt er über die Menschen aus, die hier wohnen? Es muß keine perfekte Ordnung herrschen – fragen Sie sich einfach, welchen Eindruck Sie haben. Ist es ein quirliges Familienheim? Eine elegante, vielleicht etwas klinische Wohnstätte eines hart arbeitenden Managers? Hat das, was Sie sehen, Charakter? Liegt etwas zuviel Kram herum, oder ist es kahl und gesichtslos? Fühlen Sie sich willkommen, oder werden Sie auf Abstand gehalten? Kommt in Ihnen ein Lächeln auf, oder würden Sie sich am liebsten umdrehen und wieder gehen?

Setzen Sie Ihre Besichtigungstour fort, und lassen Sie sich in jedem Zimmer Zeit: Was ist der erste Eindruck; was sehen, riechen, hören Sie? Dient der betreffende Raum seinem Zweck? Mit anderen Worten, regt Ihre Küche sie zum Kochen an? Lädt Ihr Schlafzimmer Sie dazu ein, sich süßem Schlummer hinzugeben? Ist Ihr Badezimmer ein Platz, an dem Sie baden und Ihren Körper verwöhnen möchten? Sind die Kinderzimmer sicher und gemütlich? Sind die Zimmer der Teenager stimulierend und aktivitätsfördernd? Ist Ihr Wohnzimmer ein Ort, der einfach nach Menschen, Lachen und guter Unterhaltung verlangt? Gibt es einen Ort, an dem Sie still für sich sein können, wo Sie aus dem Fenster schauen oder sich in einen bequemen Sessel fallen lassen können?

Bemühen Sie sich, Ihren Wohnraum mit einem objektiven Blick zu betrachten. Was sagt Ihnen Ihr Zuhause über die Menschen, die dort leben? Ist es ein glücklicher Ort, der Ihre Seele nährt? Wenn nicht, dann fragen Sie das Haus nach den Gründen.

Sprechen Sie mit Ihrem Haus

Das mag völlig verrückt klingen, aber die Übung ist, wie schon gesagt, sehr wirkungsvoll. Sie können so vorgehen, wie ich es gemacht habe: Sie stellen sich einfach in die Mitte oder in das Herz des Hauses und sprechen mit ihm. Zur Vorbereitung können Sie die Übungen aus Kapitel 5 machen, um sich zu entspannen und Ihr Unterbewußtsein zu aktivieren. Dann setzen oder stellen Sie sich dorthin, wo Sie das Herz Ihres Hauses oder Ihrer Wohnung vermuten. Zentrieren Sie sich, indem Sie sich einige Augenblicke auf Ihren Atem konzentrieren. Sie brauchen dafür Ruhe, wählen Sie dafür also am besten eine Zeit, wenn sonst niemand zu Hause ist. Begrüßen Sie das Haus still und respektvoll und fragen Sie es, ob es bereit ist, mit Ihnen zu sprechen. Häuser sind wie Menschen: Manche lernt man leicht kennen, und sie plaudern fröhlich mit Fremden; manche halten mehr Distanz, sie sind vielleicht schüchtern oder sehr vornehm oder einfach unfreundlich. Sie sollten bedenken: Sie leben schon jahrelang in Ihrem Haus und haben es nie für nötig gehalten, mit ihm zu sprechen, seien Sie also nicht beleidigt, wenn es Ihnen nicht mit offenen Armen begegnet. Was nun geschieht, ist bei jedem Menschen anders. Manche »hören« das Haus im Kopf sprechen. Bei anderen ist es eine Art aktive Imagination. So war es für mich – ich stellte mir vor, was das Haus sagen könnte. Andere haben ein bestimmtes Gefühl, es taucht ein Wort oder ein Bild auf. Manche Menschen fühlen überhaupt nichts. Wenn das bei Ihnen der Fall sein sollte, so trösten Sie sich damit, daß Sie nicht der einzige Mensch auf der Welt sind, der nicht mit seinem Haus sprechen kann. Versuchen Sie es von Zeit zu Zeit immer wieder, aber Vorsicht: Man kann nichts erzwingen, mit Willenskraft ist da nichts zu machen.

Wenn Sie das Gefühl haben, daß das Haus antwortet, dann können Sie ihm Fragen stellen:

- Ist es glücklich oder unglücklich?
- Was sollen Sie für das Haus tun?
- Was soll das Haus für Sie tun?
- Gibt es irgend etwas Besonderes, was Ihnen das Haus vorschlagen möchte?

Clare Cooper Marcus arbeitet mit einer Technik aus der Gestaltpsychologie, um das Haus zum Sprechen zu bringen. Vielleicht funktioniert diese Methode besser für Sie. Sie brauchen dazu zwei Stühle oder zwei Kissen auf dem Boden. Auf dem einen Stuhl oder Kissen sprechen Sie für sich, auf dem anderen für das Haus. Sie sitzen also auf Ihrem Stuhl und stellen dem Haus Fragen. Dann setzen Sie sich auf den anderen Stuhl und antworten so, als wären Sie das Haus. Sie führen die Unterhaltung, indem Sie immer hin- und herwechseln. Es ist eine nützliche Technik, die zu guten Ergebnissen führen kann.

Viele Häuser fühlen sich einfach vernachlässigt: Sie hungern danach, daß die Wände wieder einmal gestrichen oder das Abflußsystem repariert wird. Sie möchten umsorgt und geliebt werden. Mein Haus hatte die Flickschusterei satt, es wollte seine Ehre und seine Würde zurückhaben. Manche Häuser sehnen sich nach Spaß und Gelächter, sie haben genug vom dauernden Streit. Manche wären begeistert von einem Frühjahrsputz. Andere können nicht vergeben, was Sie mit ihm gemacht haben: Wand- und Deckenverkleidungen, die ihm nicht erlauben zu atmen; eingezogene Wände, die einen Raum in zwei Hälften teilen. Unser Haus flehte darum, restauriert zu werden. Wir entdeckten offene Kamine, die verkleidet worden waren, lösten zahllose Schichten alter Farbe von den Wänden, entfernten häßliche und unstabile Raumteiler und ersetzten morsche Fenster und Fußböden. Befragen Sie Ihr Haus, was es will. Ich wette zehn zu eins, daß es Ihren Absichten entgegenkommt.

Wer wohnt in Ihrem Haus?

Wenn Sie allein leben, dann brauchen Sie sich nur nach Ihren eigenen Bedürfnissen zu richten. Leben Sie jedoch mit anderen Menschen zusammen, dann werden Sie Kompromisse machen müssen. Wir haben alle unterschiedliche Bedürfnisse, und ein Haus muß die Wünsche und Sehnsüchte eines jeden Bewohners reflektieren. Jetzt kommen die ersten praktischen Schritte. Zeichnen Sie einen Grundriß von Ihrem Zuhause. Es muß keine perfekte technische Zeichnung sein, aber die Proportionen sollten in etwa stimmen.

Falls Ihr Haus mehrere Stockwerke hat, dann erstellen Sie für jeden Stock einen Plan. Das wird auch für die Feng-Shui-Arbeit nützlich sein, zu der wir später kommen, machen Sie also ein paar Kopien und bewahren Sie eine oder zwei auf. Geben Sie jedem Zimmer auf dem Plan einen Namen, und zeichnen Sie die wichtigsten Möbelstücke ein. Schauen Sie sich den Plan an und fragen Sie sich, wer welchen Raum benutzt. Wählen Sie für jeden Bewohner eine Farbe und markieren Sie mit dieser Farbe seine Wohnfläche. Hat jemand einen speziellen Stuhl? Macht eine Person die ganze Küchenarbeit oder mehrere? Die Farben sollen auch die Arbeitsteilung im Haus aufzeigen. Essen Sie an einem Tisch, der nachmittags von den Kindern für Hausaufgaben in Beschlag genommen wird? Ist es nur ein Tisch oder ein Stuhl, der einer bestimmten Person »gehört«, oder ist der ganze Raum von ihrem Einfluß geprägt? Kann sonst noch jemand den Raum benutzen, wenn diese Person anwesend ist? Schätzen Sie ab, zu welchem Anteil ein Raum von den verschiedenen Personen benutzt wird, und tragen Sie die Farben entsprechend ein. Das Ergebnis kann sehr überraschend sein. Vielleicht stellen Sie fest, daß Sie große Teile des Hauses kolonisiert haben oder daß Sie völlig an den Rand gedrängt wurden. Haben die Kinder einen Raum, den sie ihr eigen nennen können? Nicht jeder hat zu allen Zimmern Zutritt. Denken Sie gründlich darüber nach, warum das so ist und ob das Ihrem Lebensstil wirklich dienlich ist.

Wenn die Mitbewohner dazu bereit sind, dann drücken Sie ihnen einen Plan in die Hand und bitten Sie sie, die gleiche Übung zu machen. Es kann sein, daß Sie alle zu dem gleichen Ergebnis kommen oder daß jeder eine andere Vorstellung davon hat, wem was »gehört«.

Dieser Teil des Prozesses ist unabdingbar, damit Sie sich in Ihrem eigenen Heim zu Hause fühlen. Wir müssen unsere Grenzen kennen und uns darin wohlfühlen. Ideal wäre es, wenn sich alle Mitbewohner an einen Tisch setzten und über die Ergebnisse der Übung sprächen. Ist die Raumaufteilung fair? Wer will oder braucht mehr Raum? (Kinder und Teenager werden hier sicher am lautesten sprechen – aber was ist mit den Erwachsenen?) Können Sie gemeinsam eine Lösung finden, mit der jeder zufrieden ist? Manchmal scheint das unmöglich, aber meistens zeigt sich ein Weg. Vielleicht brauchen manche Personen einen bestimmten Raum nur zu gewissen Zeiten. Die Küche kann nachmittags ein Ort für Hausaufgaben werden, vorausgesetzt, die Hefte und Bücher werden rechtzeitig weggeräumt, damit Sie an dem Tisch noch töpfern oder Ihren Roman schreiben können. Kinder, die ein Zimmer teilen müssen, brauchen ihre eigenen Wände, an die sie ihre Poster etc. hängen können. Sie könnten das Zimmer mit Hilfe von Möbeln oder einem dekorativen Wandschirm abteilen. Falls das Schlafzimmer von Ihrem Partner als Arbeitszimmer benutzt wird und es wirklich keinen anderen Platz dafür gibt, dann wäre vielleicht auch da ein Wandschirm angebracht. Bestehen Sie darauf, daß in der Nacht und an Wochenenden das Telefon ab- und der Anrufbeantworter angestellt wird, und verfrachten Sie beide möglichst in ein anderes Zimmer. Finden sich wirklich gar keine Lösungen? Fragen Sie Ihr Haus.

Wahrscheinlich können Sie es kaum mehr erwarten, Ihre neuen Einsichten in die Tat umzusetzen. Wenn es kleine Veränderungen sind oder vielleicht die Nutzung verschiedener Räume besser auf die Bedürfnisse der Bewohner abgestimmt werden soll, dann legen Sie los. Aber nehmen Sie noch keine großen Veränderungen vor. Ein Heim für die Seele wird nicht über Nacht geschaffen – es ist eine Idee, die nach und nach wächst, sich immer wieder verändert und immer geschmeidiger und anheimelnder wird, je mehr Sie darüber nachdenken. Geben

Sie also nicht sofort ein Vermögen für Umbauarbeiten aus, und rennen Sie nicht gleich in die Geschäfte, um neue Möbel zu kaufen.

Aber es kann durchaus sein, daß sich an diesem Punkt einige einfache Veränderungen anbieten. Wenn es Ihnen unter den Nägeln brennt, dann versuchen Sie es mit den folgenden Vorschlägen.

 ## DIE ERSTEN VERÄNDERUNGEN

Die Schwelle des Hauses sollte zu einer Pause einladen. Sie könnten einen Stuhl dorthin stellen und einen Ständer für Regenschirme. Es empfiehlt sich, die Schuhe zu wechseln, bevor man die Innenräume betritt – nicht nur, um das Haus physisch sauber zu halten, sondern auch psychisch. Freunde von mir haben ein Sammelsurium exotischer Hausschuhe aus aller Herren Länder in der Diele stehen, und Gäste wechseln gerne ihre Schuhe.

Sorgen Sie dafür, daß der erste Geruch, den Ihre Nase (und die Nase des Gastes) aufnimmt, angenehm ist. Stellen Sie eine Schale mit einer duftenden Blütenmischung in den Eingangsbereich, oder polieren Sie Holzmöbel oder den Holzfußboden mit Lavendelöl.

Denken Sie an die verschiedenen Götter, Geister und Engel des Hauses. Wer wohnt wo? Sie könnten jedes Zimmer durch eine Darstellung seines Schutzgeistes heiligen: eine kleine Statue von Merkur im Arbeitszimmer; Blumen für Aphrodite im Schlafzimmer; eine Kerze für Hestia in der Küche und eine Dekoration aus Getreideähren (eine Weizengarbe am offenen Kamin oder eine Strohpuppe) für Demeter.

Zimmer, die man mit anderen benutzt, sollten einladend sein. Ist Ihr Wohnzimmer ein Ort, an dem sich jeder entspannen kann? Oder ist es ein »Salon«, wo Sie immer vor Kratzern an den Möbeln, klebrigen Fingern auf dem Tisch und Flecken auf dem Teppich auf der Hut sein müssen? Manche Leute haben ein solches Empfangszimmer, aber können sich Gäste denn wirklich wohl und »zu Hause« fühlen, wenn sie ständig aufpassen müssen, daß nur ja nichts herunterfällt oder umgeschüttet wird? Sollten Sie ein eingeschworener Minimalist sein – weiße

Teppiche und reine Seidenvorhänge –, dann leben Sie diese Leiden-schaft doch nur in Ihrem eigenen Zimmer aus. Sie müssen dann nie-mand anderem Vorwürfe machen, wenn irgend etwas danebengeht. Ich würde empfehlen, daß der Familien- und Gästebereich strapazier-fähig ausgestattet wird mit waschbaren Vorhängen und Bezügen, mit Teppichen, die sich leicht reinigen lassen auf solidem Holz- oder Flie-senboden.

Kostbare Gegenstände sollten einen sicheren Platz in einem geschlos-senen Glasschrank haben, damit Kindern, Tieren oder ungeschickten Erwachsenen keine Katastrophen passieren. Ein Tisch in der Küche oder im Frühstücksraum, den man abschrubben kann, ist ein äußerst menschenfreundliches Möbelstück. Wenn man kleckert oder Wein verschüttet – einfach abwischen. Wenn die Farbkreiden oder Pinsel der jungen Künstler das Papier nicht ganz treffen – einfach abwischen. Je-der kann sich entspannen.

Fragen Sie sich, welche Stimmung Sie in jedem Zimmer haben wol-len. Manche Räume sollten beruhigend und entspannend sein, andere anregend und dynamisch. Vielleicht wollen Sie in Ihrem Wohnzimmer in einem Schaukelstuhl dösen, aber in Ihrem Arbeitszimmer wach und kreativ sein. Prüfen Sie, ob die Zimmer Ihren Bedürfnissen entspre-chen – und den Bedürfnissen der anderen, die sie mitbewohnen. Soll-ten einige Dinge umgestellt werden, damit die Energie des Raumes zu den Aktivitäten paßt, die darin stattfinden? Wäre Ihr Büro vielleicht besser im Eßzimmer aufgehoben mit seiner lebendigen Atmosphäre, anstatt in Ihrem Schlafzimmer, wo Sie sich zurückziehen und entspan-nen wollen?

TEIL III
DAS KLARE, SAUBERE HEIM

8 Das Haus entschlacken

Ich vermute, daß Sie bei der Besichtigungstour durch Ihr eigenes Heim festgestellt haben, daß alles mögliche herumliegt: Stöße von Büchern, Zeitungen und Zeitschriften. Ihnen sind aufgefallen: Schränke und Kammern, die mit Kleidern vollgestopft sind. Schubladen mit ungeordnetem Krimskrams – Schlüssel, die in kein Schloß mehr passen, Knöpfe von Jacken, die es nicht mehr gibt; alte Rezepte und Notizen, ein Stapel Tonbänder, die Sie nie mehr anhören werden, ein paar Gummibänder und was sich sonst noch so alles ansammelt. Sie brauchen keine Gewissensbisse zu haben: Es ist überall so. Jeder hat überflüssige Dinge herumliegen, außer vielleicht jene roboterartigen Menschen, die in chromblitzendem Minimalismus zu Hause sind (und selbst die haben wahrscheinlich Dinge, die sie nicht brauchen – nur größere Schränke!).

Ob Sie all diese Dinge lieben oder hassen, spielt keine Rolle, sie müssen einfach ausmisten. Das ist sicher keine Neuigkeit: Sie haben es x-mal in Zeitschriftenartikeln gelesen und in jedem Buch über Feng Shui. Warum also Krieg führen mit der Unordnung? Wir wollen schließlich nicht, daß unser Zuhause zu einer sterilen Wüste wird. Aber es ist ein himmelweiter Unterschied zwischen einem Haus, das die Persönlichkeit seines Besitzers in sorgfältig ausgesuchten Gegenständen, Zeitschriften und Büchern reflektiert, und einem, das mit dem angesammelten Kram von vielen Jahren vollgestopft ist, so daß einem fast schwindelig wird.

Man kann sich in einem Haus einfach nicht wohl fühlen, das unge-pflegt und unordentlich ist. Auf der physischen Ebene sind all diese Dinge Staubfänger, so daß Menschen, die auf Hausstaub allergisch sind, niesen müssen. Auf der psychologischen Ebene ist Unordnung eine Irritation für den Geist, sie erinnert uns an Dinge, die wir aufschie-ben, die repariert, beendet oder sogar begonnen werden müssen. Clare Cooper Marcus weist darauf hin, wie äußere Unordnung innere Unord-nung produziert – und umgekehrt.

> Wer kennt nicht die Erfahrung, daß er klarer denken kann, nachdem er seinen Schreibtisch aufgeräumt hat? Oder das Erfolgsgefühl, wenn man es geschafft hat, den Dachboden oder den Keller aufzuräumen? Man hat das Gefühl, mehr Kontrolle über das eigene Leben zu haben.

Ich stimme ihr absolut zu. Ich werde depressiv und fühle mich überwäl-tigt, wenn mein Arbeitszimmer unordentlich ist. Ein oder zwei Stunden aufräumen – und schon steigt die Stimmung, die Arbeit an einem klaren sauberen Schreibtisch geht mir leicht von der Hand. Die international tätige Feng-Shui-Expertin Karen Kingston drückt es so aus:

> Wenn Sie einen Stoß Papiere in Ihrem Zimmer herumliegen haben, dann beeinträchtigt das Ihre Energie automatisch, weil Sie wissen, daß Sie sich darum kümmern müßten ... jedesmal, wenn Sie in Ihr Haus kommen, und Sie sehen Dinge, die repariert werden müssen, Briefe, die beantwortet werden müssen, Kram, der beseitigt werden muß, dann kann Ihre Energie wegen der äußeren Zustände innen nicht fließen.

Unnütze Dinge blockieren den Energiefluß

Unordnung und unnützer Kram haben nicht nur Wirkung auf uns, son-dern auch auf den Energiefluß in dem Haus, in dem wir leben. Stellen Sie sich vor, Ihr Heim wäre ein Körper. Im Körper fließt Blut durch die Arterien, Venen und Kapillaren. Wenn diese Blutgefäße aus irgendeinem Grund verkalken und dickwandig werden (durch Rauchen, schlechte Ernährung oder mangelnde Körperbewegung), dann kann das Blut nicht effektiv durch den Körper gepumpt werden. Wird die Blockierung extrem, fließt gar kein Blut mehr durch. Träger Blutfluß ist einer der Hauptgründe für Thrombosen, die zu Herzinfarkt oder Schlaganfall führen können.

Was im Körper das Blut, ist in einem Haus der Energiefluß – oder das Chi (über das wir in Kapitel 11 noch näher sprechen werden). Wenn die Energie in Ihrem Haus nicht leicht zirkulieren kann, stagniert sie und wird träge, genauso wie das Blut. Nichts behindert diese feinstoffliche Energie so sehr wie Haufen von unnützem Kram und Unerledigtem. Machen Sie sich also klar, daß all die Stöße von Papier und Büchern, der kaputte Tennisschläger, die zerrissenen Jeans, die Schubladen voller alter Kleider die Arterien Ihres Heims verstopfen. Die Lösung wird dann plötzlich ganz klar: Weg damit!

Das große Entschlacken

Der erste große Schritt, um Ihr Zuhause zu verjüngen und gesunden zu lassen, ist das große Entschlacken. Es ist keine besonders seelenvolle Aktivität, aber glauben Sie mir, sie ist unumgänglich. Es gibt dafür keinen »korrekten« Weg. Viele Bücher empfehlen, es gemächlich anzugehen – Schublade für Schublade oder eine Stunde pro Woche. Ich persönlich habe nicht so viel Geduld. Ich bin eher der Typ, der hineinspringt und es hinter sich bringt. Ich stürze mich recht häufig in kleinere oder größere Säuberungsaktionen. Irgendeine Kleinigkeit ist der Auslöser: Ich stolpere über etwas oder habe keinen Platz mehr für ein Buch oder kann eine Quittung nicht finden.

Mein Ausmisten geht schnell und brutal vonstatten. Aber das ist vielleicht nicht Ihre Sache. Falls eine derartige Aktion für Sie neu oder schwierig ist, dann nehmen Sie sich nicht zuviel auf einmal vor. Aber geben Sie auch nicht auf halbem Wege auf.

Machen Sie noch einmal eine Besichtigungstour durch Ihr Haus oder Ihre Wohnung und halten Sie diesmal Ausschau nach Unordnung und unnützem Zeug. Legen Sie den Finger auf alle Problembereiche. Manche sind so offensichtlich wie ein schmerzhafter Daumen, andere sind eher versteckt. »Aus den Augen, aus dem Sinn« ist hier gänzlich unpassend. Es geht nicht um eine kosmetische Verschönerung. Was verbirgt sich unter dem Sofa, in den Schränken und Küchenregalen und Kommoden, in der Speisekammer, auf dem Dachboden, im Keller, im Gartenhäuschen? Selbst wenn es nicht ins Auge fällt – Sie selbst kennen Ihre unaufgeräumten Ecken, und die sind psychologisch gesehen Energiefresser.

Entschließen Sie sich, welchen Bereich Sie sich zuerst vornehmen, und machen Sie sich bereit. Ziehen Sie alte Kleidung an und beschaffen Sie sich große Kartons oder Müllsäcke, um die Sachen zu sortieren. Einiges ist reiner Müll und gehört auf den Wertstoffhof. Manche Dinge können für jemand anderen brauchbar sein – tun Sie diese in eine Extraschachtel. Wieder anderes gehört vielleicht anderen Leuten. Sortieren Sie alles durch, und schaffen Sie die verschiedenen Haufen dann weg. Mir hilft der Gedanke sehr, daß andere vielleicht noch etwas mit den Dingen anfangen können, die ich nicht mehr brauche; ich gebe deswegen möglichst viel an karitative Einrichtungen. Eine Freundin von mir räumt ihr Haus regelmäßig auf und verkauft die aussortierten Sachen auf dem Flohmarkt. Was sie dabei verdient, gibt sie dann wieder auf der Schnäppchenjagd aus. Sie will von diesem Hobby um keinen Preis lassen und gibt durchaus zu, daß sie sich in ihrem Haus nicht mehr bewegen könnte, wenn sie alles behalten würde, was sie auf diese Weise ergattert. Eine andere Freundin, die modesüchtig ist, verkauft ihre Kleidung viermal im Jahr an ihrem Arbeitsplatz an Kolleginnen und bezuschußt so ihren nächsten Einkaufstrip.

Wenn die Sachen Familienmitgliedern gehören, dann sollten Sie ihnen etwas Zeit lassen (zwei Stunden oder ein Wochenende?), um das herauszusuchen, was sie unbedingt behalten wollen. Danach gibt es kein Pardon mehr: Die Sachen verschwinden.

Spielgruppen und Kindergärten nehmen sicher gerne alte Spielsachen. Kleider können an die Caritas oder das Rote Kreuz gegeben werden.

Finden Sie diese Aufgabe immer noch schwierig? Schauen wir uns die verschiedenen Arten von überflüssigem Zeug einmal näher an.

Kleidung

Es ist nicht leicht, sich von Kleidungsstücken zu trennen. »Vielleicht wird es wieder Mode« oder »Ich werde es tragen können, wenn ich abgenommen habe«. Das sind zwei der üblichsten Rechtfertigungen für überquellende Schränke. Es sind keineswegs nur Frauen, die Kleidung hamstern. Mein Mann hängt an einem T-Shirt, das er 1976 gekauft hat. Er erlaubt mir nicht, seine wasserdichten Hosen wegzugeben, obwohl er vor zehn Jahren zum letzten Mal Motorrad gefahren ist. Auch gibt es ein paar abgetragene ausgebleichte Hemden, die ich nicht wegwerfen darf, weil seine Mutter sie ihm geschenkt hat. Ein gewisses Maß an Sentimentalität ist in Ordnung. Natürlich können Sie das Kleid oder das Hemd behalten, das Sie bei Ihrem ersten Rendezvous getragen haben. Stellen Sie sich beim Aussortieren folgende Fragen:

- Haben Sie das Kleidungsstück in den letzten zwei Jahren getragen?
- Ist es unmodern?
- Ist es zu groß oder zu klein?
- Ist es fleckig oder kaputt?
- War es ein teurer Impulskauf, den Sie jetzt bedauern?

Jeder Grund ist hinreichend, um das Stück aus Ihrem Leben zu entfernen. Es wird bestimmt nicht wieder modern – jedenfalls nicht genau so, glauben Sie mir. Immer wird es den kleinen entscheidenden Unterschied geben: Der Saum ist länger, die Ärmel werden weiter, die Stoffe sind mit Nelken statt mit Rosen bedruckt. Gegen die Modeindustrie kann man nicht gewinnen; sie verdienen nichts an Leuten, die ihre Kleidung aufbewahren, und alles, was weniger als zwanzig Jahre alt ist, wird bestimmt nicht mehr »in« sein, oder erst in weiteren zwanzig Jahren. Wollen Sie wirklich so lange warten?

Also gut, Sie werden eine Diät machen, und dann werden Ihnen dieser alte Rock und diese alte Hose wieder passen. Wunderbar, aber warum belohnen Sie sich nicht mit etwas Neuem, wenn Sie Ihr Idealgewicht erreicht haben? Benutzen Sie das als Anreiz. Kleidungsstücke, die nicht passen, machen Ihnen immer Schuldgefühle, und die sind der schlechteste Weg, um abzunehmen. Es funktioniert nicht. Geben Sie sie also weg, akzeptieren Sie sich, so wie Sie jetzt gerade sind, und wenn die Kleidung dann zu weit wird, verwöhnen Sie sich mit ein paar neuen Sachen.

Zeitschriften und Zeitungen

Sie wissen schon, was man mit diesen alten Zeitschriften macht – Sie haben die schönsten Bilder für Ihr Tagebuch ausgeschnitten. Wenn eine Zeitschrift auf diese Weise ausgeweidet wurde, dann verliert sie ihre makellose Schönheit, und es ist viel leichter, sie wegzuwerfen. Bringen Sie den Stapel zum Papierrecycling, sofern nicht doch noch eine Freundin etwas damit anfangen kann, die vielleicht auch dieses Buch liest. Wenn Sie die Zeitschriften wegen der Rezepte aufbewahren wollen, dann schneiden Sie die heraus, die Sie ansprechen (seien Sie ehrlich – welche werden Sie tatsächlich benutzen?), und kleben Sie sie in Ihre private Rezeptsammlung. Das gleiche gilt für Gartentips. Die meisten Zeitschriften behandeln schließlich Jahr für Jahr dieselben Themen, Sie versäumen also nichts. Wenn Sie das nicht glauben, dann überprüfen Sie es anhand einiger Magazine. Der Garten hat seine Jahreszeiten, so daß man ziemlich zuverlässig in jedem Jahr zur gleichen Zeit die gleichen Ratschläge bekommt (Zwiebeln einsetzen, winterharte Stauden teilen, Rosen aussuchen etc.). Wohnzeitschriften berichten immer wieder über Kücheneinrichtung, Badrenovierung oder den Anbau eines Wintergartens, weil sie auf diese Weise Anzeigenkunden gewinnen. Sie versäumen also wirklich nichts, wenn Sie alte Kataloge wegwerfen. Das gilt auch für Frauenzeitschriften. Ich habe jahrelang für solche Magazine gearbeitet und wurde immer wieder aufgefordert, über die gleichen Themen zu schreiben: Wie man sein Sexleben aufpoliert; wie man seine Partnerschaft wieder in Schwung bringt und so weiter.

Das einzige, was sich ändert, sind Nachrichten und Mode. Wenn Sie ein Teenager sind, dann müssen Sie mit dem Trend Schritt halten. Für Erwachsene genügt es, sich beim Friseur über die neueste Mode zu informieren – das kommt billiger, als all die Hochglanzmagazine zu kaufen. Sollten Sie sie dennoch kaufen, dann sind sie spätestens nach drei Monaten veraltet und gehören auf den Müll.

Auch die Zeitungen müssen regelmäßig ausgemistet werden. Ich erinnere mich an das Haus einer Freundin aus der Kindheit. An allen Wänden waren Zeitungen aufgestapelt. Es roch muffig und staubig, und die Familie schien nie glücklich zu sein. Der Vater sagte, er brauche die Zeitungen zum Nachschlagen. Heutzutage mit den guten öffentlichen Bibliotheken und dem Internet ist das keine Entschuldigung mehr. Schneiden Sie sich aus, was Sie brauchen, und archivieren Sie es sorgfältig. Den Rest bringen Sie einmal in der Woche zum Altpapier.

Papiere

Man kann sich der Papierflut nicht entziehen. Rechnungen, Quittungen, Notizen, Briefe, Rundbriefe etc. vermehren sich wie Kaninchen. Aber man kann die Flut eindämmen. Wenn Sie ein Produkt bestellen oder an einem Preisausschreiben teilnehmen, dann kreuzen Sie immer das Kästchen an, daß Ihre Adresse nicht in den Verteiler aufgenommen werden soll. Werfen Sie Werbebriefe gleich in den Abfall oder schicken Sie sie zurück mit der Notiz, daß Sie nicht mehr angeschrieben werden möchten. Ein nützlicher Tip, den ich in einem Zeitmanagement-Seminar bekommen habe, war, die Post neben dem Papierkorb zu öffnen.

Wenn keine Antwort nötig oder die Information nicht wirklich nützlich ist – ab in den Papierkorb! Nun bleibt nur noch das Wichtige übrig. Dafür ist ein System nützlich. Idealerweise – so habe ich von meinem Zeitmanager gelernt – bearbeitet man jedes Stück Papier sogleich, wenn es ankommt. Aber wer lebt schon in einer idealen Welt? Kaufen Sie sich also ein paar hübsche Ablagekästen – einen für Rechnungen, einen für steuerrelevante Quittungen, einen für Briefe und so weiter. Sobald ein Stück Papier in Ihre Hand kommt, legen Sie es sofort in den entsprechenden Kasten. Aber lassen Sie es dort nicht alt werden. Wenn Sie die Dinge bearbeitet haben, werfen Sie die Unterlagen weg, oder heften Sie sie ab, falls nötig.

Die wichtigsten Dokumente wie Versicherungspolicen, Hypothekenverträge, Investmentfonds, Steuererklärungen, Garantien sollten wohlgeordnet und jederzeit greifbar aufbewahrt werden unter der Überschrift »Wichtige Dokumente«. Benutzen Sie dafür geschlossene Aktenordner oder einen Aktenschrank, in den nur das wirklich Wichtige hineinkommt. Überprüfen Sie Ihre Dokumente einmal im Jahr. Als ich meine Aktenordner durchsortierte, fand ich Faxe, die man nicht mehr lesen konnte und jede Menge von überalterten Informationen.

Bücher

Ich will Ihnen nicht nahelegen, Ihre kostbare Bibliothek aufzulösen. Bücher geben einem Haus eine bestimmte Atmosphäre, sie sind Quellen des Wissens, der Kreativität, der Phantasie und eine Möglichkeit, sich in eine Innenwelt zu flüchten. Aber es ist wichtig, ihnen Grenzen zu setzen. Es lohnt sich, schöne Bücherregale anzuschaffen, damit die Bücher auch zur Geltung kommen. Prüfen Sie, ob Sie wirklich alle brauchen. Nachschlagewerke, Klassiker, alte Lieblingsbücher, Erinnerungsstücke – in Ordnung. Aber alte Staubfänger, die Sie bestimmt nicht mehr lesen werden, billige Unterhaltungsromane, überholte Führer und Ratgeber? Verschenken Sie sie, oder bringen Sie sie zum Altpapier, damit wieder Platz für Neues entsteht.

Küchenkram

Küchen sind Lagerhäuser für unnützes Zeug: Geräte, die Sie nie benutzen, Geschenke, mit denen Sie nichts anfangen können (Fonduesets, Waffeleisen, Woks etc.), eingebrannte Töpfe, zerkratzte Teflonpfannen, angeschlagene Becher. Jeder hat solche Dinge. Wenn sie kaputt sind, dann weg damit; falls Sie sie einfach nicht mögen, dann kennen Sie vielleicht jemanden, der sie brauchen kann. Alles, was kaputt, gesprungen oder angeschlagen ist, ist einfach nicht hygienisch und gehört in den Müll.

Diverses

Alte Schallplatten? Überspielen Sie Ihre Lieblingsplatten auf Tonband und verkaufen Sie das Vinyl an einen Secondhand-Plattenladen. Fotos? Suchen Sie die heraus, die Sie wirklich mögen, und kleben Sie sie in Alben, oder schaffen Sie sich eine Fotokiste an. Fotos, auf denen Sie schlecht gelaunt aussehen, der fünfte Sonnenuntergang, der unscharfe Schnappschuß von hinten? In den Papierkorb. Einzelne Ohrringe? Sie werden den anderen bestimmt nicht mehr finden – vielleicht können Kinder sie zum Verkleiden brauchen. Alte Schlüssel, Lampenfassungen, Schrauben, Nägel – weg damit, sofern Sie sie nicht ordentlich sortieren und in einem Werkzeugkasten aufbewahren wollen. Kosmetik? Sie sollten Kosmetikprodukte nicht allzulange aufbewahren, wie Medikamente haben sie ein Verfallsdatum. Wenn Hautpflegemittel älter als ein Jahr sind – ab in die Tonne. Das gleiche gilt für Make-up, das älter als zwei Jahre ist. Medikamente? Überprüfen Sie das Verfallsdatum, und geben Sie den Rest in den Sondermüll.

Mittlerweile sollte jede Menge Platz entstanden sein. Ihr Haus dürfte sich klarer, offener, weiter anfühlen – und Ihre Gedanken wahrscheinlich auch. Aber ich wette, daß es noch ein paar Probleme gibt …

- Sachen, die zu teuer sind, als daß man sie einfach wegwerfen könnte. Sie können mit dem Ding nichts mehr anfangen, aber es hat so viel gekostet, daß Sie sich nicht davon trennen können. Also gut, versuchen Sie, es zu verkaufen, damit Sie einen Teil von Ihrem Geld zurückbekommen. Oder schenken Sie es jemandem, der sich wirklich darüber freuen würde. Dann können Sie sich darüber freuen, daß Sie jemandem geholfen haben – ein zusätzlicher Bonus.

- Nostalgische Familienstücke. Solche Sachen machen es einem besonders schwer. Sie hassen dieses alte Erbstück, aber Sie trauen sich nicht, sich seiner zu entledigen, weil die Familie entsetzt wäre und Sie Schuldgefühle hätten. Sie brauchen sich nicht schuldig zu fühlen, akzeptieren Sie einfach, daß das Ding nicht zu Ihnen paßt. Gibt es vielleicht jemand anderen in der Familie, der es haben möchte? Wenn es wirklich niemand anders will, selbst wenn Sie damit drohen, es abzustoßen, ist es dann wirklich so kostbar, oder fungieren Sie nur als Auffangbecken für die kollektiven Schuldgefühle aller anderen? Wenn ja, dann verkaufen Sie es. Laden Sie die Familie für den Erlös zu einem festlichen Essen ein.

- Unerwünschte Geschenke. Manche Leute meinen, man sollte schonungslos ehrlich sein und gleich sagen, daß man leider einen anderen Geschmack hat, aber ich finde das zu schroff. Ich gestehe, daß ich diesen Bereich noch nicht ganz im Griff habe. Ich behalte das Geschenk und hole es aus der Verbannung hervor, wenn der Schenker zu Besuch kommt. Es kommt allerdings gelegentlich zu bedauernswerten »Unfällen«, so daß Scheußlichkeiten kaputtgehen und auf diesem Wege das Haus wieder verlassen. Eine Notlösung, ich weiß, aber niemand ist vollkommen.

Wenn Sie irgendwann und irgendwo wirklich nicht weiterkommen, dann halten Sie inne und stellen Sie sich vor, wie toll Ihr Zuhause aussehen würde ohne diesen ganzen Kram. Schließen Sie die Augen und genießen Sie die leichte, befreite, einladende Atmosphäre in Ihrem Heim, das diese Entschlackungskur erfolgreich absolviert hat.

9 Frühjahrsputz

Nur wenige Menschen haben richtig Spaß am Putzen. Es ist harte Arbeit, das Ego geht dabei leer aus, und, um ehrlich zu sein, es gäbe eine Menge Dinge, die wir mit unserer Zeit lieber täten. Wenn man sich umschaut, so ist offensichtlich, daß heute sehr viel weniger geputzt wird als früher. Ich erinnere mich, daß ich als Kind den Staubsauger täglich gehört habe. Auf dem Schulweg sah ich Frauen, die die Stufen vor der Haustür säuberten: erst fegen, dann wischen, dann mit Fliesenpolitur einreiben. Der Anstrich der Haustüren war immer makellos, und die Messingklopfer waren auf Hochglanz poliert. Heutzutage haben wir dafür natürlich keine Zeit, und unsere Freizeit wollen wir unterhaltsamer verbringen. Wenn wir es uns leisten können, dann bezahlen wir jemanden fürs Putzen, und wenn nicht, dann quetschen wir diese lästigen Pflichten irgendwo dazwischen. Wenn Gäste kommen, wirbeln wir durchs Haus und beseitigen den schlimmsten Schmutz. Das Putzen wird so zu einer Aktivität, die uns lästig ist und die wir meist mißmutig ausführen.

Denken Sie deswegen nicht, ich wollte behaupten, wir wären alle auf dem falschen Weg und die Frauen sollten dahin zurückkehren, wohin sie gehören – auf alle Viere, um mit der Wurzelbürste in der Hand den Boden zu schrubben. Vorweg sei gesagt: Putzen ist eine Beschäftigung für Männer und für Frauen. Es besteht eine physische und spirituelle Notwendigkeit, das Haus sauberzuhalten, und es gibt glücklicherweise Wege, den Reinigungsprozeß mit einer anderen Einstellung anzugehen, so daß es nicht eine mißliche Pflichterfüllung bleibt.

Aber zunächst möchte ich erklären, warum dieser Reinigungsprozeß so nützlich ist, warum wir alle – Männer wie Frauen – regelmäßig unseren Anteil an Haushaltsarbeit übernehmen sollten. Und zwar nicht nur mit dem Staubtuch wedeln, sondern unsere Ärmel hochkrempeln und unsere Kraft einsetzen, beim Fußbodenschrubben, Abflußreinigen und bei der Säuberung des WCs. Das müssen wir nicht unbedingt täglich tun, dafür aber regelmäßig. Diese Tätigkeit ist so wichtig, weil sie den perfekten Ausgleich bietet zu der Arbeit, die die meisten von uns heutzutage tun. Immer mehr Menschen verdienen ihren Lebensunterhalt mit Kopfarbeit. Tag für Tag hocken wir zusammengesackt auf Stühlen herum, starren auf Computerbildschirme oder kämpfen mit Maschinen. Putzen ist harte körperliche Arbeit, wenn man es gründlich macht, und das verschafft uns einen gesunden Ausgleich.

Putzen – den Schatten verscheuchen

Das Putzen hat einen tiefgreifenden psychologischen Nebeneffekt. Man kann sich dabei, um mit Jung zu sprechen, mit dem eigenen Schatten auseinandersetzen. Der Schatten ist die dunkle Seite unserer Psyche. Robert Johnson, Autor von *Owning your Own Shadow*, beschreibt es so:

> Wir sortieren unsere gottgegebenen Eigenschaften in solche, die für die Gesellschaft akzeptabel sind, und solche, die wir verstecken müssen ... Aber die Eigenschaften, denen wir uns verweigern und die wir nicht annehmen, verschwinden nicht; sie sammeln sich nur in den dunklen Ecken unserer Persönlichkeit. Wenn sie lange genug verborgen wurden, dann nehmen sie ein eigenes Leben an – das Schattenleben.

Wir befinden uns im alltäglichen Leben ständig auf einer Art Wippe: Wenn wir die Eigenschaften unserer sozial akzeptierten Person an den Tag legen, dann bleibt es nicht aus, daß wir auch die Eigenschaften des verborgenen Schattens ausagieren. Gut und Böse, Positiv und Negativ, Licht und Schatten, Yin und Yang – alles muß im Gleichgewicht sein. Und doch streben wir immer nach dem Licht, nach dem Hellen, nach Erfolg, nach der Sonne. Wir können aber nicht im Licht leben, ohne das Dunkle anzuerkennen. Das mag etwas metaphysisch klingen und weit abgehoben vom Küchenboden, aber es gibt einen praktischen Zusammenhang. Denn durch physische Reinigung, indem wir mit Händen und Knien den Boden berühren und unseren Dreck beseitigen, wird der Schatten im Gleichgewicht gehalten: Wir umarmen das Dunkle. Wir steigen vom hohen Roß herunter. Robert Johnson beschreibt diesen Prozeß sehr schön am Beispiel der berühmten Jungianerinnen Marie-Louise von Franz und Barbara Hannah, die gemeinsam ein Haus in der Schweiz bewohnten. Er erzählt, daß sie »die Abmachung hatten, daß diejenige eine Woche lang den Müll hinaustragen mußte, die irgendwie Glück gehabt hatte. Das ist eine sehr einfache und ebenso wirksame Tat. Symbolisch gesprochen, kam so der Schatten von etwas Positivem zu seinem Recht«.

Putzen Sie also Ihrer Seele zuliebe. Besonders dann, wenn Sie gerade einen tollen Arbeitstag hinter sich haben und richtig zufrieden mit sich sind; wenn Sie anerkannt wurden, stolz auf sich sind und vielleicht eine Spur hochmütig. Dann und gerade dann sollten Sie sich der unangenehmsten Arbeiten im Haus annehmen, damit kein anderer die Manifestation Ihres Schattens ertragen muß.

Brenda Peterson erfaßt offenbar das Wesen des Putzens, wenn sie in *Nature and Other Mothers* schreibt:

> Gibt es vielleicht einen tiefen Verlust, den wir alle erleiden, wenn wir nicht unseren eigenen Dreck wegmachen? Es gibt etwas Heiliges in der täglichen, achtsamen Verrichtung der Hausarbeit, das uns erdet und das wir nicht verlieren dürfen, wenn wir heile und integrierte Menschen sein wollen … Denn in der Geste der gebeugten Knie liegt Demut, eine gewisse Meditation, ein Wahrnehmen der Grundlage unseres Zuhauses.

Erdung ist hier das entscheidende Wort. Wenn wir putzen, dann verbinden wir uns mit dem Boden, wir bringen uns selbst auf diese Ebene. Das gleiche geschieht bei der Gartenarbeit, wenn wir unsere Hände in die feuchte Erde stecken: Wir kommen mit unserer Basis in Berührung, unserem Ursprung, unserem Zuhause. Wir retten uns aus den Phantasiegebilden des Ego. Wir nehmen mit dem Wurzelchakra Fühlung auf, dem Boden, der Erde.

Hausarbeit für die Seele

In vielen Kulturen wird Putzarbeit nicht nur als wesentlich für die Seele betrachtet, sondern als eine Art Gottesdienst. Die Shaker glaubten, daß Arbeit nicht nur der Seele guttäte, sondern der Verherrlichung Gottes diene. »Die Hände zur Arbeit, die Herzen zu Gott« war ein Wahlspruch der Shakerfrau Ann Lee. Jede Aufgabe wurde auf höchstmöglichem Niveau ausgeführt, voller Stolz und Freude. Es ist eine inspirierende Idee. So auch die schöne Beschreibung von Karen Kingston über ihre Wahlheimat Bali in ihrem Buch *Creating Sacred Space with Feng Shui*:

> Kurz nach der Morgendämmerung wird die Luft in Bali vom Klang rhythmischen Fegens erfüllt. Es ist irgendwie beruhigend und tröstlich, es stört den Schlaf nicht, fügt ihm vielmehr eine neue Dimension hinzu. Die Besen bestehen aus dem steifen Rückgrat von Kokosnußblättern. Das wird überall auf der Insel so gemacht. Jedes Stück Land in der Nähe menschlicher Behausungen, jedes Haus, jedes Gebäude und jeder Tempel werden zu Beginn des Tages saubergefegt und wenn nötig auch noch untertags. Reinigung ist ein so wesentlicher Bestandteil dieser bemerkenswerten Kultur, daß das morgendliche Fegen aus dem balinesischen Alltag einfach nicht wegzudenken ist.

Aus dieser Beschreibung können wir allerhand lernen. Erstens, die Balinesen haben aus dem Fegen eine Gewohnheit gemacht, so selbstverständlich, wie wir unsere Zähne putzen oder fernsehen. Alles, was zur Gewohnheit geworden ist, geschieht müheloser. Zweitens verrichten sie ihre Arbeit ohne Hast in einem stetigen Rhythmus. Sie lassen sich Zeit. Was sie tun, hat Sinn und ist ein wichtiges Ritual, so daß sie nicht das Gefühl haben, ihre Zeit wäre verschwendet. Und drittens wissen sie, daß es sich um Reinigung handelt, nicht nur um physische, sondern auch um spirituelle. Sie reinigen ihre Wohnstätte, ihren Arbeitsplatz und ihren Tempel genau auf die gleiche Weise: Durch das Reinigen werden alle diese Orte geheiligt. Was für eine schöne Idee.

Übernehmen wir etwas von diesem Geist in unsere eigenen Reinigungsrituale, dann wird die Hausarbeit zur Seelenarbeit. Sie hört auf, eine lästige Pflicht zu sein, wenn wir erkennen, daß wir mitsamt dem Staub alte Gedanken ausfegen, starre Ideen, kranke Emotionen. Indem wir unsere physische Umgebung reinigen, reinigen wir unser Zuhause auch symbolisch von negativen und ausgedienten Einstellungen und Gefühlen. Eine alltägliche Verrichtung bekommt auf diese Weise Sinn, sie wird zu einem heiligen Akt. Statt einer Pflicht wird sie zum Ritual. Manche Leute sagen, daß Putzen für sie eine Art Meditation ist. Zwar bin ich nicht so erleuchtet, aber ich finde es inspirierend, wenn ich mir vorstelle, daß ich beim Putzen das Negative verscheuche und Platz mache für neue, frische und hoffnungsvolle Dinge. Es ist außerdem tief befriedigend, wenn man einen Raum gereinigt hat, und zwar gründlich.

Vielleicht können Sie den folgenden Vorschlägen etwas abgewinnen. Ich finde dadurch das Putzen sehr viel akzeptabler, ja, es macht mir sogar Spaß.

 ## Putzen ohne Tränen

Finden Sie sich damit ab, daß Putzen genauso flüchtig ist wie der Wind. Man kann den Staub nicht besiegen. Aber das ist keine Entschuldigung, sich erst gar nicht darum zu kümmern. Blumen halten schließlich auch nicht ewig, und das hält uns auch nicht davon ab, sie in eine Vase zu stellen und uns an ihrer Schönheit zu erfreuen. Legen Sie eine bestimmte Zeit fürs Putzen fest – vielleicht nur zehn Minuten jeden Tag. Machen Sie daraus eine stille Hestia-Zeit. Konzentrieren Sie sich auf die eine anstehende Aufgabe. Lassen Sie sich ganz darauf ein, wie ein Shaker oder ein Balinese aufs Fegen. Machen Sie Ihre Arbeit mit guter Laune. Wenn das nicht möglich ist, denken Sie daran, daß die Dichterin Stevie Smith ihre besten Gedichte beim Staubsaugen gemacht hat.

Wählen Sie Ihr Handwerkszeug sorgfältig aus. Auch wenn wir keine Kokosnußblätter haben, um daraus Besen zu binden, so gibt es doch auch bei uns sehr gutes traditionelles Werkzeug. Nehmen Sie einen

Besen mit echtem Roßhaar und einem soliden Stiel, der gut in der Hand liegt, eine Wurzelbürste mit kräftigen Borsten; einen Emaille- oder Blecheimer und natürliche Baumwolltücher. Das sind die Dinge, die ich gerne mag. Sie fühlen sich vielleicht von den bunten Farben moderner Plastikutensilien angezogen – es spielt keine Rolle, nehmen Sie das, was Ihnen Spaß macht. Gummihandschuhe mit großen Blumen – warum nicht?

Wenn die Vorstellung kontemplativer, stiller Hausarbeit nichts Anziehendes für Sie hat, dann legen Sie Musik auf. Ich habe festgestellt, daß ich bei Rockmusik besser putze, Ihnen gefällt vielleicht Vivaldi. Staubsaugen oder Bodenschrubben im Rhythmus der Musik!

Moderne Putzmittel sind chemisch und ziemlich unangenehm. Sie schaden der Umwelt und können allergische Reaktionen erzeugen. Sie riechen auch künstlich. Versuchen Sie es, wenn möglich, mit Bioprodukten, oder machen Sie Ihre eigenen. Es gibt verschiedene Bücher mit guten Anleitungen dazu.

Die Verwendung von Duftölen gibt dem Haus einen wunderbaren Geruch und tut auch Ihnen gut bei der Arbeit. Zehn Tropfen auf den Putzlappen und in die Staubsaugertüte wirken Wunder. Wechseln Sie das Öl je nach Stimmung. Wenn Sie Farbe von der Wand abwaschen, können Sie ein paar Tropfen Aromaöl ins Wasser geben. Für meinen Holzküchentisch benutze ich Grapefruitöl. Sie können es auch mit Zitrone oder Lavendel im Sommer versuchen und mit Orange, Zypresse, Zeder und Rose im Winter.

Chrissie Wildwood, eine Aromatherapeutin, die im ganzen Haus mit Ölen arbeitet, gibt ein Rezept für Möbelpolitur: 30 g gelbes Bienenwachs mit 125 ml Leinöl im Wasserbad erhitzen. Gut durchrühren, dann vom Herd nehmen. Wenn die Mischung beginnt fest zu werden, acht Tropfen Zedernöl und sechs Tropfen Rosmarin- oder Sandelholzöl einrühren. Die Mischung in ein Schraubglas schütten und wie gewöhnliche Möbelpolitur benutzen – mit einem Tuch auftragen und mit einem anderen Tuch polieren. Der Duft ist wunderbar, ein feines exotisches Aroma.

Eine andere von Chrissies Idee ist die Herstellung eines Teppichreinigers. Man nehme 225 g Natriumbikarbonat und 35 bis 45 Tropfen Aromaöl. Natriumbikarbonat in eine Plastiktüte schütten, Öl dazugeben und gut durchmischen. Die Tüte fest verschließen, so daß die Duftstoffe gut einziehen können (mindestens 24 Stunden).

Streuen Sie die Mischung über den Teppich, lassen Sie sie mindestens eine halbe Stunde einziehen und saugen Sie anschließend wie üblich. Welche Öle Sie verwenden wollen, liegt bei Ihnen. Mir gefällt das Rezept von Chrissie mit dem Namen »Persischer Traum« mit 25 Tropfen Zedernöl, 10 Tropfen Koriander- und 10 Tropfen Zitronenöl – es duftet frisch und würzig.

10 Das gesunde Heim

Ihr Zuhause sollte mittlerweile aufgeräumt und sauber sein. Sie sind im Begriff, aus Ihrem Heim einen heilenden Hafen, ein Refugium für die Seele zu machen. Dieser Teil des Buches enthält sehr viel praktische Information, was ein bißchen langweilig scheinen mag. Aber glauben Sie mir, es ist alles wichtig. Wie sehr Sie sich auch anstrengen mögen, Sie werden Ihre häusliche Umgebung nicht zum Blühen bringen, wenn sie nicht durch und durch sauber, geordnet und gesund ist. Alles Feng Shui der Welt wird in einem Haus nichts ausrichten, das schmutzig ist oder voller schädlicher Chemikalien und Gase.

Viele würden gerne den Kopf in den Sand stecken in der Hoffnung, daß das dornige Thema der Umweltverschmutzung einfach verschwindet. Das wird es nicht, wenn wir nicht handeln. Indem wir gesunde Alternativen für unser Heim wählen und Firmen unterstützen, die ungiftige, natürliche Materialien verwenden, verändern wir nicht nur unser Wohnen, sondern auch die Welt. Eine kühne Behauptung, aber sie ist wahr. Ein Markt für gesunde Alternativen kann nur existieren, wenn die Nachfrage nach derartigen Produkten da ist. Je mehr Menschen gesunde, ungiftige, umweltverträgliche Materialien zum Bauen, Einrichten, Dekoration und Putzen fordern, um so mehr Firmen werden sie produzieren. Es wird mehr Auswahl geben, die Preise werden fallen, und es wird leichter werden, die eigene Gesundheit zu schützen und das Wohlergehen unseres Planeten, ohne finanzielle und geschmackliche Einbußen hinnehmen zu müssen. Sie können dazu beitragen, daß dieser Markt entsteht und dadurch die Umwelt geschützt wird. Das ist jedoch ein großes Thema; uns interessiert zunächst und vor allem, was Sie in Ihren eigenen vier Wänden ändern können.

Gefahren im Haus

Unsere Häuser sind leider voller versteckter Gefahren. Schauen Sie sich um in Ihrem Haus oder Ihrer Wohnung. Ist das Holz mit chemischen Holzschutzmitteln behandelt? Dann dünstet es wahrscheinlich Formaldehyd aus. Sind Ihre Teppiche aus Synthetik, und ist die Rükkenbeschichtung aus Kunststoffschaum? Dann sondern sie vermutlich Chlorkohlenwasserstoffe ab. Sind auf den Möbeln synthetische Lacke? Sie enthalten in der Regel PCB (polychlorierte Biphenyle). Formaldehyd, Chlorkohlenwasserstoffe und PCB sind gesundheitsschädliche Substanzen, die überall verbreitet sind: im Bauholz, in Bettdecken, in Lösungsmitteln, in Klebstoffen, in Holzschutzmitteln, in Reinigungsmitteln, in Raumsprays, in Polituren, in den meisten Plastikprodukten. Wenn Ihr Haus kein gutes Belüftungssystem hat und Sie nur selten die Fenster öffnen, dann können diese Schadstoffe gesundheitsschädliche Konzentrationen aufweisen.

Das Leitungswasser ist oft mit Chemikalien versetzt, wie Chlor und Nitraten, ganz zu schweigen von Bakterien. Das radioaktive Gas Radon kann über weite Entfernungen über das Wassersystem in Ihr Trinkglas gelangen. Man schätzt, daß auf der Welt etwa 70 000 synthetische Chemikalien in Gebrauch sind, zu denen alljährlich 1000 neue dazukommen. Die Auswirkungen der großen Mehrzahl ist unbekannt. Sie sind einfach nicht hinreichend geprüft. Wir wissen nicht, wie sie auf uns wirken, und dennoch benutzen wir sie vertrauensvoll in unseren Häusern.

Aber damit ist es nicht genug: Wir sind in unseren modernen Häusern zusätzlich den schlimmen Wirkungen des Elektrosmogs ausgesetzt. All die elektrotechnischen Geräte und Wunder der modernen Welt erzeugen elektromagnetische Felder. Von außen werden wir mit Radiowellen bombardiert, Hochspannungsleitungen, Radar- und Satellitenübertragungen. Im Inneren unserer Häuser sind wir den elektrischen Strahlungen von Fernsehapparat, Faxgerät, Fotokopierer, Computer, Mikrowellenherd, mobilem Telefon, Nachtspeicherheizung und dem Radiowecker neben dem Bett ausgesetzt. Man schätzt, daß unsere Körper 200 Millionen mal mehr elektromagnetische Signale verarbeiten als die unserer Vorfahren.

Die Auswirkungen auf unsere Gesundheit und unser Wohlbefinden können enorm sein. Wenn wir gesund sind und ein gutes Immunsystem haben, dann halten wir eine gewisse Menge dieses Bombardements über eine gewisse Zeitspanne aus. Haben wir aber ein schwaches Immunsystem und sind längere Zeit hohem Elektrosmog und starken chemischen Belastungen ausgesetzt, dann ist unsere Gesundheit nachweislich in Gefahr. Elektrosmog kann Müdigkeit, Depressionen, Kopfschmerzen und eine Menge chronischer Krankheiten erzeugen. Es gibt Forscher, die einen Zusammenhang zwischen Elektrosmog und embryonalen Abnormitäten und sogar Krebs sehen. Giftige Chemikalien haben schlimme Wirkungen. Viele Menschen reagieren darauf allergisch und leiden an Asthma, Ekzemen, Migräne und chronischer Müdigkeit. Übelkeit, Schwindelgefühle, Herzrhythmusstörungen, Atmungs- und Augenprobleme, unerklärliche Glieder- und Muskelschmerzen können alle durch chemische Giftstoffe verursacht werden. Ebenso Probleme wie Reizbarkeit, Stimmungsschwankungen und Koordinationsschwierigkeiten. Nicht gerade eine erheiternde Perspektive.

Was können wir tun? Es ist schon viel wert, wenn man sich der Probleme bewußt ist. Baubiologie ist ein praktisches Forschungsgebiet, das vor zwanzig Jahren in Deutschland entwickelt wurde und mittlerweile allgemein Anerkennung findet. Das baubiologische Manifest für gesundes Wohnen lautet wie folgt: frische Luft, sauberes Wasser, natürliche Materialien, reichlich Tageslicht, vernünftige Temperatur- und Luftfeuchtigkeitsverhältnisse; Schutz vor Elektrosmog und Vermeidung von geopathogenen Reizzonen (negativen Erdstrahlen).

Identifizieren Sie die Gefahren in Ihrem Heim und tun Sie, was Sie können, um sie zu verringern oder auszuschalten.

AUF DEM WEG ZU GESUNDEM WOHNEN

Nur wenige Menschen können es sich leisten, ihr Haus von Grund auf zu sanieren und neu einzurichten. Aber jedesmal, wenn Sie ein Zimmer renovieren oder neue Möbel kaufen, können Sie darauf achten, daß Sie ungiftige, biologische Materialien verwenden. Halten Sie sich von synthetischen, schaumstoffbeschichteten Teppichen fern. Wählen Sie statt dessen Holzdielen und natürliche Bodenbeläge wie Sisal, Kokos, Seegras, Jute, Baumwolle und Wolle. Natürliches Linoleum ist zur Zeit sehr »in«. Es hat mit dem alten, düsteren Linoleum nichts mehr zu tun, sondern wird in den schönsten Farbschattierungen angeboten, die zu kunstvollen Designs verarbeitet werden können. Es ist nicht billig, aber natürlich, leicht zu reinigen und sehr hygienisch. Wenn Sie Krabbelkinder haben, sollten Sie es in Erwägung ziehen.

Benutzen Sie Farben auf Wasser-, Milch-, Pflanzen- oder Mineralienbasis. Wenn Sie strahlende Farben wollen, dann mischen Sie natürliche Farbpigmente darunter. Altmodische Milchfarben halten lange, sind sicher und werden in einer großen Farbpalette angeboten. Natürliche Farben und natürliche Holzoberflächenbehandlung erlauben den Wänden und dem Holz zu atmen und riechen außerdem gut. Lassen Sie sich in Fachgeschäften für Bioprodukte beraten.

Vorsicht beim Kauf neuer Möbel! Prüfen Sie, mit welchen Materialien Sofa, Sessel oder Stühle bezogen und gepolstert sind. Achten Sie auf behandelte Stoffe – sie sind vielleicht fleckenabweisend, aber dafür schlecht für Ihre Gesundheit (wie wäre es mit abnehmbaren Bezügen, die Sie waschen können?). Wiederverwendetes Holz kann sehr schön für Tische, Stühle, Betten und Schränke sein. Viele Firmen benutzen altes Holz für ihre Möbel, was nicht nur sicherer ist, sondern auch schön aussieht. Nehmen Sie hundertprozentigen Naturstoff für Vorhänge, Bettüberdecken und Bettwäsche. Bettlaken und Überzüge aus ungebleichter Baumwolle werden mit dem Waschen immer weicher. Es ist himmlisch, sich im Winter hineinzukuscheln, wobei das Oberbett auch mit Naturmaterial (Federn oder Wolle) gefüllt sein sollte. Im Sommer ist kühles Leinen das Schönste, womit Sie Ihr Bett beziehen können. Achten Sie besonders darauf, daß Ihre Kinder nur in Naturmaterialien schlafen. Viele Allergien können so vermieden werden. Vielleicht wollen Sie noch warten, bis Sie sich selbst neue Bettwäsche kaufen, aber ich möchte Ihnen nachdrücklich ans Herz legen, es bei den Kindern gleich zu tun.

Auch wenn Sie jetzt nicht alles renovieren oder neu kaufen können, gibt es eine Menge Dinge, die Sie gleich tun können. Achten Sie darauf, daß immer frische Luft in Ihrer Wohnung oder Ihrem Haus ist. Öffnen Sie die Fenster zweimal täglich mindestens fünfzehn Minuten lang. Abgestandene Luft riecht schlecht, und es können sich Giftstoffe ansammeln. Durch das Lüften vermeiden Sie auch zu große Luftfeuchtigkeit. In der Küche und im Badezimmer ist ein Luftabzug anzuraten.

Wenn das Raumklima zu feucht ist, brauchen Sie Abzugsventilatoren. Falls Sie das umgekehrte Problem haben, und die Luft zu trocken ist (meist eine Folge von Zentralheizung), dann benutzen Sie einen Luftbefeuchter oder installieren Sie einen dekorativen Wasserfall (eine Feng-Shui-Spezialität – mehr darüber in Teil IV).

Schalten Sie alle elektrischen Geräte aus, und ziehen Sie die Stecker aus der Wand, wenn sie nicht in Gebrauch sind. Halten Sie beim Fernsehen so viel Abstand vom Bildschirm wie möglich, schlafen Sie nicht davor ein, und stellen Sie kein Fernsehgerät in Ihr Schlafzimmer. Achten Sie besonders auf die Kinder, die oft stundenlang vor dem Fernseher hocken und häufig dabei einschlafen.

Lassen Sie Licht in Ihr Haus. Von Neonröhren ist abzuraten, benutzen Sie statt dessen Lichtquellen, die das ganze Lichtspektrum wiedergeben. Mangel an Tageslicht kann Müdigkeit und Depression hervorrufen. Ziehen Sie die Vorhänge ganz auf, damit möglichst viel Sonnenlicht ins Haus kommt. Oder machen Sie es wie die Skandinavier und verzichten Sie ganz auf Vorhänge. Sie brauchen Ihre Intimsphäre? Nun gut, dann nehmen Sie schlichten hellen Stoff, der nicht die Blicke, aber das Licht hindurchläßt. Sie könnten es auch mit Caféhausgardinen versuchen, die nur die untere Hälfte des Fensters bedecken, oder Scheibengardinen aus feinster Gaze.

Vertauschen Sie Ihre Heizdecke mit einer Wärmflasche. Benutzen Sie einen mechanischen oder batteriebetriebenen Wecker, um nicht im elektromagnetischen Feld einer Radiouhr zu schlafen. Ihr Bett sollte nicht in der Nähe von Heizkörpern, insbesondere einer Nachtspeicherheizung stehen.

Es ist schwer, sich den elektromagnetischen Strahlen des Computers zu entziehen, wenn man daran arbeitet, aber schalten Sie ihn ab, wenn Sie ihn nicht brauchen und arbeiten Sie mit einem strahlungsarmen Bildschirm. Laptops sind sicherer, weil sie flüssige Kristallmonitore haben, die sehr viel weniger Strahlung abgeben, aber auf den Schoß brauchen Sie ihn trotzdem nicht zu stellen.

Benutzen Sie die Mikrowelle so wenig wie möglich – oder gar nicht. Das gleiche gilt für mobile Telefone. Falls Sie Ihr Büro zu Haus haben, stellen Sie den Fotokopierer nur an, wenn Sie ihn wirklich benutzen, und danach gleich wieder aus.

Schaffen Sie sich Heilpflanzen an. Forschungen der NASA haben gezeigt, daß gewisse Pflanzen innerhalb von 24 Stunden 80 Prozent des Formaldehyds absorbieren und daß sie auch Ozon, Gase von chemischen Reinigungsmitteln, Radon und Zigarettenrauch aufnehmen. Zu diesen Wunderpflanzen gehören: Grünlilie (Clorophytum), Zwergbanane, kletternde Araceae (Aglaonema), Pfeffergewächse, Spinnenpflanze (Cleome), Bogenhanf (Sanseveria), Gänsefußpflanzen (Syngonium podophyllum). Stellen Sie wenigstens eine davon neben Ihren Computer und Fernsehapparat. Der peruanische Säulenkaktus (Cereus peruvianus) – sofern Sie einen finden – ist besonders wirksam neben dem Computer, um Bildschirmstrahlen zu neutralisieren. Wenn Sie einen neuen Teppich haben oder gerade ein Zimmer neu gestrichen haben, dann stellen Sie möglichst viele von diesen Pflanzen hinein: Für sie sind die schädlichen Chemikalien ein Festmahl.

Installieren Sie einen Wasserfilter unter Ihrer Spüle oder kaufen Sie einen Wasserfilter, durch den Sie das Trink- und Kochwasser schütten.

Lassen Sie die Heizung und die Kamine regelmäßig überprüfen, damit kein Kohlenmonoxid austritt und der Durchzug stimmt.

Bettrahmen aus Eisen oder Stahl oder Sprungfedermatratzen können sich magnetisch aufladen. Testen Sie es, indem Sie mit einem Kompaß langsam darüberfahren. Wenn die Kompaßnadel von Norden abweicht, dann dürfte ein magnetisches Feld bestehen. Gehen Sie auf Nummer sicher, und schaffen Sie sich bei der nächsten Gelegenheit ein Holzbett an und eine Matratze aus Naturmaterialien ohne Sprungfedern.

Sorgen Sie dafür, daß in Ihrem Haus alles funktioniert. Nach Feng Shui können gesprungene Fenster, verstopfte Abflüsse und Wackelkontakte Ihre Gesundheit und Ihre Stimmung beeinträchtigen. Reparieren Sie diese Dinge so bald wie möglich. Wenn in Ihrem Haus alles gut funktioniert, wird sich Ihr Leben dem angleichen.

Geopathogener Streß – ungesunde Erdenergie

Geopathogener Streß entsteht durch anomale Energiefelder, die durch Wasseradern, große Mineralablagerungen oder Verwerfungen in der Erde erzeugt werden. Unter anderem werden Migräne, Krebs, Alpträume und Scheidungen darauf zurückgeführt. Es klingt wie die neueste Horrorgeschichte, aber es gibt ernstzunehmende Hinweise darauf, daß es geopathogenen Streß wirklich gibt. In Deutschland wird dieses Gebiet seit den zwanziger Jahren erforscht und sehr ernst genommen. Experimente haben gezeigt, daß sich Bakterien über einer Wasserader ungewöhnlich schnell vermehren und mit einem Krankheitskeim inokulierte Mäuse über Wasseradern schneller erkranken. Heute lassen Bauherren in Deutschland und Österreich ihre Bauplätze oft geomantisch untersuchen, und bei Hausverkäufen wird bisweilen eine Garantie gegeben, daß keine negativen Erdstrahlen vorliegen.

Die Testmethoden sind von objektiver Zuverlässigkeit jedoch noch weit entfernt. Die Energiefelder werden meist mit Wünschelruten aufgespürt. Als ich drei »Experten« bat, mein Haus geomantisch zu untersuchen, lieferten sie drei völlig unvereinbare Diagnosen. Einer sprach von »mildem« Streß, um den man sich keine Sorgen zu machen brauche; der nächste behauptete, das Haus sei unter massivem Streß und bedürfe teurer Apparate; und der dritte sagte, es wäre alles in Ordnung. Die Abhilfen, die vorgeschlagen werden, sind sehr unterschiedlich, und manche Verbraucherverbände sehen darin nichts als teure Placebos. Ich kenne allerdings auch Leute, die davon überzeugt sind, daß diese Maßnahmen geholfen haben.

Was tun Sie also, wenn Sie den Verdacht haben, daß Ihr Haus unter geopathogenem Streß leidet? Vor allem: Keine Panik – Sie müssen nicht gleich ausziehen! Negative Erdstrahlen bewegen sich auf recht präzisen Linien, Sie müssen also vielleicht nur Ihr Bett oder Ihren Lieblingsstuhl verstellen. Erkundigen Sie sich nach einem Wünschelrutengänger, der kein Interesse daran hat, Ihnen irgend etwas zu verkaufen. Karen Kingston macht den Vorschlag, daß Sie drei Diagnosen einholen und nur das tun, worin alle drei übereinstimmen. Schön und gut, aber was, wenn sie in nichts übereinstimmen, wie bei mir? Ich hoffe, daß seriöse Forschung bald eine rationalere Grundlage für das Auffinden und Beheben von geopathogenem Streß liefern wird. Bis dahin können Sie folgendes versuchen:

 GEOPATHOGENEN STRESS AUSFINDIG MACHEN

Wie können Sie feststellen, ob es in Ihrem Wohnbereich negative Erdstrahlen gibt? Wünschelrutengänger sagen, ein typisches Zeichen dafür sei dauernde Müdigkeit und das Gefühl, nicht auf der Höhe zu sein. Alles ist anstrengend. Sie sind leicht deprimiert und gereizt. Sie bekommen ständig Schnupfen, und Medikamente schlagen nicht an. Kinder sind aggressiv und benehmen sich schlecht (wofür es auch eine Menge andere Gründe geben kann!).

Da nur ein schmaler Streifen den negativen Strahlen ausgesetzt sein kann, ist es gut möglich, daß nur eine Person im Haus darunter leidet – die Strahlung kann nur eine Bettseite oder einen bestimmten Sessel belasten. Es muß also nicht jeder die gleichen Symptome haben.

Wenn Sie meinen, Ihr Schlafplatz oder Ihr Sitzplatz könnte beeinträchtigt sein, dann legen Sie Korkplatten darunter und beobachten Sie, ob Sie sich besser fühlen. Der Kork neutralisiert das Energiefeld für eine gewisse Zeit. Falls Sie sich tatsächlich besser fühlen, dann versuchen Sie, das Bett oder den Stuhl an einen anderen Platz zu stellen.

Beobachten Sie, wo Ihre Haustiere schlafen. Katzen lieben es, auf Störfeldern zu schlafen, während Hunde sie um jeden Preis vermeiden. Wenn die Katze besonders gerne unter oder auf Ihrem Stuhl liegt, dann stellen Sie ihn doch mal an den Lieblingsplatz des Hundes. Es kann natürlich auch sein, daß die Katze sich am liebsten dahin legt, wo Sie sind – benutzen Sie Ihren gesunden Menschenverstand.

Babys reagieren angeblich sehr sensibel auf Erdstrahlen. Wenn sich Ihr Baby dauernd auf eine Seite seines Bettchens rollt, versucht es vielleicht, den Strahlen auszuweichen. Stellen Sie sein Bett an eine andere Stelle und beobachten Sie, ob es liegen bleibt. Jane Thurnell-Read, Expertin für Geomantie, schlägt folgendes vor, falls Sie unter geopathogenem Streß leiden: Stellen Sie einen Fön an und streichen Sie mit dem laufenden Fön Ihren ganzen Körper ab, und zwar so, daß die Seite des Föns den Körper berührt. »Es klingt verrückt«, gibt Thurnell-Read zu, »aber es scheint zu helfen, wenn Sie das einmal in der Woche machen.«

Teil IV
Das energievolle Heim

11 Energetische Reinigung

Dank Ihrer harten Arbeit dürfte Ihr Heim jetzt blitzblank und frei von unnützem Zeug sein – oder jedenfalls wesentlich freier. Halten Sie jetzt einen Moment inne, und stellen Sie sich in den Mittelpunkt Ihres Hauses oder eines großen Zimmers. Was fällt Ihnen auf? Fühlt sich das Haus anders an? Gehen Sie wieder mit ausgefahrenen Antennen durch Ihr Haus – spüren Sie, daß etwas anders ist? Ein sauberes, entschlacktes Heim fühlt sich deutlich anders an als ein schmutziges, vollgestopftes. Zweifellos sieht es besser aus und riecht auch besser, es sollte sich auch besser anfühlen. Wenn das der Fall ist, dann gratulieren Sie sich. Sie werden sensibler für die Atmosphäre, die feinstoffliche Energie in Ihrem Wohnbereich. Wenn nicht, machen Sie sich keine Sorgen. Sie werden merken, daß Ihnen die Arbeit, die jetzt kommt, hilft, die lebendige Energie in Ihrem Zuhause besser wahrzunehmen. Die ganze Atmosphäre wird sich weiter verbessern.

Jedes Heim, wie groß oder klein es auch sein mag, ist sehr viel mehr als Wände, Dach, Boden und Mobiliar. Diese Faktoren bleiben in der Regel gleich, aber es gibt ein anderes Element, das sich ständig verändert, nämlich die feinstoffliche Energie des Hauses. In China nennt man diese Energie Chi oder Qi, in Indien Prana. Die Japaner sprechen von Ki, und im Mittleren Osten heißt sie Qawa. Diese alten Kulturen wissen seit Jahrtausenden, was die moderne Physik gerade erst entdeckt: daß alles, was uns umgibt, ob es ein Baum, ein Hund oder ein Küchentisch sein mag, aus Energie besteht. Die international tätige Heilerin Denise Linn, die Häuser energetisch reinigt, sagt:

> Ihr Heim ist nicht einfach eine Ansammlung von Material, das zusammengeworfen wird, damit Sie ein Dach über dem Kopf haben. Jeden Kubikzentimeter Raum, ob er mit Materie gefüllt oder scheinbar leer ist, durchziehen unendlich vibrierende Energiefelder.

Während die wissenschaftlichen Hintergründe die meisten von uns an den Rand unserer Kapazität bringen, können wir die Theorie in der praktischen Anwendung ohne weiteres verstehen. Wenn Sie beispielsweise einen schlimmen Streit hatten, dann ist die Atmosphäre im Zimmer drückend und angespannt. Die Luft ist dann, wie man sagt, »zum Schneiden«. Die Stimmung auf einer fröhlichen Party ist dagegen wieder ganz anders.

Space Clearing – ein energetischer Frühlingsputz

In Kulturen, in denen man ein Konzept von vitaler Energie hat, verwenden die Menschen ebensoviel Zeit für die psychische Reinigung wie für die physische. Denise Linn hat diese Methoden jahrelang bei den Hunas in Hawaii und bei den Ureinwohnern Amerikas studiert. Karen Kingston hat ihren Ansatz vor allem aus Bali, wo die energetische Reinigung *(Space Clearing)* genauso zum täglichen Leben gehört wie Fegen und Putzen.

Leider steht das Space Clearing in unseren technologischen Gesellschaften ganz unten auf der Prioritätenliste. Man kann sogar sagen, daß dies in den meisten westlichen Häusern niemals geschehen ist, sofern sie nicht sehr alt sind. Denn auch bei uns gab es einmal eine solche Tradition, als unser Geist und unsere Seele für unsichtbare Energien noch empfänglicher waren. Aber es gibt noch Spuren alter Bräuche, wenn man genau hinschaut. Der Weihrauch, der das Kirchenschiff durchzieht, reinigt die Atmosphäre; die Champagnerflasche, die am Bug eines neuen Schiffes zerschlagen wird, ist eine Art Weiheritual; und die Glocken, die am Sonntagvormittag erklingen oder die ein frisch verheiratetes Paar begrüßen, sollten nicht nur die Gläubigen zum Gebet rufen oder die Hochzeit feiern, sondern sie sollten den Ort und die Menschen mit ihrem heilenden Klang reinigen.

Wenn Sie Ihr sauberes und ordentliches Zuhause betrachten, dann kann es gut sein, daß Sie die energetische Reinigung des Raumes für etwas überzogen halten. Aber betrachten Sie es einmal so: Stellen Sie sich vor, Sie hätten ein Zimmer zehn Jahre lang nicht mehr geputzt, kein Abstauben, kein Wischen, kein Fensterputzen. Wie würde es aussehen, wie würde es sich anfühlen? Sicher nicht besonders gut. Versetzen Sie sich jetzt in eines der Hauptzimmer in Ihrem Haus oder Ihrer Wohnung. Was ist in diesem Zimmer in den letzten zehn Jahren alles geschehen? Es können gute Zeiten gewesen sein, aber vielleicht gab es auch bösen Streit, Sie haben dort herzzerreißend geweint, waren deprimiert, wütend und verzweifelt. Andere Leute haben ihre negativen Gefühle in den Raum gebracht. Und was ist mit den Leuten, die vor Ihnen dort gewohnt haben? Woher wissen Sie, welche Energie sie hinterlassen haben? Sie haben jetzt nur an die letzten zehn Jahre gedacht. Wenn Sie in einem alten Gebäude leben, dann können sich dort über Jahrzehnte, ja über Jahrhunderte, Haß, Angst, Boshaftigkeit, Trauer, Eifersucht, Groll usw. wie alte Schmutzschichten übereinander abgelagert haben. Vielleicht haben Sie Glück, und an den Wänden kleben glückliche und freudige Gefühle. Aber selbst dann ist es besser, frisch anzufangen und Ihre eigene persönliche psychische Atmosphäre aufzubauen.

Karen Kingston meint, daß folgende Anzeichen darauf hindeuten, daß man von »schmutziger« alter Energie umgeben ist:

Das Leben stagniert. Sie möchten gerne einen bestimmten Weg beschreiten, aber es rührt sich nichts. Ihre Vitalität ist angeschlagen, dieselben Probleme tauchen immer wieder auf. Vielleicht haben Sie sogar öfter Schnupfen und Verstopfung als andere Leute.

Selbst wenn Sie gerade in ein nagelneues Haus eingezogen sind, lohnt sich Space Clearing immer noch. Der Bauplatz hat seine eigene Energie und die Zimmerer, Elektriker, Klempner, Einrichter haben ihre persönlichen Emotionen, Stimmungen und Energien in Ihrem Wohnraum hinterlassen.

Space Clearing praktisch

Auch wenn es sonderbar anmutet, bleibt festzustellen: Space Clearing funktioniert. Karen erzählt von einer Frau, deren Anbau an der Rückseite ihres Hauses voll zäher, schwerer Energie war. Als Karen die Frau danach fragte, gab sie zu, daß dort fürchterlicher Streit mit ihrem früheren Freund stattgefunden habe und sie das Zimmer nach Möglichkeit vermeide. Nachdem Karen den Raum gereinigt hatte, fühlte sich die Frau sofort besser, und es ist jetzt sogar ihr Lieblingszimmer geworden. Ähnlich erging es einem jungen Mann, der ein Haus von seiner Großmutter geerbt hatte. Er war in diesem Haus ständig traurig, und all seine Versuche, Mitbewohner zu finden, blieben erfolglos. Nachdem der Raum energetisch gereinigt worden war, stand das Telefon nicht mehr still – so viele potentielle Mieter riefen an.

Ich will ehrlich sein: Als ich das erste Mal von Space Clearing hörte, war ich, gelinde gesagt, sehr skeptisch. Nachdem aber in meinem eigenen Haus eine energetische Reinigung durchgeführt worden war, sah ich die Sache völlig anders. Ich habe schon von den Problemen gesprochen, die wir beim Einzug in unser altes Pfarrhaus hatten. Ich habe erzählt, daß ich mit dem Haus gesprochen habe und daß das zur Aufnahme freundschaftlicher Beziehungen geführt hat. Aber es gab noch einen anderen Aspekt. Obwohl das Haus glücklicher zu sein schien, war die Atmosphäre immer noch gedrückt, und ich mußte beim Schlafen immer noch alle Lichter anlassen. Ich schlief unruhig und schreckte beim kleinsten Geräusch hoch. Dann schlug die Feng-Shui-Beraterin Sarah Shurety eine Energiereinigung vor. Sie ging klatschend und singend durchs Haus und verbrannte Räucherwerk. Zuletzt schlug sie in jedem Zimmer eine sehr schöne Glocke an. Der ganze Prozeß dauerte einige Stunden, und als sie weg war, war die Atmosphäre so verändert, daß ich es kaum glauben konnte. Es fühlte sich so an, als hätte jemand von oben bis unten einen Frühjahrsputz gemacht. Ich schlief zum ersten Mal fest und ohne Licht. Es war wirklich eine Offenbarung. Sarah sagte später, daß sie sehr zähe und häßliche alte Energien in dem Haus gefunden hätte.

Ich hoffe, daß ich Sie überzeugt habe, daß die energetische Reinigung ein wichtiger Schritt in dem Prozeß der Beseelung Ihres Hauses ist. Es ist eine sehr wirksame Methode, um Ihren Wohnbereich von den energetischen Überresten früherer Bewohner zu reinigen und auch von Ihren eigenen alten Verstrickungen. Es folgen die Grundtechniken des Space Clearing. Diese Übungen sind dem Buch von Karen Kingston *Creating Sacred Space with Feng Shui* entnommen.

 ## ENERGIE SPÜREN

Bevor Sie sich an die Energiereinigung machen, kann es hilfreich sein, feinstoffliche Energie spüren zu lernen. Es hört sich schwierig an, fällt den meisten Leuten aber recht leicht – vorausgesetzt, Sie entspannen sich, vergessen Ihre Skepsis und lassen sich genug Zeit.

Waschen Sie zuerst Ihre Hände, nehmen Sie alle Ringe, Armbänder und die Uhr ab. Krempeln Sie die Ärmel hoch und setzen Sie sich hin. Legen Sie die Hände mit etwas Abstand auf den Schoß, drehen Sie die Handflächen nach oben, und schließen Sie die Augen.

Entspannen Sie die Hände, und gehen Sie mit der Aufmerksamkeit zu den Handflächen und Fingerspitzen. Wenn Sie ein leichtes Kribbeln auf der Haut fühlen, so ist das Ihre eigene elektromagnetische Energie.

Heben Sie jetzt beide Hände bis zur Taille und drehen Sie die Handflächen einander zu – runden Sie die Hände so, als würden Sie einen Fußball halten. Bewegen Sie die Hände leicht aufeinander zu, als würden Sie den Ball zusammendrücken und wieder loslassen – Sie dürften einen Energiefluß zwischen den Handflächen spüren. Stellen Sie sich jetzt vor, daß der Ball größer wird, so groß wie ein Wasserball. Führen Sie nun die Handflächen zusammen, als wäre es ein Tennisball.

Nun benutzen Sie eine Technik aus dem NLP (Neurolinguistisches Programmieren), die man Ankern nennt. Nehmen Sie ganz genau wahr, wie Sie sich jetzt fühlen, und ballen Sie dann eine oder beide Hände kurz und schnell zur Faust. Wiederholen Sie die Übung und ankern Sie das Gefühl wieder mit der geballten Faust.

Lassen Sie den Zustand wieder los, stehen Sie auf, gehen Sie herum, schütteln Sie die Arme. Wenn Sie jetzt eine Faust machen, werden Sie sofort in diesem Bewußtseinszustand sein, ohne alle Vorbereitung. Wenn ja, dann hat das Ankern funktioniert, wenn nicht, dann müssen Sie den Vorgang noch ein paar Mal wiederholen und ihn jeweils mit der geballten Faust beenden.

Bald werden Sie jederzeit in den rezeptiven Zustand kommen können, wenn Sie Ihre Faust ballen.

Ihre Energiesensoren sind jetzt wahrnehmungsfähiger, und Sie können damit beginnen, die Energiequalitäten in Ihrem Heim zu erfühlen. Karen schlägt vor, daß Sie es zunächst mit Pflanzen und Tieren und auch mit Menschen üben. Versuchen Sie eine Katze mit zwanzig Zentimeter Abstand zu streicheln – spüren Sie ihre Energie –, vielleicht fängt sie sogar an zu schnurren, als würden Sie ihr über das Fell streicheln. Halten Sie beide Hände über eine Zimmerpflanze oder einen Blumenstrauß – ich empfinde die Energie einer gesunden Pflanze als kühl, wie eine frische Brise. Experimentieren Sie jetzt mit Objekten. Mein Buddha auf dem Schreibtisch strömt warme, sanfte Energie aus.

Bitten Sie eine Freundin, Ihnen die Handflächen entgegenzustrecken. Halten Sie Ihre Handflächen mit etwa zwanzig Zentimeter Abstand gegenüber und spüren Sie den Energiefluß.

Wenn Sie diese Übungen sorgfältig machen, werden Sie zunehmend sensibler. Bald werden Sie die Energie einer gesunden Pflanze von einer kranken unterscheiden können. Manche Gegenstände fühlen sich gut an, andere haben eine unangenehme Energie. Objekte nehmen die Energie von Menschen und ihrer Umgebung auf. Besonders geübte Sensitive können aus einem Gegenstand seine ganze Geschichte herauslesen.

 ## Vorbereitung zum Space Clearing

Obwohl Space Clearing im allgemeinen völlig sicher ist, gibt es doch einige Richtlinien, die Sie befolgen sollten, bevor Sie Ihr Haus oder Ihre Wohnung energetisch reinigen.

Wenn Sie Angst davor haben, dann tun Sie es nicht. Haben Sie das Gefühl, daß Ihr Heim von einer bösen Kraft besessen ist, dann sollten Sie professionelle Hilfe suchen (nehmen Sie Kontakt mit der Kirche an Ihrem Ort auf, vielleicht weiß dort jemand Rat). Die Energie in den meisten Häusern stagniert meistens nur, aber an manchen Orten gibt es schwerwiegende Belastungen – nennen Sie es einen Geist oder was immer –, und davon sollten Sie lieber die Finger lassen.

Für Space Clearing sollten Sie sich fit fühlen, gesund und emotional im Gleichgewicht sein. Während der Schwangerschaft oder der Periode sollten Frauen kein Space Clearing durchführen, denn dann ist ihre Energie mehr nach innen als nach außen gewendet.

Bevor Sie diese subtile Reinigung vornehmen, sollten Sie mit dem Ausmisten und dem Frühjahrsputz fertig sein. Wenn nicht, dann gehen Sie zu den Kapiteln 8 und 9 zurück und schaffen Sie erst die Voraussetzungen.

Fragen Sie sich, was Sie mit dem Space Clearing erreichen möchten. Mittlerweile (nach Teil II) dürften Sie ein ziemlich klares Bild davon haben, in welcher Umgebung Sie wohnen möchten. Sie könnten diese Vorstellung in ein oder zwei Sätzen formulieren, etwa: »Mein Zuhause ist ein Ort heiterer Gelassenheit, der mich mit Gefühlen der Wärme, Sicherheit und Zärtlichkeit umfängt.« Oder: »Ich möchte, daß mein Heim ein klarer, warmer und unterstützender Ort ist.« Wie Sie es formulieren, ist Ihre Sache, wichtig ist nur, daß Sie sich darüber klar sind, was Sie anstreben. Sie müssen körperlich und geistig gereinigt sein. Bevor Sie anfangen, sollten Sie duschen oder ein Bad nehmen (mit ein paar Tropfen Duftöl wie Lavendel, Wacholder oder Rosmarin). Waschen Sie die Haare und bürsten Sie die Zähne. Ziehen Sie frische, bequeme Kleider an. Legen Sie allen Schmuck und die Uhr ab und vermeiden Sie Gürtel mit Metallschnalle.

Falls es warm ist, ist es am besten, dabei barfuß zu gehen. Ist das Haus kalt, dann tragen Sie Baumwollsocken oder Schuhe mit Ledersohle.

Machen Sie für niemanden Space Clearing, der mentale oder psychologische Probleme hat. Wenden Sie sich an einen Experten.

1. Beginnen Sie damit, sich zu zentrieren. Atmen Sie tief und gleichmäßig, bis Sie sich ruhig und im Gleichgewicht fühlen. Visualisieren Sie Ihre Aura, ein eiförmiger Kokon, mit weichem, weißen Licht gefüllt, der Sie umgibt. Dehnen Sie dieses Licht aus, bis es Ihr ganzes Haus erfüllt. Wenn es sich natürlicher anfühlt, können Sie auch eine andere Farbe nehmen: blaues Licht, ein weiches Rosa, Gold oder ein goldenes Rosa.

2. Beginnen Sie bei der Eingangstür Ihrer Wohnung oder Ihres Hauses. Halten Sie die Hand mit einigen Zentimetern Abstand vor die Wand und spüren Sie die Energie. Nach den vorbereitenden Übungen werden Sie feststellen, daß Ihnen das leichtfällt. Die Handfläche ist zur Wand gedreht, etwa auf Schulterhöhe. Die Bewegung ist so ähnlich, als würden Sie eine Katze streicheln. Bei diesem energetischen Abtasten können überraschende Bilder oder sonstige Wahrnehmungen auftauchen, ähnlich wie beim Sprechen mit dem Haus. Arbeiten Sie sich so durch das Haus hindurch, und nehmen Sie die Stellen wahr, wo die Energie stagniert oder sich träge und zäh anfühlt. Diese werden später am meisten Aufmerksamkeit benötigen.

3. Suchen Sie jetzt einen Weg, wie Sie mit dem Geist oder den Geistern des Hauses in Kontakt kommen können. Sie haben vielleicht schon Verbindung mit ihnen aufgenommen und wissen, was sie mögen. Falls nicht, dann machen Sie es auf die traditionelle Weise:

Zünden Sie Kerzen an und Räucherstäbchen, bringen Sie Blumen ins Haus und sprechen Sie Gebete. Wie Sie das machen, hängt von Ihnen und Ihren Glaubenshaltungen ab. Aber was es auch sein mag, tun Sie es mit ganzem Herzen. Legen Sie irgendeine Opfergabe für die Engel oder Geister Ihres Hauses in jedes Zimmer. Ideal ist es, wenn Sie alle Elemente berücksichtigen: Blumen für die Erde, Räucherwerk für die Luft, Kerzen für das Feuer und eine Schale reines Wasser für das Element Wasser.

4. Die Grundbewegung des Space Clearing ist Klatschen. Schreiten Sie das ganze Haus ab und klatschen Sie in jede Ecke und Nische. Es klingt einfach und ist es auch: Sie beginnen mit dem Klatschen in einer Ecke am Boden und klatschen dann rasch nach oben bis zur Decke, so hoch Sie kommen. Wiederholen Sie das so oft wie möglich. Sie merken, wann die Ecke gereinigt ist, weil der Ton des Klatschens dann klarer wird. Wenn Sie sich nicht sicher sind, dann prüfen Sie die Energie in der Ecke mit der ausgestreckten Hand. Beim Klatschen stellen Sie sich vor, daß Sie dadurch die ganze stagnierende Energie zerstreuen. Auf diese Weise gehen Sie durch Ihre ganze Wohnung bzw. Ihr ganzes Haus.

5. Wenn Sie mit dem Klatschen fertig sind, waschen Sie die Hände gründlich unter fließendem Wasser.

6. Die meisten Profis auf diesem Gebiet arbeiten im nächsten Schritt mit einer Glocke. Falls Sie eine mit einem reinen klaren Ton haben, dann benutzen Sie sie. Gehen Sie wieder durch Ihr Heim, und läuten Sie dabei die Glocke. Es geht darum, einen kontinuierlichen Klangstrom zu erzeugen. Sie müssen also die Glocke neu anschlagen, bevor der vorherige Ton verhallt ist. Wenn Sie wieder am Ausgangspunkt sind, dann schwingen Sie die Glocke in Form einer horizontalen Acht. Falls Sie keine Glocke haben, macht das nichts, mit dem Klatschen allein werden Sie sicherlich schon viel bewirkt haben.

7. Zuletzt müssen Sie Ihr neu energetisiertes und gereinigtes Heim versiegeln. Füllen Sie den ganzen Raum wieder mit Ihrer ausgewei-

teten Aura, und stellen Sie sich dabei vor, daß Reste stagnierender Energie aus dem Haus hinausgedrängt werden. Stellen Sie sich in jede Ecke Ihres Heims und stellen Sie sich vor, daß Sie mit einer kraftvollen Armbewegung von oben nach unten ein energetisches Kraftfeld schaffen. Die vier Felder verschmelzen miteinander und bilden einen sicheren Schutzmantel, der die Arbeit, die Sie getan haben, schützt und sich wie ein Kokon um Ihr Zuhause legt.

Es kann einige Zeit dauern, bis man zu einem fähigen Space Clearer wird. Die Experten haben oft eine jahrelange Ausbildung hinter sich. Karen sagt, daß es in Bali manchmal ein ganzes Jahr dauert, bis jemand gelernt hat, die Glocke richtig anzuschlagen! Aber lassen Sie sich davon nicht einschüchtern. Sie werden wahrscheinlich feststellen, daß Ihre Intuition die Führung übernimmt, wenn Sie mit diesen Techniken experimentieren. Wie ich schon sagte, sind uns diese Rituale in der Tiefe unserer Psyche irgendwie vertraut. Diese Richtlinien sind nicht mehr als Anhaltspunkte. Folgen Sie Ihrem Instinkt, und bleiben Sie immer in Kontakt mit dem Gefühl des Hauses, seinen Schutzgeistern und Ihrer Intuition, dann kann kaum etwas schiefgehen.

12 Die Grundlagen des Feng Shui

Vermutlich wissen Sie schon eine ganze Menge über Feng Shui. In den letzten Jahren ist Feng Shui im Westen sehr bekannt geworden, in jeder Zeitschrift kann man darüber lesen, und in den Buchläden findet man ganze Tische voll Ratgebern zu diesem Thema. Auf den ersten Blick scheint es eine verrückte Idee: Wieso kann das Verstellen von Möbeln beeinflussen, ob ich Glück oder Pech habe? Wie kann das Umhängen eines Spiegels mehr Geld ins Haus bringen? Warum, um Himmels willen, spielt es eine Rolle, ob über meinem Bett ein Balken ist? Das alles klingt nach Spinnerei. Haben Sie jedoch die bisherigen Kapitel dieses Buches praktisch umgesetzt, dürfte es Ihnen nicht mehr so schwerfallen zu verstehen, wie Feng Shui funktioniert. Wenn wir glauben und spüren können, daß unsere Häuser voll feinstofflicher Energie sind, die sich ständig bewegt, dann ist es begreiflich, daß die Gestaltung unseres Heims, der Standort der Möbel und andere Merkmale Einfluß auf diesen Energiefluß haben.

Feng Shui ist vor 5000 Jahren in China entstanden. Die alten Chinesen glaubten, daß unsichtbare Energie, genannt Chi, alles durchfließt. Wenn die Energie in Ihrem Körper ungehindert fließen kann, dann bleiben Sie fit und gesund. Stagniert die Energie jedoch, kommt es zu Blockaden, oder sie wird unstet und zügellos (beispielsweise durch schlechte Ernährung, abträgliche Lebensgewohnheiten oder Organschwäche), dann werden Sie höchstwahrscheinlich krank. Akupunkturnadeln können Blockierungen beheben oder den Energiefluß beruhigen – sie regulieren das Chi.

Das Prinzip ist in Häusern genau das gleiche. Die Chinesen glaubten, daß die Häuser, in denen wir leben, genausoviel Aufmerksamkeit brauchen wie unser Körper, und sie entwickelten deshalb diese hochkomplexe Wissenschaft zur »Heilung« des Lebensraumes. Jahrhundertelange Beobachtung lehrte sie, daß bestimmte Strukturen in einem Haus oder einem Zimmer spezifische Energien anziehen. Sie entdeckten, daß der Grundriß der Zimmer, ja sogar die Position der Möbel, den gleichmäßigen Energiefluß entweder fördern oder behindern kann. Wenn die Energie blockiert ist oder zu schnell fließt, dann ist mit entsprechenden Blockierungen und Problemen im Leben zu rechnen. Unordnung und überflüssiger Kram sind Energiefallen, so daß die Energie nicht frei zirkulieren kann und folglich stumpf wird und stagniert. Scharfe Ecken können die Energie wie einen Pfeil hinausschießen lassen und übermäßige Konzentrationen verursachen. Eine Reihe offener Türen läßt die Energie wie wild herumschießen. Eine kahle Wand stoppt die Energie.

Glücklicherweise entdeckten die Chinesen auch, daß kleine, gezielte Veränderungen, wie das Aufhängen eines Windspiels oder Kristalls an gewissen Plätzen oder die Benutzung bestimmter Farben, solche Disharmonien ausgleichen und den Lebensfluß wieder in Gang bringen können. Das Aufwerten bestimmter Sektoren durch günstige Farben oder glückbringende Objekte soll nicht nur die Energie verbessern, sondern auch die Lebenschancen. Die Kernaussage von Feng Shui ist, daß kleine Veränderungen im Wohnbereich große Veränderungen im Leben zur Folge haben können, von Finanzen über Gesundheit und Partnerschaft bis hin zu Spiritualität.

Von Hollywood zur Wallstreet

Obwohl Feng Shui ziemlich mystisch klingt, wird es sehr ernst genommen, und das nicht nur in seinem Ursprungsland China, sondern auf der ganzen Welt. Madonna ist ein Fan von Feng Shui, ebenso der Schauspieler Pierce Brosnan. Es hat in der Presse Gerüchte gegeben, daß Mitglieder der englischen Königsfamilie die Dienste von Feng-Shui-Experten in Anspruch nehmen. Aber es sind überraschenderweise nicht nur Filmstars und bedrängte Royals, die bei Feng-Shui-Spezialisten Rat suchen, sondern hochrangige Geschäftsleute und große Firmen, die mit Hilfe von Feng Shui auf der Gewinnerseite bleiben und ihre Profite erhöhen wollen. Sarah Rossbach, Autorin mehrerer Feng-Shui-Bücher, schreibt:

> Für Leute in Machtpositionen ist Feng Shui keine Spielerei. Ich war überrascht festzustellen, daß harte Manager in Feng Shui ein zusätzliches Mittel sehen, um sich Aufträge zu sichern, die Konkurrenzfähigkeit ihrer Firma zu steigern oder größere Marktanteile zu ergattern.

Banken des Westens und des Ostens, Restaurants und Firmen in Asien und auch in den USA konsultieren Feng-Shui-Experten. Chase Manhattan, Citibank, Chase Asia, Paine Webber, Morgan Guaranty Trust, The American Chamber of Commerce und die Büros des *Asian Wall Street Journal* und der *Far Eastern Economic Review* (lauter große, seriöse Unternehmen) haben Feng Shui benutzt. Anita Roddick, die Gründerin des erfolgreichen Unternehmens Body Shop, bekennt, daß ihr Firmensitz und die weltweite Ladenkette nach diesen Prinzipien gestaltet worden seien. Richard Branson vom Virgin-Empire hat größten Nutzen daraus gezogen. Die Telekommunikationsfirma Orange hat mit Hilfe von Feng Shui enorm expandiert.

Die Menschen benutzen Feng Shui aus einem ganz einfachen Grund: weil es funktioniert. Ein Hotel in Australien war so gut wie leer, bis es von einer asiatischen Gesellschaft übernommen und ein Feng-Shui-Berater hinzugezogen wurde. Er sagte, das Problem sei das Treppenhaus. Es lag genau gegenüber der Eingangstür, so daß die Energie des Hotels nach außen schoß und verlorenging.

Aber auch auf der persönlichen Ebene, für die Bedürfnisse oder die Kommunikation einzelner Menschen, kann Feng Shui gute Dienste tun. Sarah Shurety erzählt von einem Paar, das kurz vor der Scheidung stand. Sie konnten kaum mehr miteinander sprechen. Sarah überprüfte ihr Haus und fand das Problem im Schlafzimmer. Über dem Bett war ein dicker Deckenbalken, der das Bett faktisch halbierte. Im Feng Shui ist man der Ansicht, daß Balken über dem Bett die Menschen, die

darunter schlafen, streitsüchtig und krank machen. Sarah riet dem
Paar, ihr Bett zu verstellen. »Jetzt sind sie wieder frisch verliebt«,
berichtet sie, »der Balken trennte sie voneinander.«

Der Feng-Shui-Plan für Ihr Heim

Wie könnte Feng Shui für Ihr Heim hilfreich sein? Ich muß sagen, daß
Feng Shui eine komplexe Wissenschaft ist und daß man in einem Buch
dieses Umfangs nicht jeden Aspekt erklären kann. Wenn Sie in einem
Haus mit einem ungewöhnlichen Grundriß wohnen, insbesondere in einer Wohnung, die nachträglich in ein älteres Gebäude eingebaut wurde
und die deswegen einen merkwürdigen Zuschnitt hat, kann es schwierig
sein, die Feng-Shui-Regeln anzuwenden. In diesem Fall gibt es zwei
Möglichkeiten: Sie könnten einen professionellen Feng-Shui-Berater
kommen lassen. Das ist nicht billig, aber wenn Sie jemand mit Kompe-
tenz und Erfahrung finden, kann sich die Investition durchaus lohnen.

Die zweite Möglichkeit – Selbsthilfe – ist billiger. Viele moderne
Feng-Shui-Berater glauben, daß die Stärke von Feng Shui vor allem
von der Intuition des Anwenders und dessen Wahrnehmungsfähigkeit
feinstofflicher Energie abhängt. Ich hoffe, daß Sie schon auf dem Weg
sind, diese Fähigkeiten in sich auszubilden. Wenn also das Folgende
nicht einfach auf den seltsamen Zuschnitt Ihres Heims übertragen werden kann, ist das kein Grund zur Panik. Zentrieren Sie sich, nehmen
Sie Kontakt mit dem Geist des Hauses auf und beobachten Sie, was für
Gedanken und Gefühle in Ihnen aufsteigen. Es kann gut sein, daß Sie
die Antworten in Ihrem eigenen Inneren finden.

Nun wollen wir uns die Grundprinzipien von Feng Shui anschauen.
Das erste ist das sogenannte Bagua. Es handelt sich um ein Achteck, das
jeden Raum (sei es das ganze Haus oder nur ein Zimmer) in acht Sektoren unterteilt. Diese acht Sektoren (oder Ecken) repräsentieren Wohlstand, Ruhm/Anerkennung, Ehe/Partnerschaft, Kinder/Kreativität, hilfreiche Menschen, Beruf/Karriere, Wissen/Ausbildung und Familie.

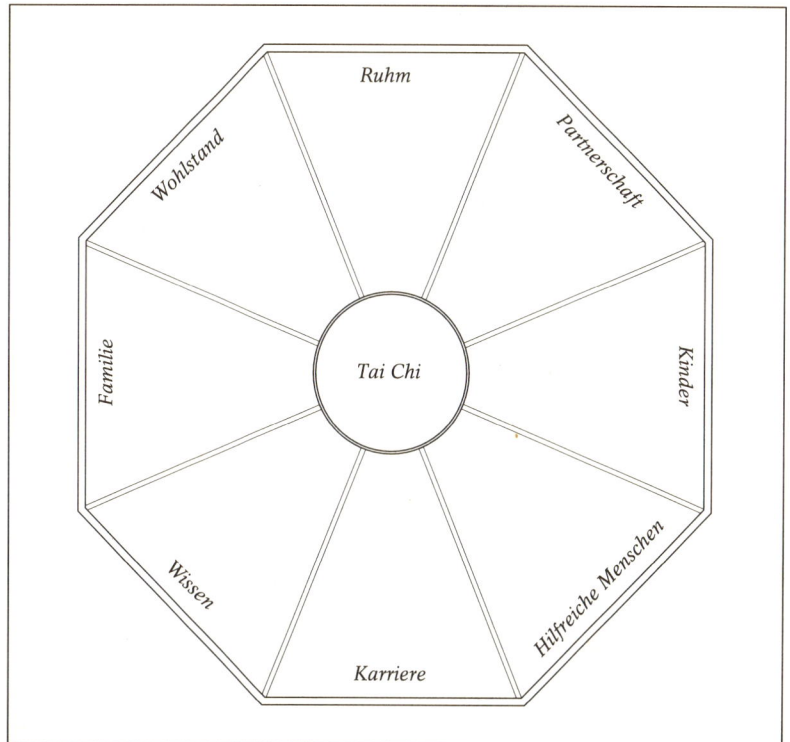

Wohlstand

Von Ihrem Wohlstand hängen Ihre Finanzen ab, das Geld und die materielle Seite des Lebens. Wenn Sie Probleme mit der Wohlstandsecke Ihres Hauses haben – wenn sie fehlt, unordentlich ist oder blockiert –, dann werden Sie zweifellos in engen finanziellen Verhältnissen leben. Dieser Sektor korrespondiert mit Ihrem Gefühl von Fülle im allgemeinen. Wenn er gut funktioniert, fühlen Sie sich reich gesegnet und voller Lebensfreude und genießen Ihren Wohlstand.

Ruhm/Anerkennung

Dieser Sektor kann direkt mit Berühmtheit zu tun haben, aber er zeigt auch ganz allgemein, wie die Außenwelt Sie sieht: Ihren sozialen Status, Ihren Platz in der Welt. Hier geht es auch um Selbstwertgefühl und Selbstvertrauen. Wenn die Ruhmecke in Ordnung ist, dann sind Sie mit sich selbst zufrieden.

Ehe/Partnerschaft

Nicht nur die Ehe, sondern alle Liebesbeziehungen werden von dieser Ecke gesteuert. Wenn Sie unglückliche Beziehungen haben oder sich eine Liebesbeziehung wünschen, dann müssen Sie sich auf diesen Sektor konzentrieren. Auf einer mehr esoterischen Ebene wird hier die Beziehung zu höheren Welten repräsentiert, auf der persönlichen Ebene die Beziehung zu sich selbst. Wir können keine guten Beziehungen zu anderen haben, wenn wir keine gute Beziehung zu uns selbst haben.

Kinder/Kreativität

Wenn Sie Kinder haben, dann sollte in diesem Sektor die Energie ungehindert fließen. Haben Sie keine Kinder und wünschen Sie sich welche, dann ist hier besondere Aufmerksamkeit nötig. Beobachten Sie, ob Sie diese Ecke gerne vermeiden. Ein anderer Name für diesen Sektor ist Kreativität; er kann Ihre Phantasie und Ihre künstlerischen Ambitionen beflügeln oder Sie kreative Antworten auf Ihre Probleme finden lassen.

Hilfreiche Menschen

Jeder braucht hilfreiche Menschen. Wenn Sie diese Ecke pflegen, dann werden Menschen, die Sie brauchen, Sie mit einem Lächeln begrüßen und bereit sein, Ihnen zu helfen. Funktioniert dieser Sektor gut, so kann auch von ganz unerwarteten Stellen Hilfe kommen – oder es zeigt sich einfach daran, daß der Klempner schnell kommt, effizient arbeitet und kein Vermögen berechnet.

Beruf/Karriere

Wie verdienen Sie Ihren Lebensunterhalt? Mit Leichtigkeit oder großen Schwierigkeiten? Sind Sie glücklich mit Ihrer Arbeit oder würden gerne etwas anderes tun? Diese Ecke muß gut in Schuß sein, damit Sie es im Beruf leicht haben. Werten Sie sie auf, wenn Sie Ihr Profil verbessern wollen, verlagern Sie sie, falls Sie sich beruflich verändern wollen.

Wissen/Ausbildung

Wissen kann alles mögliche bedeuten. Dies ist die Ecke für Weisheit, Ideen, Lernen und Gelehrsamkeit. Wenn Sie oder ein anderes Familienmitglied studieren, dann achten Sie auf diese Ecke. Es ist auch der Sektor für inneres Wissen, spirituelle Weisheit, neue Ideen und Inspiration.

Familie

Hier ist nicht nur unsere Kleinfamilie repräsentiert, sondern unser ganzer Stammbaum mit den Vorfahren. Für westliche Ohren mag das merkwürdig klingen, aber für die Chinesen und andere alte Völker ist die Verbindung mit den Vorfahren ganz offensichtlich. Sich den Ahnen erkenntlich zu erweisen bringt Glück und Wohlstand über die Familie. Auf einer praktischeren Ebene geht es hier darum, daß die Familie gut miteinander auskommt – nicht nur die Kleinfamilie, sondern auch mit Verwandten und Freunden. Diese Ecke repräsentiert Ihre Rolle als Mitglied eines Familienclans.

Vielleicht haben Sie gemeint, nur ein oder zwei Ecken bedürften besonderer Aufmerksamkeit, wenn Ihr Leben aber im ganzen gut funktionieren soll, dann müssen Sie sich mit allen Ecken befassen. Das leuchtet ein: Der Geist eines wahren Zuhauses kann sich nur in einem ausgewogenen Heim entfalten. Es sollte also nicht ein Heim sein, das ausschließlich Ruhm und Geld hinterherjagt und Wissen und Freundschaft zu kurz kommen läßt. Ein Heim kann auch nicht durch Liebe und Kreativität allein zum Blühen kommen. Ein gewisses Maß an Wohlstand und Anerkennung macht das Leben einfach viel angenehmer. Wie lassen sich die verschiedenen Ecken in Ihrem Heim also optimal ins Gleichgewicht bringen?

Das Bagua

Verschiedene Menschen benutzen das Bagua unterschiedlich. Alle Feng-Shui-Berater, die ich kenne, arbeiten jedoch mit dem folgenden Ansatz, den ich persönlich auch sehr überzeugend finde. Sollten Sie schon eine ganze Menge über Feng Shui wissen und eine andere Methode kennen, die für Sie gut funktioniert, dann bleiben Sie dabei.

Um das Bagua eines Hauses oder eines Zimmers zu bestimmen, orientiert man sich an der Haustür. Wenn Sie in einer Wohnung oder einem Apartment mit nur einem Zimmer wohnen, dann ist die Eingangstür zu Ihrer Wohnung gemeint, nicht der Haupteingang zu dem ganzen Gebäude. Stellen Sie sich vor, daß Sie mit dem Rücken zu dieser Tür stehen.

Je nach der Position der Eingangstür stehen Sie jetzt entweder in der Ecke Wissen, Beruf oder Hilfreiche Menschen. Stellen Sie sich jetzt vor, daß das Bagua über der Wohnfläche ausgebreitet ist. Die Ecke Wohlstand befindet sich auf der hinteren linken Seite. Vielleicht fällt es Ihnen leichter mit dem Grundriß Ihres Hauses zu arbeiten, den Sie bereits gezeichnet haben, und ein transparentes Papier mit dem Bagua darüber zu legen, so daß Sie sofort sehen können, welche Ecke in welchem Zimmer liegt. Sie können das Bagua auf jedes Gebäude und jedes Zimmer anwenden.

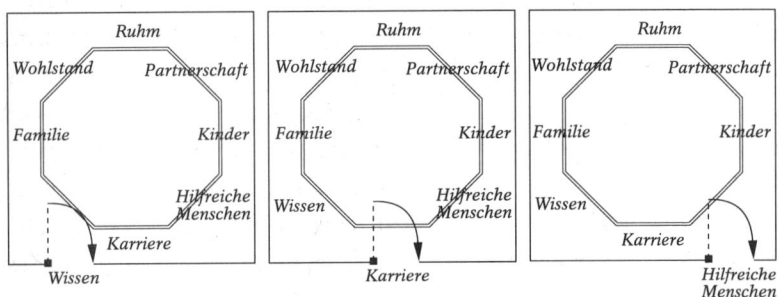

Die Eingangstür befindet sich in einem der drei Bereiche: Wissen, Beruf, Hilfreiche Menschen.

Ein typisches L-förmiges Haus, in dem die Ecke »Wohlstand« fehlt

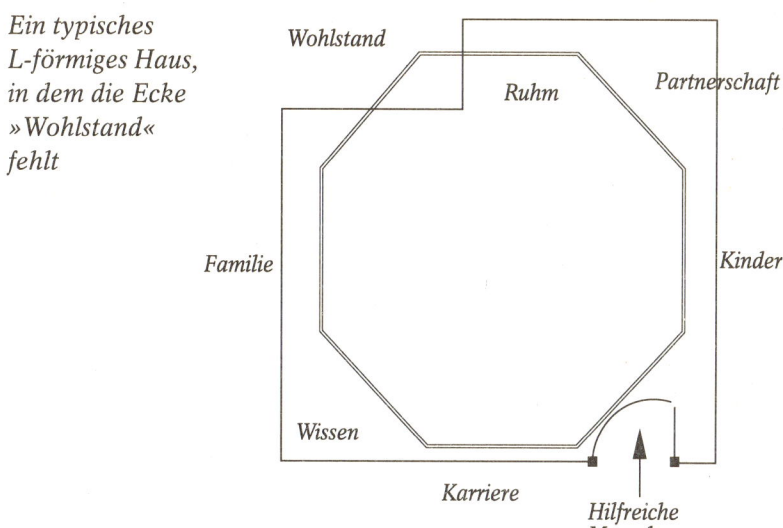

Zu Beginn wollen wir uns einen allgemeinen Eindruck Ihres Hauses verschaffen. Prüfen Sie zunächst, ob irgendwelche Sektoren fehlen. Nicht alle Häuser sind quadratisch und symmetrisch gebaut, und Sie werden häufig feststellen, daß eine Ecke des Bagua ausgespart ist. Das heißt, daß die Energie dieses Bereichs fehlt. Ein deutliches Beispiel sind die L-förmigen Häuser, in denen entweder der Ehe- oder der Wohlstandssektor fehlt. Das war meine erste Erfahrung mit Feng Shui. Ich lebte in einem L-förmigen Terrassenhaus in London, und meine Finanzen waren, um ehrlich zu sein, eine Katastrophe. Dann sprach ich zum ersten Mal telefonisch mit einem Feng-Shui-Experten, William Spear in New York. Bill sprach von fehlenden Ecken, und ich stellte fest, daß in der Tat die Geld-Ecke fehlte. Zum Spaß fragte ich Bill nach einem Heilmittel, und er gab mir sofort den Rat, einen großen Terrakottatopf mit einer kräftigen Grünpflanze aufzustellen, um die fehlende Geld-Ecke auszugleichen. Ich tat es mit einem ungläubigen Lächeln, aber das Lächeln verwandelte sich bald in Staunen, als sich mein Einkommen innerhalb von wenigen Wochen ohne irgendwelche Anstrengungen meinerseits vervierfachte. Seitdem nehme ich Feng Shui ernst.

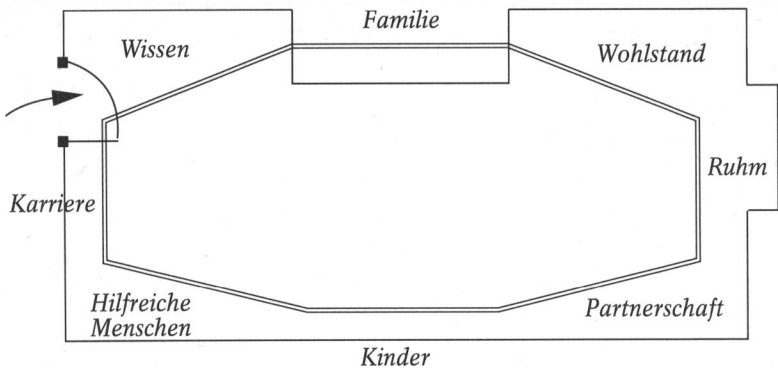

In diesem Beispiel fehlt der Sektor »Familie«.

Als wir in unser jetziges Haus einzogen, ließen wir uns von Sarah Shurety beraten, die, milde ausgedrückt, besorgt war. Das Chi war sehr undiszipliniert und erzeugte Streit, Probleme und Angst. Ihre »Heilmittel« waren ziemlich extrem. Wir mußten mehrere Trennwände in unserem Schlafzimmer niederreißen, wodurch wir unser angrenzendes Badezimmer und Ankleidezimmer verloren. Mehrere Türen mußten entfernt und neue Wände gezogen werden. Manche Zimmer mußten farblich neu gestaltet werden, und sie empfahl uns, an das Tor des Nachbarn einen runden Spiegel zu hängen. Unsere Nachbarn waren davon jedoch nicht begeistert, so daß wir statt dessen einen glänzenden Ball an einen Baum hängen mußten! Wir folgten ihren Ratschlägen, und tatsächlich beruhigte sich die Energie im Haus. Interessanterweise beobachtete Sarah außerdem, daß unsere Wohlstandsecke schon wieder fehlte – nicht so stark wie vorher, aber wieder war an der betreffenden Stelle ein Leerraum. Offenbar ist es weit verbreitet, daß wir die Muster in unserem Leben wiederholen, indem wir Häuser mit den gleichen Feng-Shui-Problemen aussuchen. Achten Sie also darauf, wenn Sie umziehen.

Sarah erklärte, daß Menschen oft in die Fußstapfen der Vorbewohner eines Hauses treten – der Fachausdruck dafür ist »das Vorgänger-Chi«.

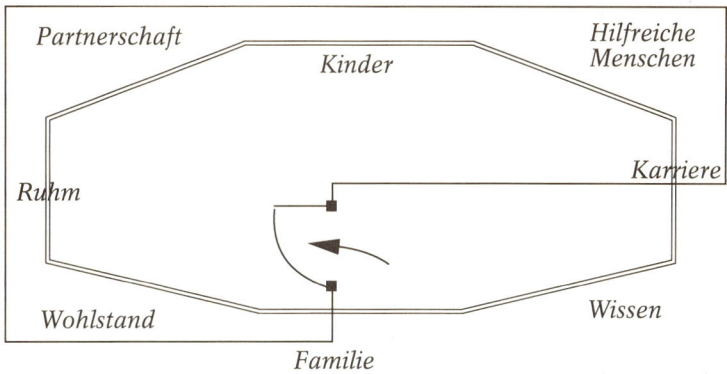

Ein ungewöhnlicher Grundriß. Hier fehlt der Bereich »Wissen«.

Eigentlich nicht überraschend, wenn man sich klar macht, daß man in derselben Feng-Shui-Konstellation lebt, in der die Energie sich auf dieselbe Weise bewegt. Laut Sarah war dies auch bei uns der Fall. Wir waren sehr erstaunt, als wir feststellten, daß unsere Vorgänger darüber klagten, der Mann habe außerhalb arbeiten müssen und sei nur zum Wochenende nach Hause gekommen. Wir waren genau in der gleichen Situation. Nachdem wir jedoch die Veränderungen vorgenommen hatten, gelang es Adrian, seine Berufstätigkeit weitgehend nach Hause zu verlegen.

Nehmen Sie sich Zeit, um sich mit dem Bagua in Ihrer Wohnsituation vertraut zu machen. Stellen Sie fest, welche Räume in welchen Ecken liegen. Fehlen irgendwelche Sektoren? Sind andere Bereiche überentwickelt? Gibt es Ihnen Aufschlüsse über Ihre Situation? Überprüfen Sie jeden Sektor in Ihrem Haus und in Ihrem Leben. Ist dieser Bereich in Ihrem Leben gut entwickelt? Sind die verschiedenen Sektoren im Gleichgewicht? Welche Bereiche fehlen, welche sind über- oder unterproportioniert? Im nächsten Kapitel werden wir uns weiter damit beschäftigen.

13 Praktisches Feng Shui – die ersten Schritte

Ganz einfache Veränderungen nach Feng-Shui-Regeln können enorme Konsequenzen haben. Unterschätzen Sie es nicht – probieren Sie es lieber selbst aus. Was können Sie verlieren? Sie müssen nicht alles, was in diesen Kapiteln vorgeschlagen wird, sofort in die Tat umsetzen. Fangen Sie mit ein oder zwei Dingen an und beobachten Sie, was geschieht. Abgesehen von allem übrigen gibt Feng Shui oft sehr praktische Ratschläge, die Ihr Haus pflegeleichter und attraktiver machen. Öffnen Sie sich also für Überraschungen, und machen Sie einen Versuch.

Wieder möchte ich Sie auffordern, Ihr Haus oder Ihre Wohnung zu besichtigen. Inzwischen dürften Sie ein recht feines Empfinden für die Atmosphäre und den »Geist« Ihres Heims entwickelt haben. Ihre Hand gleitet im Vorbeigehen vielleicht sanft über eine Wand oder streichelt über das Treppengeländer. Sie grüßen flüsternd die Laren, schenken dem Schutzengel ein Lächeln und nicken Hestia am Küchenherd zu. Sie könnten dem Haus selbst ein paar freundliche Worte schenken. Nehmen Sie nun Kontakt mit Ihrer eigenen Energie auf, wie es in Kapitel 11 beschrieben ist (siehe S. 121). Sie spüren, wie die Energie durch Ihre Hände fließt und sich zwischen den Handflächen bewegt, die wie zwei magnetische Pole aufgeladen sind. Stellen Sie sich jetzt vor, wie das Chi durch Ihren Körper fließt: Bewegt es sich gleichmäßig und harmonisch, oder fließt es an einigen Stellen sehr schnell und an anderen träge?

Sollten Sie irgendwelche Probleme mit Ihrer Gesundheit haben, dann kann das eine sehr erhellende Übung sein. Wenn Sie sensibel für den Fluß des Chi werden, können Sie visualisieren, daß der Energiefluß gleichmäßig und gesund ist. Aber nun zurück zum Haus.

Sie haben Kontakt mit dem Chi aufgenommen. Verlagern Sie nun den Blickwinkel und stellen Sie sich vor, Sie seien die Chi-Energie in Ihrem Haus. Sie wollen frei und unbeschwert durch den Raum fließen. Sie kommen durch die Eingangstür in den Innenraum. Was begrüßt Sie?

Können Sie sich leicht und anmutig durch den klar geordneten Raum hindurchbewegen? Oder prallen Sie immer wieder an scharfen Ecken ab und stoßen auf Möbelstücke, die an einem ungünstigen Platz stehen? Bleiben Sie in unaufgeräumtem Kram stecken? Schießen Sie plötzlich viel zu schnell durch lange Flure oder eine Treppe hinauf, die sich direkt gegenüber der Eingangstür befindet? Werden Sie abrupt von einer Wand gestoppt? Gehen Sie durch Ihr Haus und stellen Sie sich vor, daß Sie die Energie sind, die durch den Raum fließt, und achten Sie auf Ihre intuitiven Wahrnehmungen. Ist Ihr Heim chi-freundlich?

Mit diesem intuitiven Gespür für Feng Shui können wir jetzt mit dem Bagua einen Schritt weitergehen. Sie haben den Grundriß Ihrer Wohnung oder Ihres Hauses unter dem Blickwinkel des Bagua angeschaut. Jetzt geht es darum, Ihr Heim mit Hilfe des neuen Feng-Shui-Wissens zu überprüfen.

Die Bagua-Karte Ihres Heims

Gehen Sie mit dem Bagua-Diagramm in der Hand durch Ihr Heim. Versichern Sie sich, daß jedes Zimmer wirklich so ist, wie auf dem Grundriß eingezeichnet. Achten Sie auf Feinheiten. Vielleicht glaubten Sie, ein Zimmer sei völlig quadratisch; wenn Sie genauer hinsehen, stellen Sie fest, daß eine Wand ein wenig vorspringt, während eine andere nach hinten versetzt ist. Dies sind wichtige Informationen, also verändern Sie den Grundriß entsprechend.

Jetzt können Sie überprüfen, ob jeder Raum bestmöglich funktioniert. Zum Beispiel könnte der Wohlstandsbereich vorhanden sein, aber Sie benutzen ihn als Abstellkammer. Sie schlafen vielleicht im Kindersektor, während die Kinderzimmer im Ehebereich sind, was der beste Platz für Ihr Schlafzimmer wäre. Versuchen Sie verzweifelt, als Sängerin anzukommen oder Publicity für Ihre Wohltätigkeitsorganisation zu erlangen – ohne Erfolg? Überprüfen Sie die Ruhmecke – vielleicht liegt sie hinter einem Haufen alter Kleider oder im Badezimmer, das, um ehrlich zu sein, alles andere als strahlend sauber ist, oder sie fehlt sogar ganz. Machen Sie sich keine Sorgen, wenn Sie das feststellen: Im nächsten Kapitel befassen wir uns mit den Gegenmitteln.

Es kann mit ein paar wenigen Veränderungen getan sein, die nichts kosten, nur etwas Mühe machen. Wenn möglich, legen Sie Ihr Schlafzimmer in den Ehebereich. Kinder sollten ihre Zimmer natürlich im Kindersektor haben, wenn sich das irgendwie machen läßt. Das Wohnzimmer wäre wunderbar im Familienbereich angesiedelt, das Arbeitszimmer oder Atelier im Wissenssektor. Die Küche und das Frühstückszimmer passen gut in den Bereich Hilfreiche Menschen. Wenn diese Art von Veränderungen für Sie völlig unmöglich sein sollte, ist das keine Tragödie: Wir sprechen später darüber, was dann zu tun ist.

Gehen wir nun noch einmal durchs Haus, um zu überlegen, welche einfachen Veränderungen Ihr Heim mit heilender positiver Energie anfüllen könnten.

Die Eingangstür

Die Eingangstür nennt man den »Mund des Chi«, weil hier die meiste Energie ins Haus kommt. Achten Sie darauf, daß sie solide und schön ist und, falls nötig, frisch gestrichen. Eine abgestoßene Tür zwingt Sie dazu, für Ihre Ziele zu kämpfen. Das Leben wird dann zum Kampf. Der Lack sollte hell und strahlend sein, damit Geld und Glück angezogen werden. Prüfen Sie, ob sie leicht aufgeht. Eine Tür, die klemmt, bringt Störungen in Ihr Leben und bremst Sie. Hängen Sie nicht so viele Mäntel an die Tür, daß sie sich nicht mehr öffnen läßt: Sie begrenzen dadurch Ihre Chancen.

Falls Ihr Haus eine Hausnummer oder einen Namen hat, dann sollte das Schild leicht schräg nach oben aufgehängt werden, so daß das Ende des Namens höher hängt als der Anfang. Wie wäre es, Ihrem Haus einen Namen zu geben, wenn es nicht schon einen hat? Das Haus bekommt dadurch noch mehr Charakter, und der Name ist ein Hinweis auf Ihre

Ziele. Vorsicht bei der Wahl! Wollen Sie, daß Ihr Haus Ruhe und Frieden ausstrahlt oder Prestige und Macht? Ist es ein gemütliches Häuschen oder eine großartige Villa? Bitten Sie Ihr Haus um Vorschläge. Vergessen Sie nicht, die Hausnummer deutlich sichtbar anzubringen, besonders bei langen Straßen und Wohnblocks, damit man Sie leicht findet.

Beide Seiten Ihrer Eingangstür sind bestens geeignet, um dort eine Statue, einen schönen Blumentopf, einen großen Stein oder Schutztiere zu plazieren. Die Chinesen benutzen Fu-Hunde, aber es könnte auch ein Löwe sein, ein Drache oder ein Jagdhund. Schwere Gegenstände dieser Art schützen das Haus und lassen die Energie nicht entweichen. Sollten Sie jedoch in einer Gegend leben, wo so etwas gestohlen wird, dann stellen Sie sie nach innen, in den Flur oder die Eingangshalle.

Der Flur

Der Eingangsbereich ist immer sehr wichtig, ob es sich um eine große Empfangshalle, einen langen Flur oder einfach um den Raum hinter der Eingangstür handeln mag. Wenn die Garderobe überquillt, der Boden voller Schuhe steht und sonstiger Kram herumliegt, dann sind Ihre Chancen immer eingeschränkt – diese Dinge behindern die neue frische Energie, die ins Haus kommt. Der Eingang soll hell erleuchtet sein und fröhlich. Es ist der erste Platz, den Sie in Ihrem Haus sehen, und der sollte einladend und ermunternd sein. Benutzen Sie heitere Farben, achten Sie darauf, daß alle Lichter funktionieren, und stellen Sie frische Blumen in eine schöne Vase. Spiegel können einen dunklen Eingang heller und größer wirken lassen.

Windspiele bei der Eingangstür sind bestes Feng Shui. Nehmen Sie lieber ein kleines, das leise klingelt, anstatt ein großes hölzernes für draußen. Es sollte zart tönen, wenn man das Haus betritt, aber die Tür darf nicht direkt daran stoßen. Windspiele, die richtig angebracht sind, werden mehr Geld ins Haus bringen und Unglück fernhalten. Ein Paar Wachhunde oder sonstige Wesen sollten den Eingang schützen. Denken Sie an Zerberus, den mythischen Hund, der das Tor der Hölle bewacht. Legen Sie sich auch einen furchterregenden Beschützer zu, der vielleicht sogar Einbrecher abschreckt.

Schließt sich direkt an den Eingangsbereich ein langer Korridor an? Können Sie bis auf die andere Seite des Hauses schauen? Oder blicken Sie auf eine Reihe Türen? Wenn das der Fall ist, dann könnte das Chi zu schnell durch Ihr Haus schießen. Es gibt aber Abhilfen: Sie können beispielsweise einen schweren Vorhang aufhängen, um den Energiefluß abzudämpfen, oder Kristalle zwischen die Türen hängen, was das Chi dazu veranlaßt, innezuhalten und um den Kristall herumzuspielen, bevor es weiterfließt. Vielleicht haben Sie das gegenteilige Problem: eine tote Wand oder eine blockierte Tür am Ende des Flurs. Hängen Sie einen Spiegel dorthin, damit die Energie zurück ins Haus reflektiert wird.

Bevor Sie den Eingangsbereich verlassen, prüfen Sie noch einmal, ob wirklich nichts Unnötiges herumliegt. Flure gelten als die Venen und Arterien des Hauses. Sie müssen wie die Blutgefäße im Körper durchlässig sein. Die Möbelstücke im Flur sollten daher abgerundete Ecken haben. Scharfe, vorstehende Kanten erzeugen schädliche Energie, die man »schneidendes Chi« nennt.

Das erste Zimmer

Welches Zimmer betreten Sie als erstes? Gehen Sie direkt ins Wohnzimmer, oder kommen Sie zuerst in die Küche? Die ersten Zimmer, die man in einem Haus betritt, bestimmen das Leben der Menschen, die dort wohnen.

* Arbeitszimmer, Wohnzimmer und geräumige Dielen sind am besten in Eingangsnähe aufgehoben.
* Wenn das erste Zimmer die Küche ist, dann dreht sich in diesem Haushalt viel ums Essen, möglicherweise zu viel. Insbesondere die Kinder laufen Gefahr, dick zu werden. Aber nicht nur das. Sie wer-

den merken, daß ständig Freunde zum Essen kommen: Schön und gut, wenn Sie sehr gastfreundlich sind, aber ein bißchen Kontrolle wäre auch nicht schlecht – oder? Sollte das in Ihrem Haus der Fall sein, so halten Sie die Küchentür geschlossen und hängen Sie einen Spiegel daran.

- Wenn Sie als erstes das Schlafzimmer sehen, dann dürfte Ihnen häufig Müdigkeit zu schaffen machen. Auch hier hilft es, einen Spiegel fest an der Tür anzubringen.
- Stoßen Sie als erstes aufs Badezimmer, dann haben Sie ein Problem. Der Lage des Badezimmers wird im Feng Shui große Bedeutung beigemessen. Man geht davon aus, daß das Wasserleitungssystem großen Einfluß auf zwei entscheidende Lebensbereiche hat: auf die Finanzen und die Gesundheit. Wenn Sie das Pech haben, direkt vor dem Badezimmer zu stehen, wenn Sie das Haus betreten, dann bringen Sie an allen vier Innenwänden des Badezimmers Spiegel an, um die Energie im Inneren zu versiegeln.

Badezimmer

Wo befindet sich Ihr Badezimmer auf dem Bagua? Falls es im Wohlstandssektor liegt, dann spülen Sie Ihr Geld die Toilette hinunter! Liegt es genau in der Mitte des Hauses, an jenem geheimnisvollen Ort, den man Tai Chi nennt und der dem Herzen oder der Seele Ihres Heims entspricht, dann könnte das Ihre Gesundheit beeinträchtigen. Liegt es im Ehesektor, dann könnten Ihre Beziehungen etwas wackelig sein.

Die Lösung besteht in all diesen Fällen darin, die vier Spiegel an den Badezimmerwänden aufzuhängen. Problematisch ist es auch, wenn das Bad am Ende eines langen Flures liegt – auch das könnte die Gesundheit der Familie beeinträchtigen. In einem Fall konnte eine Frau keine Kinder bekommen. Ein Feng-Shui-Experte riet ihr dazu, einen Perlenvorhang in den Flur zu hängen, um das Chi zu zerstreuen (ein Windspiel, ein Kristall oder ein Mobile täte den gleichen Dienst), und ein Jahr später war sie eine glückliche Mutter. Idealerweise sollten Bad und Küche weit voneinander entfernt liegen. Sind sie benachbart, dann wird dem Feng Shui zufolge alles Geld, das Sie verdienen, im Handumdrehen wieder weg sein. Können Sie nichts an dieser Situation ändern, halten Sie die Türen immer geschlossen und hängen Sie einen Spiegel an die Außenseite der Badezimmertür. Stellen Sie etwas Schweres wie den Küchen- oder Eßtisch zwischen die beiden Räume. Sorgen Sie dafür, daß das Bad immer blitzblank ist und daß der Toilettendeckel immer, *immer*, geschlossen ist. Männer sind in dieser Sicht hoffnungslos, hängen Sie also ein Schild auf: »Bitte kein Geld hinunterspülen – Deckel schließen!« oder etwas Ähnliches.

Schlafzimmer

Sie können Ihr Wohlbefinden erheblich steigern, wenn Sie Ihr Bett an den optimalen Platz stellen. Befindet sich das Schlafzimmer nicht am bestmöglichen Ort in Ihrer Wohnung oder Ihrem Haus, so macht das nichts – wenn das Bett nur richtig steht, ist die Wirkung genauso gut. Bisher haben wir das Bagua nur auf das ganze Haus angewendet, aber Sie können das Diagramm genausogut über ein einzelnes Zimmer legen. Betreten Sie Ihr Schlafzimmer und stellen Sie sich mit dem Rücken zur Tür. Je nach dem, wo sich die Tür befindet, stehen Sie entweder im Sektor Beruf (Mittelfeld), hilfreiche Menschen (rechte Ecke) oder Wissen (linke Ecke). Jetzt ergibt sich der Rest des Bagua: Wohlstand ist in der gegenüberliegenden linken Ecke und Ehe in der gegenüberliegenden rechten Ecke. Wohin Sie das Bett stellen, hängt vom Alter und den Umständen der Person ab, die dort schläft.

Kinder

Kinder sollten immer im Kindersektor des Zimmers schlafen. Wenn man das Bett nicht dort aufstellen kann, dann eine Lampe und zusätzlich etwas Weißes (zum Beispiel Blumen oder ein Stofftier). Suchen Sie die Möbel fürs Kinderzimmer sorgfältig aus. Schwere Möbelstücke können das Chi und damit die Gesundheit eines kleinen Kindes beeinträchtigen. Mobiles und Windspiele sind wunderbar: Sie stimulieren das Chi und regen die Antriebskräfte, ja sogar die Intelligenz Ihres Kindes an. Farbige Objekte und ein Aquarium sind auch hilfreich. Für Babys und Kleinkinder sollten die Farben weich und sanft sein.

15- bis 22jährige

Junge Leute dieser Altersgruppe brauchen mehr Ruhe und Stabilität in ihrem Zimmer. Ihr Bett sollte im Wissenssektor stehen; wenn das nicht möglich ist, stellen Sie dort etwas Schwarzes, Blaues oder Grünes hin. Eine Pflanze, ein Windspiel oder ein Kristall könnten diesen Bereich ebenfalls aufwerten. Bücher in der Nähe der Tür können das Lernen stimulieren. Wenn sie die Schule oder die Hochschule verlassen, dann sollten sie die Bereiche Beruf und hilfreiche Menschen aufwerten (darüber mehr im nächsten Kapitel).

Paare

Falls Sie in einer Paarbeziehung leben und insbesondere wenn Sie nach einem Partner suchen, dann sollte Ihr Bett unbedingt im Ehesektor stehen. Geht das nicht, dann legen Sie an die betreffende Stelle etwas Rotes – vielleicht ein paar üppige Samtkissen oder einen verschwenderischen karmesinroten Stoffüberwurf. Die Form des Bettes ist auch wichtig: Zwei Matratzen sind zwar sehr bequem, aber sie trennen auch.

Doppelbetten können Beziehungen sehr belasten. Ein Mann, dessen Ehe auf Messers Schneide stand, ersetzte das Doppelbett durch ein französisches Bett. Die Ritze zwischen den zwei Betten stellte energetisch gesehen einen Bruch in ihrer Beziehung dar. Das neue Bett wirkte Wunder.

Die Feng-Shui-Expertin Sarah Rossbach gibt Frauen, die schwanger werden wollen oder es schon sind, einen ungewöhnlichen Tip. Sie sagt, das Bett sollte weder verstellt werden, noch sollte unter dem Bett Staub gefegt werden, weil nach chinesischer Auffassung das Universum voller Geister ist, die geboren werden wollen (sogenannte *Ling*), und die schweben unter dem Bett und warten auf den rechten Augenblick, um in die Gebärmutter zu schlüpfen. Wenn das Bett ständig verrückt wird oder der Staubsauger oder Besen darunter fährt, dann könnten die Ling vertrieben werden, so daß Unfruchtbarkeit oder sogar eine Fehlgeburt die Folge sein kann.

Ältere Menschen sollten am besten im Familiensektor schlafen. Wenn das nicht möglich ist, gibt es wiederum eine Alternative: Stellen Sie etwas Grünes in die Wohlstands- oder Ruhmecke, oder hängen Sie dort ein Windspiel oder einen Kristall auf.

Im Schlafzimmer sind noch ein paar wichtige Punkte zu beachten: Balken sind attraktiv, aber sie können laut Feng Shui Trennung und schlechte Gesundheit bewirken. Wenn direkt über dem Bett ein Balken in Längsrichtung verläuft, dann kann das zu Schwierigkeiten mit dem Partner führen. Verläuft der Balken horizontal über dem Körper, dann kann es Gesundheitsprobleme nach sich ziehen, zum Beispiel chronische Halsschmerzen und Mandelentzündung, falls der Balken sich über dem Halsbereich befindet. Wenn möglich, sollte das Bett außer Reichweite von Balken stehen. Ist das nicht zu realisieren, dann dekorieren Sie den Balken mit Girlanden aus getrocknetem Hopfen (die schenken Ihnen auch süße Träume), oder umhüllen Sie ihn mit weichem Stoff, damit die Energie nicht auf Sie herunterschießt.

Einbauschränke oder Regale rund um das Bett sind ungünstig. Sie erzeugen Kopfschmerzen, Halsentzündungen und das Gefühl, irgendwie umzingelt zu sein. Halten Sie den Kopfbereich Ihres Bettes so frei wie möglich. Überhaupt sollten Nachttische und Schlafzimmermöbel weich und abgerundet sein. Vermeiden Sie scharfe Ecken und Winkel. Spiegel sind keine gute Idee im Schlafzimmer und sollten auf keinen Fall auf das Bett gerichtet sein. Sie können Schlaflosigkeit und schlechte Träume erzeugen.

Schließlich sollten Sie vom Bett aus ungehindert zur Tür schauen können. Die ideale Position für das Bett ist so, daß Sie die Tür mühelos sehen können, aber nicht direkt vor sich haben (damit die Energie nicht direkt aus den Füßen zur Tür hinaus strömt). Es ist eine schwierige Aufgabe, die günstigste Position für das Bett zu finden, die Ihrem Alter und Ihren Lebensumständen gerecht wird.

Die Küche

Der Küche wird im Feng Shui große Bedeutung beigemessen, weil Essen bei den Chinesen für Wohlstand und Erfolg steht. Man sollte immer in einer klaren, hell erleuchteten und gut belüfteten Küche arbeiten. Ideal wäre es, wenn man vom Arbeitsplatz aus die Tür sehen könnte. Der Grund dafür ist ganz praktisch: Wenn Sie beim Kochen sind und gerade einen Topf mit kochendem Wasser in der Hand haben, dann möchten Sie bestimmt nicht von hinten erschreckt werden. Haben Sie die Tür nicht im Auge (und möchten die Küche auch nicht völlig neu einrichten), dann hängen Sie einen großen Spiegel auf, damit Sie sehen können, wenn jemand hereinkommt. Selbst wenn Sie einen solchen Spiegel nicht unbedingt brauchen, ist es sehr empfehlenswert, einen Spiegel hinter den Herd zu hängen. Er »verdoppelt« die Anzahl der Kochplatten oder Gasbrenner, und diese stehen für Wohlstand und Erfolg.

Der Herd ist das wichtigste Stück in der Küche, ja sogar im ganzen Haus. Das führt uns wieder zu Hestia zurück und der Auffassung der Alten, daß das Herdfeuer das Herz des Hauses darstellt. Um diesen zentralen Punkt zu ehren, muß der Herd immer saubergehalten werden und einwandfrei funktionieren. Wenn die Brenner oder Kochplatten nicht funktionieren, dann werden Sie nie aus Ihren Schulden herauskommen. Benutzen Sie alle Kochplatten bzw. Gasflammen: Je mehr Sie benutzen, desto mehr Geld verdienen Sie. In China glaubt man, daß der Wohlstand der Familie leiden wird, wenn nicht alle Flammen regelmäßig in Gebrauch sind.

Das sind nur ein paar grundsätzliche Richtlinien, die aber in Ihrem Heim sehr merkliche Veränderungen bewirken können, wenn Sie sie befolgen. Probieren Sie einige davon aus, und beobachten Sie, was geschieht. Stellen Sie Ihr Bett an einen anderen Platz, und Sie werden vielleicht besser schlafen, Ihr Baby schläft durch, ja vielleicht teilen Sie Ihr Bett in absehbarer Zeit mit einem neuen wunderbaren Menschen. Statten Sie Ihre Küche mit ein paar Spiegeln aus, und es werden vielleicht ein paar Schecks in den Briefkasten flattern. Halten Sie den Eingang sauber und hell, und neue Möglichkeiten könnten sich wie durch Zauberkraft auftun. Im nächsten Kapitel gehen wir einen Schritt weiter ...

14 Feng-Shui-Heilmittel

In einer idealen Feng-Shui-Welt würden wir in völlig symmetrischen Häusern wohnen. Es gäbe keine fehlenden Ecken, keine unharmonischen Kanten. Und unser Leben wäre ebenso glatt und symmetrisch. Aber wer lebt in einer idealen Welt? Fast alle Häuser haben irgendwelche Mängel, Stellen, die hervorspringen, und andere, die fehlen. Ohne sie sähen unsere Häuser ziemlich langweilig und gewöhnlich aus. Hinzu kommt die Tatsache, daß viele Menschen in Mietshäusern wohnen, so daß die eigene Wohnung nur ein Teil ist und wir es mit einem Feng-Shui-Sammelsurium zu tun haben. Glücklicherweise scheinen auch die Häuser in China nicht vollkommen symmetrisch gewesen zu sein, so daß Feng Shui eine ganze Batterie von »Heilmitteln« entwickelt hat, um mit den schwierigen Stellen zurechtzukommen. Sie können auch angewendet werden, um die Energie eines bestimmten Raumes oder einer Zimmerecke aufzuwerten und auf diese Weise mehr glückverheißendes Chi in den entsprechenden Bereich Ihres Lebens zu leiten.

Die Heilmittel

Dies sind die gebräuchlichsten Heilmittel im Feng Shui, bekannt als die »neun Grundheilmittel«. Die meisten davon sind so unauffällig, daß niemand zu merken braucht, daß Sie Feng Shui praktizieren – falls es Ihnen ein bißchen peinlich sein sollte. Wenn nicht, dann wird es Ihnen reichlich Stoff zur Unterhaltung liefern.

Helle Objekte

- *Spiegel* werden oft als das »Aspirin« des Feng Shui bezeichnet, weil sie alle möglichen Übel beseitigen können. Wenn Ihre äußere Umgebung etwas Bedrohliches hat (etwa eine Straße, die auf Ihr Haus zuläuft, oder ein riesiges Gebäude, das Ihr Haus überschattet), dann empfiehlt sich ein Spiegel an der Außenseite der Eingangstür, der das schneidende Chi zurückreflektiert. Spiegel können auch fehlende Ecken ergänzen, das werde ich weiter unten noch erklären. Und sie können das Glück fördern, indem sie gutes Chi reflektieren.

Spiegel können jedoch auch Probleme erzeugen. Sie dürfen auf keinen Fall blinde Stellen haben und müssen blank poliert sein. Ein alter stumpfer Spiegel ist vielleicht eine wertvolle Antiquität, aber er reflektiert das Chi verzerrt. Ein Spiegel am richtigen Platz kann durchaus Geld ins Haus bringen, aber wenn er trübe ist, dann handelt es sich vielleicht um Geld, das man auf Kosten eines anderen bekommen hat oder für einen hohen Preis (beispielsweise durch eine Abfindung oder das Testament einer geliebten Person). Spiegel sollten auch nicht den Kopf abschneiden, das könnte nämlich Kopfschmerzen erzeugen. Hängen sie zu hoch, fühlt man sich auch nicht wohl. Nehmen Sie möglichst große Spiegel, um solche Probleme zu vermeiden, und hängen Sie sie so auf, daß sie einen angenehmen Blick reflektieren, grüne Bäume und Wasser sind besonders beruhigend. Die Spiegelung von Mülltonnen oder von einem übermächtigen Gebäude sollte man sich nicht ins Haus holen.

- Die *Kristalle*, die man heutzutage in jedem esoterischen Buch- oder Geschenkeladen kaufen kann, sind ausgezeichnet. Sie können Chi anziehen oder Chi, das sich zu schnell bewegt, dämpfen. Sie blinken hübsch im Sonnenlicht und sind einfach ein schöner Blickfang.
- *Lampen* sind ausgezeichnet, wenn eine Ecke fehlt – man richtet einen Lichtstrahl darauf und holt so den fehlenden Bereich ins Haus zurück.

Klänge

- *Windspiele* werden normalerweise dazu benutzt, einen Sektor aufzuwerten. Sie sind besonders geeignet, um Geld anzuziehen, wie wir schon im vorigen Kapitel gehört haben. Sie machen das Haus lebendiger und heben die Energie an.

• Wie Windspiele können *Glocken* Geld, Glück und positives Chi ins Haus lenken. Sie haben auch eine Schutzfunktion. Ganz praktisch gesehen, ist eine Glocke, die läutet, wenn jemand ins Haus kommt, ein wirksamer Schutz vor Einbrechern. Sarah Shurety hängt silberne Maya-Glocken mit einem feinen hellen Klang ins Fenster, um schädliches Chi von bedrängenden Gebäuden abzuhalten. Sie empfiehlt auch, eine Glocke an einem roten Bändchen an den Autorückspiegel zu hängen – als Schutz für unterwegs.

Lebewesen

Pflanzen, Blumen, Fische im Aquarium. Blumen nähren die Seele und können einen Bereich enorm aufwerten. Sie sollten frisch sein und weiche Formen haben. Lassen Sie Blumen nicht tagelang in abgestandenem Wasser stehen oder in der Vase verwelken. Sie ziehen schlechte Energie an. Seien Sie vorsichtig mit spitzen Pflanzen wie riesigen Kakteen, die Inneneinrichter so sehr lieben. Sie können ebenso stachelige, dornige Energie erzeugen, Streit fördern und das Leben rauh machen. Wenn Sie diese stacheligen Wesen lieben, dann geben Sie ihnen viel Raum und stellen Sie sie nicht dorthin, wo Sie arbeiten oder schlafen.

Im allgemeinen beleben Grünpflanzen einen Sektor – sie bringen ganz wörtlich Leben dorthin. Denken Sie daran, wenn es einen Bereich in Ihrem Leben gibt, den Sie wiederbeleben wollen: eine Beziehung wieder in Gang bringen, Arbeit finden, die eigene Spiritualität neu entdecken und so weiter. Das gleiche gilt für Goldfische – und zwar in erhöhtem Maß. Die Chinesen lieben Goldfische, besonders dann, wenn sie in einem Aquarium mit sprudelndem Wasser gehalten werden. Haben Sie sich je gefragt, warum fast alle chinesischen Restaurants, sogar Imbißbuden, ein Aquarium haben? Gutes Feng Shui und hoher Gewinn sind die einfache Antwort. Die Fische werden nicht nur das Bargeld hereinbringen, sie schützen auch die Gesundheit und können drohende Unfälle und Pech aller Art abwenden. Es gibt Geschichten, die berichten, wie Leute gerade noch einmal davongekommen sind, dafür aber die Fische tot im Aquarium lagen.

Bewegliche Objekte

Mobiles, Ventilatoren, Wasserstrudel und Springbrunnen. Alles, was sich bewegt, zieht Chi an. Ein Mobile in einem Kinderzimmer ermuntert das Chi, gleichmäßig und sanft durch den Raum zu fließen. Ein sprudelnder Springbrunnen in Ihrer Firma wird Ihnen eine Flut von Aufträgen bescheren und auf Ihrem Bankkonto Wunder wirken. Ein Ventilator in einem Krankenzimmer befördert das verbrauchte Chi nach draußen und zieht frisches Chi nach innen.

Schwere Objekte

Steine, Statuen und große Töpfe mit gesunden Grünpflanzen können eine unruhige Situation stabilisieren. Benutzen Sie schwere Dinge, wenn Ihre Situation wackelig ist – wenn es zum Beispiel in Ihrer Beziehung kriselt oder Ihre Stelle gefährdet ist. Schwere Dinge können helfen, das festzuhalten, was Sie brauchen.

Elektrische Geräte

Computer, Fernsehapparate, Stereoanlagen: Alles, was mit Elektrizität betrieben wird, hat eine stimulierende Wirkung, birgt allerdings auch die Gefahr, den Elektrosmog zu erhöhen (siehe Kapitel 10). Die Lösung besteht darin, elektrische Geräte am richtigen Platz aufzustellen, etwa im Arbeitszimmer und Wohnzimmer, nicht jedoch im Schlafzimmer. Umgeben Sie die Geräte mit gesunden Pflanzen (wie bereits besprochen), um die elektromagnetischen Felder auszugleichen.

Bambusflöten

Chinesische Geschäfte haben oft Bambusflöten in ihrem Sortiment. Sie sollen Frieden, Sicherheit und Stabilität mit sich bringen und werden oft an Balken angebracht, um dem schneidenden Chi entgegenzuwirken. Sie können alle Bereiche des Bagua aufwerten.

Farben

Farben wird im Feng Shui eine stark therapeutische Wirkung zuge-schrieben. Aber der Prozeß der richtigen Farbwahl ist sehr individuell und geht über den Rahmen dieses Buches hinaus. Ich empfehle Ihnen das spannende Buch *Feng Shui, Farbe und Raumgestaltung* von Sarah Rossbach, um neue Einsichten in dieses Gebiet zu gewinnen.

Andere Dinge

Fast alles kann im Feng Shui ein Heilmittel sein – am richtigen Platz und unter den richtigen Umständen. Zum Beispiel ein Vorhang, um das Chi davon abzuhalten, durch den Flur zu schießen; ein Bild oder ein Spiegel an einer leeren Wand; oder ein Stapel Samtkissen im Schlaf-zimmer. Feng-Shui-Berater haben ein ganzes Arsenal von eigentümli-chen und wunderbaren Heilmitteln. Zum Beispiel soll ein Stück Kreide unter dem Bett Rückenschmerzen abhelfen.

Anwendung der Heilmittel für fehlende Sektoren

Es gibt verschiedene Möglichkeiten, wie Sie einen fehlenden Bagua-Sektor wieder in Ihr Heim integrieren können.

Gehört Ihnen das Haus und auch das umgebende Grundstück, so gibt es mehrere Möglichkeiten. Sie könnten sogar Ihr Haus erweitern oder die fehlende Ecke ausgleichen, indem Sie einen Wintergarten anbauen. Aber das ist eine ziemlich drastische und äußerst teure Lösung. Eine andere Möglichkeit wäre es, den Sektor durch Licht zu integrieren, indem man externe Strahler so anbringt, daß sie die betreffende Stelle erleuchten. Wenn Sie draußen kein helles Licht wollen, dann gibt es noch eine andere Möglichkeit: Prüfen Sie, wo sich die Ecke des fehlen-den Sektors befinden würde, und stellen Sie einen schweren Gegen-stand an diesem Punkt auf. Es könnte eine Statue sein, ein interessanter großer Stein oder ein wuchtiger Terracottatopf mit einer kerngesunden Pflanze (zwei Heilmittel für den Preis von einem).

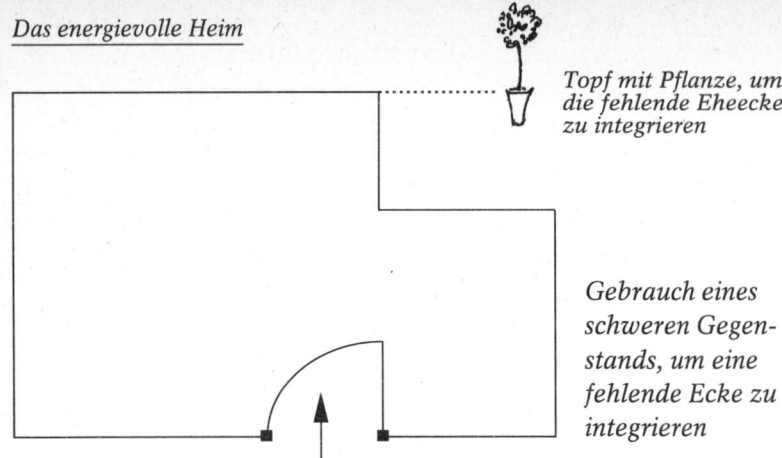

Topf mit Pflanze, um die fehlende Eheecke zu integrieren

Gebrauch eines schweren Gegenstands, um eine fehlende Ecke zu integrieren

Falls Sie in einer Wohnung leben und Ihnen das Grundstück nicht gehört, dann können Sie mit Spiegeln arbeiten. Hängen Sie einfach Spiegel an die Wände der fehlenden Ecke (siehe unten). Das funktioniert genauso gut.

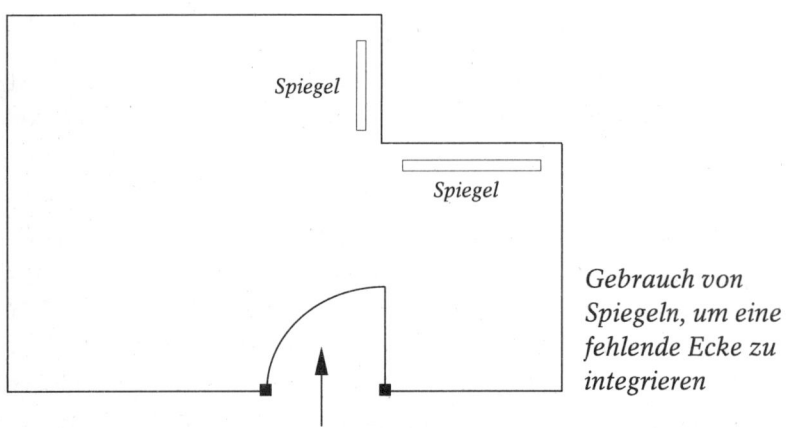

Spiegel

Spiegel

Gebrauch von Spiegeln, um eine fehlende Ecke zu integrieren

ANWENDUNG DER HEILMITTEL FÜR ANDERE PROBLEME

Die Liste der Probleme, für die Feng Shui ein Heilmittel weiß, ist endlos. Hier will ich nur ein paar erwähnen. Ich hoffe sehr, daß Ihr spezielles Problem in dieser Liste auftaucht. Wenn nicht, dann schauen Sie sich Feng-Shui-Bücher an, oder gönnen Sie sich eine Feng-Shui-Beratung.

Bambusflöten gleichen das schädliche Chi eines Balkens aus.

Wendeltreppen sehen sehr schön aus, können aber gesundheitliche Probleme verursachen, insbesondere dann, wenn sie sich im Zentrum des Hauses befinden. Lassen Sie eine rankende Pflanze (Wein oder Efeu) am Geländer entlang wachsen. Bringen Sie an der Decke über der Wendeltreppe eine Lampe an, die vom oberen Stockwerk nach unten strahlt.

Balken sind über dem Küchenherd genauso problematisch wie über dem Bett. Wenn Sie Geld verleihen, werden Sie es wahrscheinlich nicht zurückbekommen. Hängen Sie Bambusflöten an den Balken (siehe Zeichnung), oder befestigen Sie eine lange rote Fransenbordüre daran.

Wenn eine Tür zu groß ist, kommt zuviel Chi ins Haus; das bringt die Energie durcheinander und kann auch das Geld zerstreuen. Hängen Sie ein Windspiel am Eingang auf. Außerdem empfiehlt es sich, einen schweren Gegenstand (beispielsweise eine Statue oder einen schönen großen Stein) in Eingangsnähe aufzustellen. Zwei große Steinschalen an beiden Seiten der Haustür können eine beruhigende Wirkung haben. Wenn Ihre Tür zu klein ist, dann bringen Sie oben oder an den Seiten Spiegel an, so daß die Tür einen breiteren oder höheren Eindruck macht.

In einem Haus stehen die Türen für den Mund der Eltern und die Fenster für die Stimmen der Kinder. Wenn die Fenster zu den Türen in einem Verhältnis von drei zu eins stehen oder darüber, dann ist viel

Streit zu erwarten. Kinder sind dann aufsässig und geben immer Widerrede. Das Heilmittel besteht darin, eine Glocke oder ein Windspiel neben die Tür zu hängen – weil dann nämlich die Fenster die ermahnende elterliche Stimme hören, wenn die Tür geöffnet wird, und das bringt die Kinder wieder ins Lot.

Überprüfen Sie die Eingangstür und die Hintertür. Wenn sie auf einer Linie liegen, Sie also quer durchs Haus schauen können, falls beide Türen offen sind, dann dürfte es Ihnen schwerfallen, Ihr Geld beisammen zu halten. Stellen Sie eine Pflanze zwischen die zwei Türen, oder – das wäre noch effektiver – hängen Sie einen kleinen, ballförmigen Kristall so an die Decke, daß er zwischen den beiden Türen baumelt. Das Chi schießt dann nicht mehr geradewegs aus dem Haus hinaus, sondern zirkuliert im Inneren.

Schauen Sie durch die Fenster und überprüfen Sie die Aussicht. Wenn eine Straße direkt auf Ihr Haus zuführt, ist es am besten, einen Spiegel an der Haustür oder am Gartentor anzubringen, um das Chi abzulenken. Er muß nicht groß sein. Sie finden kleine Bagua-Spiegel in Chinaläden, oder Sie nehmen einen anderen attraktiven kleinen Rundspiegel. Falls Sie aus irgendeinem Fenster eine Kirche oder ein anderes großes Gebäude sehen, hängen Sie einen kleinen Silberball, eine Maya-Glocke oder einen Bagua-Spiegel an einer roten Schnur ins Fenster. Das wird die bedrängende Energie des »schneidenden Chi«, das von dem großen Gebäude kommt, ablenken.

Ich hoffe, daß Sie jetzt eine Vorstellung von den Grundideen des Feng Shui und seiner Funktionsweise haben. Im letzten Teil des Buches werden wir uns damit befassen, wie man mit Hilfe von Feng Shui einzelne Bereiche aufwerten kann, um bestimmte Ergebnisse im Leben zu erzielen. Aber jetzt lassen wir Feng Shui erst einmal seine geheimnisvollen Wirkungen entfalten und wenden uns im fünften Teil der wunderbaren Welt unserer Sinne zu.

Teil V
Das sinnliche Heim

15 Farbe als Therapie

Ein wahrhaft heilendes Heim, eine Wohnstätte für den Geist sollte alle Sinne erfreuen. Wir haben schon viel Arbeit hinter uns gebracht: Wir wissen nun, welche Bedürfnisse unser Haus erfüllen soll; wir haben es entschlackt und gereinigt und die Energie ins Gleichgewicht gebracht. Jetzt ist der Spaß an der Reihe. In diesem Abschnitt lernen sie Möglichkeiten kennen, wie Sie Ihr Heim mit einfachen Mitteln zu einem einladenden und bezaubernden Ort machen können, einem Ort, der das Auge entzückt, das Ohr erfreut und die Nase befriedigt, wo es Dinge gibt, die sich wunderbar anfassen und danach rufen, berührt und gestreichelt zu werden.

Wir werden nun die Welt der Aphrodite, der Göttin der Liebe und der Schönheit, betreten. Die Psychologin Ginette Paris glaubt, daß das Fehlen von Schönheit, die Ignorierung von Aphrodite, zu Depressionen führen kann: »Die moderne Psychologie hat dem pathogenen Charakter einer häßlichen Umgebung noch kaum Beachtung geschenkt, das heißt, einer Umgebung, in der Aphrodite in keiner Form geehrt wird.«

Wir wollen also die Göttin der Schönheit, die so viel Freude mit sich bringt, in unserem Heim nicht vernachlässigen. Wir beginnen unsere Reise durch die Sinne mit der faszinierenden Welt der Farbe.

Farben können unseren Geist aufheitern, die Seele besänftigen, uns anregen oder beruhigen. Nichts verändert die Stimmung so sehr wie Farbe. Indem wir Farbe ins Haus bringen, können wir die ganze Atmosphäre verändern und die Gefühle derer, die darin leben. Von alters her wurde Farbe benutzt, um Emotionen zu beeinflussen und Krankheiten zu heilen. Moderne Forschungen belegen diese alte Weisheit.

Unterschätzen Sie nie die Macht der Farbe in Ihrem Haus. Selbst wenn wir uns nicht für sehr visuell halten, werden wir dennoch durch Farben beeinflußt, weil unser ganzer Körper darauf reagiert. Wir sehen sie nicht nur mit den Augen, wir fühlen und spüren sie auch. Zahlreiche Experimente haben gezeigt, daß die meisten Menschen Farbe bei verbundenen Augen mit den Fingerspitzen erfühlen können. Kein Wunder also, daß die Farben, in denen wir leben, enorme Wirkungen auf unser Befinden haben.

Als Studentin bewohnte ich ein Loftzimmer, das leuchtend orange tapeziert war. Ich konnte schlecht schlafen und mich so gut wie gar nicht auf meine Arbeit konzentrieren, aber mein Leben war aufregend und äußerst gesellig. Dann übermalte ich die Tapete mit einem kühlen Weiß, und die ganze Stimmung veränderte sich: Der Raum wurde zu einem Arbeits- und Schlafzimmer, anstelle eines vibrierenden Begegnungsortes. Jahre später, als ich das gegenwärtige Haus bezog, hatte ich mein Arbeitszimmer in einem früheren Schlafraum, der mit einer typisch englischen Blumentapete versehen war. Meine Arbeit war alles andere als erfolgreich, ich hatte Nebelschwaden im Kopf und war schlecht organisiert, bis ich die Wände mit einem kühlen Hellblau strich. Da kamen endlich wieder Ruhe und Ordnung in mein Arbeitsleben.

Das Heim durch Farbe verwandeln

Das Schöne an Farbe ist, daß man damit die Stimmung in einem Zimmer oder im ganzen Haus im Handumdrehen völlig verändern kann. Ein Zimmer frisch zu streichen geht schnell und ist preiswert. Sie können beispielsweise einem kalten ungemütlichen Eßzimmer eine warme festliche Atmosphäre verleihen, wenn Sie es in ein maßvolles Zinnoberrot tauchen, das einem auf der Zunge zergeht. Ein düsteres, städtisches Wohnzimmer kann eine frühlingshafte Note bekommen, wenn Sie es in einem frischen kühlen Grün streichen. Ein zartes Blauviolett kann einem Meditationszimmer Friede und Spiritualität vermitteln. Ein Butterblumengelb macht die Küche zu einem Ort, wo alle zusammenströmen und essen wollen. Falls Sie die Wirkung einer Farbe nicht mögen, dann waschen Sie sie einfach wieder ab und fangen neu an.

Sie müssen auch nicht immer gleich die Wände streichen oder tapezieren. Manchmal braucht ein Zimmer nur ein paar farbige Akzente: tiefrote und rosa Kissen, um aus einem Schlafzimmer ein exotisches Boudoir zu machen; solide dunkelgrüne Lampen, um ein etwas abgehobenes rosa Wohnzimmer zu erden; leuchtende blaue, rote oder gelbe Farbtupfer, um eine weißgetünchte Diele zu beleben.

Leider haben die meisten Menschen Angst vor Farbe und meinen, nur ein ausgebildeter Innenarchitekt dürfe es wagen, Farbtöne zu mischen und zu kombinieren, die nicht dem üblichen Spektrum entsprechen. Wir bleiben also meist bei den erprobten und vertrauten weißen Farbeimern, dem allgegenwärtigen Elfenbein und den allerzartesten Pastelltönen, mit denen man nichts falsch machen kann. Wenn Sie sich damit wohlfühlen – gut und schön. Aber wenn Sie doch etwas waghalsiger sein wollen, dann entwickeln Sie Ihren Farbsinn.

Beginnen Sie mit der Natur, dieser unübertroffenen Lehrmeisterin. Schauen Sie sich um und wählen Sie die Farben aus, die Ihrer Seele wohltun. Blumen zeigen uns die ganze Farbpalette, ebenso Blätter im Herbst. Blau begegnen wir in allen Schattierungen am Himmel, am Meer, bei den Blumen; denken Sie an zarte Glockenblumen, an Rittersporn, an leuchtend blauen Enzian.

Welche Farben könnten in Ihr Heim passen? Welche Kombinationen wären besonders wirkungsvoll? Manchmal wartet die Natur mit Überraschungen auf, die einem nicht im Traum eingefallen wären: Sie mischt Farben auf eine so subtile und kreative Weise, daß sie uns immer wieder aufs neue inspiriert.

Gehen Sie nun bummeln und schauen Sie sich die Auslagen an. Legen Sie sich eine ganze »Farbbibliothek« an. Gehen Sie in die Stoffabteilungen der Warenhäuser – nicht nur zu den Dekostoffen, sondern auch zu den Kleiderstoffen. Im Geschäft für Künstlerbedarf suchen Sie sich die Farben aus, die Sie lieben: Bei den Gouache-Farben gibt es wunderbar strahlende Töne.

Nun gehen Sie mit Ihren Schätzen nach Hause und spielen damit. Was sind Ihre Lieblingsfarben? Welche Wirkung haben sie auf Sie? Welche Gefühle wecken sie in Ihnen? Stellen Sie sich ein Zimmer in verschiedenen Farben vor: Wie würde es in verschiedenen Farbkleidern aussehen, sagen wir, in Tannengrün oder in Lindgrün; in einem weichen Ocker oder einem schockierenden Rosa; einem üppigen Karmesinrot oder einem zarten Pfirsichrosa? Wie beeinflußt die Farbe die Stimmung in diesem Zimmer?

Die Farben Ihrer Seele finden

Schauen Sie sich die Farben in Ihrem Heim an. Setzen Sie sich hin und machen Sie sich genau klar, welche Stimmung Sie in den verschiedenen Zimmern erzeugen möchten. Möchten sie, daß Ihr Wohnzimmer ein stilles Refugium ist, oder soll es hell und lebendig sein und die Geselligkeit fördern? Schauen Sie sich Ihre Aufzeichnungen von früheren Kapiteln an, und versuchen Sie sich vorzustellen, wie bestimmte Farben dazu beitragen könnten, Ihre Ziele zu verwirklichen. Rufen Sie sich in Erinnerung, was Ihnen an den Häusern aus anderen Ländern so besonders gut gefallen hat. Sehen Sie sich die Ausschnitte an, die Sie in Ihr Buch eingeklebt haben, und achten Sie darauf, welche Farben sich wiederholen. Zieht es Sie zu vornehm zarten Wintertönen oder mehr zu den warmen strahlenden Farben eines provencalischen Bauernhauses? Lächelt Ihre Seele angesichts der edlen Schlichtheit des Shaker-Stils, oder sehnt sie sich nach dem leuchtenden Rosarot und Türkis der Karibik?

Es könnte eine dieser Möglichkeiten sein oder alle zugleich. Es gibt keine Regel, die besagt, daß die Farbgebung in Ihrem Haus einem einheitlichen Stil entsprechen müßte. Ich habe einen Hang zum Konservativen in den öffentlichen Räumen des Hauses, aber erlaube mir dafür jeden Spleen in den Badezimmern. Mein Schlafzimmer würde ich immer ziemlich ruhig und klar gestalten, aber meine Küche muß hellgelb sein, um mich und meine Gäste bei guter Laune zu halten.

Spielen Sie mit den Farben, experimentieren Sie. Es gibt keine Regeln außer denen, die Sie sich selbst geben. Manchmal führen glückliche Zufälle zu den besten Ergebnissen. Probieren Sie neue Farbkombinationen aus – je nach dem, was Ihrem Auge gefällt. Als allgemeine Regel läßt sich sagen: Wenn Sie ein Zimmer kühl machen wollen, verwenden Sie Farben mit kürzerer Wellenlänge (blau, grün, violett); wenn Sie es warm machen wollen, nehmen Sie Farben mit längerer Wellenlänge (rot, orange, gelb und alle Zwischentöne). Empfinden Sie einen Raum als zu kühl oder zu warm, dann bringen Sie eine Farbe hinein, die einen Ausgleich schafft – durch einen Teppich, einen Überwurf, Bilder, Vorhänge, Kissen. Gehen Sie spielerisch mit Farbe um und entdecken Sie Ihre Freude daran.

Sollten Sie immer noch unsicher sein, ob Sie sich auf Ihre Intuition und Ihren Farbsinn verlassen können, dann bedenken Sie, daß jede Farbe Tausende von Schattierungen hat. Sie müssen sich also nicht auf die Grundfarben oder schlichte Pastelltöne beschränken.

Die Macht der Farbe

Rot

Rot wird mit Macht, Leidenschaft, Energie und Herausforderung in Verbindung gebracht. Es ist die Farbe des Feuers, die Ihren Puls, die Atmung und die Gehirnaktivität beschleunigt. Es hält Sie wach, aber es kann bedrückend und ermüdend sein, wenn Sie sich zu lange in einem intensiv roten Raum aufhalten. Rot ist ideal für Zimmer mit viel Aktivität und kann dunkle Flure und Garderoben warm und interessant machen. Ein Raum wirkt durch Rot kleiner und intimer, es macht sich deswegen gut im Eßzimmer.

Farbtherapeuten benutzen Rot für Anämie, Depression, Lethargie, Müdigkeit und alle Krankheiten, die mit Kälte zu tun haben, wie Rheumatismus und schlechter Kreislauf. Es ist keine gute Farbe für Arbeitszimmer und Schlafzimmer, außer als Akzentfarbe oder als sehr sanftes Rosa. Ein rotes Badezimmer oder eine rote Toilette kann jedoch ein echter Erfolg sein (und soll sich auch positiv bei Verstopfung auswirken!). Benutzen Sie Rottöne, um ein Zimmer, das sich kalt anfühlt, gemütlicher zu machen – etwa durch eine warme Überdecke, einen karmesinroten Lampenschirm oder einen roten Perserteppich oder Kelim.

Verdünntes Rot ergibt Rosa, das allerdings mit Vorsicht zu genießen ist; es kann kitschig oder einfach blaß wirken. Aber ein frisches Rosa, kombiniert mit weißen Wänden und natürlichem Holzboden, könnte sich sehr gut machen. Rosa paßt gut zu graugrünen Salbeitönen. Wenn Ihnen wirklich nach einer starken Aussage zumute ist, dann greifen Sie zu dem grellen Rosa von Seide und Saris – als Bettüberwurf, Vorhang oder Kissenbezug.

Orange

Orange ist die Farbe des Selbstvertrauens, der Freude und Geselligkeit. Es stimuliert den Appetit und vermindert Müdigkeit und Erschöpfung. Therapeutisch wird es benutzt, um das Immunsystem zu stimulieren, Schmerz zu reduzieren, Gicht, Gallensteine, Magengeschwüre, Depressionen, Verstopfung und Alkoholismus zu heilen. Es paßt sehr gut in Eßzimmer, Flure, Wohnzimmer und überall dorthin, wo Sie Geselligkeit haben wollen. Es weckt Freude, setzt Emotionen frei und ist wunderbar für Parties, weil es die Leute in Schwung bringt.

Vielleicht schüttelt es Sie bei dem Gedanken an reines Orange, aber es gibt die verschiedensten Schattierungen. Denken Sie an etruskische Vasen oder italienische Freskos; ein staubiges, gedämpftes Gelborange kann wunderbar aussehen. Für das Schlafzimmer eignet es sich genausowenig wie Rot. Bringen Sie Orange nicht in die Nähe von Schwarz, denn wenn diese Farben kombiniert werden, geht Wärme und Gefühl verloren, so daß Sie sich am Ende bedürftig und elend fühlen könnten.

Gelb

Gelb ist die Farbe des Sonnenlichts und wirkt wie die Sonne: Es hebt die Stimmung, verbannt Depressionen und steigert die Energie. Es fördert das Selbstwertgefühl und kann dem Ego wirklich Auftrieb geben. Gelb kann ein guter Freund beim Lernen sein, weil es das Gedächtnis schärft; es kann im Büro Wunder wirken, da es die linke Gehirnhälfte stimuliert, die Urteilsfähigkeit, Logik und Rationalität steuert.

Es gibt die unterschiedlichsten Gelbtöne – von einem kalten Zitronengelb über ein spritziges Butterblumengelb bis zu einem edlen Senfgelb. Farbtherapeuten benutzen es, um Arthritis zu heilen, Gelbsucht, Steifheit und Unbeweglichkeit, Depressionen, Hautprobleme und mentale Ermüdung. Gelb ist für die meisten Parterreräume geeignet – Küche, Diele, Wohnzimmer, Spielzimmer, Arbeitszimmer. Es macht fast jeden Raum fröhlicher, besonders wenn Sie es mit weichen Cremetönen kombinieren; auch Blau paßt sehr gut zu Gelb. Gelb kann im Schlafzimmer zu stimulierend sein, so wie seine Verwandten Orange und Rot. Es ist sehr schön zum Aufwachen, aber nicht gut geeignet, um in den Schlaf zu gleiten.

Grün

Grün ist die Farbe der Natur und befindet sich genau in der Mitte des Farbspektrums. Unsere Augenmuskeln brauchen sich bei Grün nicht anzupassen, es ist also eine Farbe, die Harmonie, Zufriedenheit und Ruhe mit sich bringt. Grün beruhigt alle Sinne, fördert das Gleichgewicht und gibt Sicherheit. Farbtherapeuten benutzen es, um Migräne und Kopfschmerzen zu erleichtern, Launenhaftigkeit, Streß, Magengeschwüre, Verdauungsprobleme, Angst und alle aufgewühlten emotionalen Zustände. Es kann die Fruchtbarkeit anregen, das Herz und den Blutdruck beruhigen. Grün fördert ein ausgeglichenes Urteil und ist sehr hilfreich für Jugendliche und jeden, der mit heftigen Emotionen kämpft.

Grün kann für viele Menschen etwas zu kühl sein, aber es eignet sich gut fürs Wohnzimmer, wenn es mit einem matten Rosa oder Apricot kombiniert wird. Es kann ein wenig ausgleichende Kühle in das rote Eßzimmer bringen. Und glauben Sie nicht, Grün wäre langweilig – Lindgrün kann ein ziemlicher Schocker sein.

Blau

Blau, die Farbe des Himmels und des Meeres, ist äußerst beruhigend und besänftigend. Stellen Sie sich einen kühlen Bergbach vor, der über glatte Felsen springt, oder daß Sie auf einer Wiese liegen und in den klaren blauen Himmel schauen. Blau hilft, sich zu entspannen und abzuschalten; es kann die Kommunikation sehr klar und effektiv machen. Blau fokussiert den Geist und den Intellekt. In der Therapie wird es benutzt, um den Blutdruck zu senken, den Herzschlag und die Atmung zu verlangsamen. Es beruhigt das zentrale Nervensystem und reduziert Streß. Es wird bei Juckreiz, Zahnschmerzen, Hernie, Rükkenproblemen und Muskelschmerzen angewandt.

Blau ist eine ausgezeichnete Farbe für das Schlafzimmer und das Arbeitszimmer und sieht auch sehr gut im Badezimmer aus. Auch Türkis kommt in Frage – ein klarer leuchtender Ton, der das Badezimmer hebt und sogar in der Küche eine überraschende Wirkung haben kann. Vielleicht brauchen Sie etwas Wärmeres, um das Blau auszugleichen – Gelb und warme Brauntöne sind gut geeignet.

Indigoblau

Indigoblau in seinen vielen Schattierungen soll mediale Kräfte verstärken, Tagträume fördern und mit der äußeren Welt ins Gleichgewicht bringen. In der Therapie wird es benutzt, um zwanghaftes Verhalten und alle Formen von emotionaler Instabilität zu behandeln. Zartes Indigo wäre bestens für ein Meditationszimmer geeignet. Es bringt auch eine friedliche Atmosphäre ins Schlafzimmer. Man nennt diese Farbe auch »Mitternachtsblau«, und manche Experten sagen, daß es Introversion begünstigt – benutzen Sie es also nicht zu häufig. Ein Schuß reines Indigoblau kann ein wunderbarer Farbakzent sein: Halten Sie Ausschau nach reinen Seiden- und Samtstoffen in dieser ungewöhnlichen Farbe.

Violett

Violett beruhigt den Geist auf der tiefsten Ebene. Es wirkt auch befriedigend auf den Körper und die Psyche. Sanftes weiches Violett gilt als spirituellste Farbe und wird deswegen oft für Meditationsräume, Krankenzimmer und Heilpraxen benutzt. Therapeuten verwenden Violett für Hautprobleme, Schlaflosigkeit, Spannungszustände und Hypersensibilität. Nicht jeder fühlt sich mit Violett wohl, aber denken Sie auch an die zarten Flieder- und Lavendeltöne. Sie sind sehr geeignet für Schlafzimmer und geben Gästen ein unmittelbares Gefühl von Frieden und Gelassenheit. Violette Farbtupfer könnten auch in andere Zimmer passen – stellen Sie sich ein Sofa in einem weichen Violett vor, kombiniert mit einer cremefarbenen Wand oder einem zarten Pfefferminzgrün – ein Genuß für das Auge.

Schwarz

Schwarz hebt die emotionale Reaktionsfähigkeit, aber es wirkt als großflächige Farbe sehr bedrückend. Benutzen Sie Schwarz für die Accessoires wie Bilderrahmen oder Lampenfüße, um bestimmte Bereiche eines Zimmers zu betonen. Es kann eine verschwommene Farbgebung strukturieren und in einem Wohn- oder Eßzimmer einen dramatischen Akzent setzen. Schwarze Zimmer sind jedoch nur in der – hoffentlich kurzen – Phase der Pubertätsrebellion erlaubt.

Weiß

Weiß ist rein und beruhigend, kann aber auch sehr öde wirken. Es kann bei der Meditation förderlich sein und zur Erholung von zu vielen Sinneseindrücken dienen, aber die meisten Menschen fühlen sich in reinem Weiß auf die Dauer nicht wohl. Es suggeriert Reinheit, kann aber die Wärme und Fülle des Lebens »ausbleichen«. Wenn Sie es jedoch hier und da mit einer Farbexplosion unterbrechen, dann wirkt es im Ganzen beruhigend und läßt Ihnen viele Freiheiten. Es gibt viele Schattierungen von Weiß; es kann eine warme oder kalte Ausstrahlung haben. Denken Sie an das Weiß von Kalk, Eiweiß und Schnee und an die cremigen Töne von Milch, Haferflocken, Nessel oder Wachs. Weiß schafft eine schlichte und vornehme Atmosphäre.

Und vergessen Sie nicht, welchen Segen weiße Accessoires mit sich bringen: Reinweiße duftende Leintücher im Gästebett laden einfach zum Schlafen ein; weiße Gazevorhänge lassen alle Farben weicher und frischer erscheinen. Oder stellen Sie sich einen Blumentopf mit Margeriten vor, eine elegante Vase mit weißen Lilien, weißes Porzellan in einer farbenfrohen Küche, flauschige weiße Frotteetücher und Bademäntel in einem türkisblauen Badezimmer.

Braun

Nachdem Braun als Dekorfarbe in den letzten Jahren völlig »out« war, erlebt es jetzt ein Comeback. Denken Sie nur an die Farbe fruchtbarer Erde, die zahllosen Schattierungen von Baumrinde, an rotbraune Kastanien oder das glänzende Fell von Pferden. Die dunkleren Brauntöne können als Grundfarbe etwas düster sein, ausgenommen als Holztäfelung; sie machen sich jedoch sehr gut als Akzentfarbe. Braun hat eine ähnliche Wirkung wie Schwarz, ist aber weicher und organischer.

Holz bringt Braun in allen Schattierungen ins Haus: Rötliches Mahagoni hebt eine fade Farbzusammenstellung; Eiche gibt erdige Wärme; Ahorn und Erle hellen auf. Denken Sie an die einladende Gemütlichkeit eines altgedienten Ledersofas oder an einen bequemen Lehnstuhl, der mit einem warmen braunen Kord oder Samt bezogen ist. Wenn Braun mit Weiß gemischt ist, kann es einen eleganten Pastellton ergeben, der zum Wohlfühlen einlädt.

 Noch ein paar Gedanken zum Thema Farbe

Wenn Sie sich mit Farbe beschäftigen, dann werden Ihnen die Augen dafür aufgehen, und Sie werden tausend Ideen haben, wie Sie Farbe in Ihr Heim bringen können. Hier sind ein paar Vorschläge für den Anfang:

Farbiges Glas: Es muß nicht gleich ein ganzes Fenster sein, vielleicht nur ein Fensterflügel. Oder Sie hängen ein Glasbild in ein Fenster, um das Licht einzufangen. Es gibt auch Aufkleber, die wie Buntglas wirken, die aber nie ganz so transparent sind wie echtes Glas. Wenn Sie eine Sammlung von bunten Flaschen, Gläsern oder Vasen haben, dann stellen Sie sie ins Licht auf ein Fensterbrett oder ein Regal, und beobachten Sie, wie die Farben darin leuchten und lebendig werden. Lassen Sie Regenbogen durchs Haus tanzen, indem Sie Kristalle an Fenster und Türen hängen, in denen sich die Sonnenstrahlen brechen. Experimentieren Sie mit verschiedenen Kristallgrößen und -formen: Kristalle mit breiteren Facetten lassen Regenbogenbänder durch die Räume flattern, die Kristalle mit feineren Facetten lassen dagegen strahlende Farbtupfer über die Wände tanzen. Kinder lieben sie und glauben oft, daß es tanzende Feen seien, und wenn Ihre Katze meiner ähnelt, dann wird sie glückliche Stunden mit dem Versuch verbringen, diese Regenbogenwesen zu fangen.

Es gibt zahllose Möglichkeiten, wie Sie erfrischende Farbtupfer in ein Zimmer bringen können, ohne es ganz zu renovieren. Sie können einer Küche einfach durch bunte Eimer, Schüsseln, Handtücher und sonstige Utensilien einen mexikanischen Hauch geben. Ein bunter Teppich auf dem Boden, eine schrille Tischdecke – und schon sind Sie halbwegs in Tequila. Fädeln Sie ein paar Plastikpfefferschoten auf eine Schnur, oder schlingen Sie bunte Plastikfrüchte um einen Kerzenleuchter. Blättern Sie Ihre Ausschnittsammlung durch, schauen Sie sich Reiseführer und Reisezeitschriften an, nicht nur Bücher über Innenarchitektur und Design – und lassen Sie Ihrer Phantasie freien Lauf.

Sie brauchen dafür nicht viel Geld. Wenn Sie ein neues Farbelement in Ihre Wohnung bringen wollen, das fast nichts kostet, dann besorgen Sie sich eine Rolle billigen Baumwollstoff und färben Sie ihn selbst. Textilfarben sind nicht teuer und unkompliziert in der Anwendung. Sie können daraus Vorhänge machen, Überwürfe für Sofas oder Betten. Sie können eine Stoffbahn von der Decke abhängen, um »geheime« Ecken zu schaffen oder ein Himmelbett aus Tausendundeiner Nacht kreieren durch üppige Faltenwürfe in allen Farben der Wüste. Verdecken Sie unebene Wände mit Stoffbahnen, und wenn Sie sich kreativ austoben wollen, dann bemalen Sie den Stoff freihändig oder mit Hilfe von Schablonen.

Einfache Möbel bunt zu lackieren macht viel Spaß und bringt Farbe in ein Zimmer. Es gibt unzählige Bücher und Kurse für Do-it-yourself-Künstler. Sie können fast jeden Effekt erzielen, den Sie sich vorstellen: Bemalen Sie ein altes Küchenbüffet mit wilden Dschungelszenen, und schon haben Sie einen wunderbaren Spielzeugschrank fürs Kinderzimmer.

Machen Sie sich wieder mit der alten Technik des Papiermachés vertraut. Mit einem Stapel alter Zeitungen und einem Eimer Leim und Farbe können Sie unglaublich dekorative Schüsseln, Platten und Teller herstellen. Benutzen Sie dazu noch Maschendraht, und Sie sind im Land der unbegrenzten Möglichkeiten: Sie können griechische Vasen und römische Statuen daraus machen, korinthische Säulen und einen ganzen Zoo von Tieren. Malen Sie sie so zurückhaltend oder so wild an, wie Sie wollen.

Pflanzen und Blumen bringen Farbtupfer in einen Wohnraum und sind eine gute Möglichkeit, neue Farbkombinationen auszuprobieren, bevor man die Wände streicht oder die Vorhänge erneuert. Eine Vase mit einem einfarbigen Blumenstrauß gibt Ihnen eine Ahnung, wie eine Farbe wirken wird. Achten Sie darauf, von welchen Blumen Sie sich angezogen fühlen; das ist ein Hinweis darauf, welche Farben Sie lieben, aber vermutlich nie wagen würden, als Wandfarbe zu verwenden.

Leisten Sie sich Blumen einfach zur Freude. Suchen Sie solche aus, die Ihrer Stimmung entsprechen oder die sozusagen die Arme nach Ihnen ausstrecken: Ein Strauß altmodischer, duftender Rosen in verwaschenem Rosa und Creme – was für ein Gedicht! Oder ein Strauß Gerbera, die alle rufen:»Schaut uns an!«

Wer hat gesagt, Pflanzen müßten in langweiligen Töpfen oder einfachen Glasvasen stehen? Terracottatöpfe bringen Wärme in kühle Farbarrangements, aber nirgends steht geschrieben, daß sie so bleiben müssen. Malen Sie sie einfach an, ganz nach Lust und Laune, einfarbig oder in leuchtenden Tönen. Es muß auch nicht immer Terracotta sein. Denken Sie an die Griechen, die ihre Geranien in große bunte Blecheimer pflanzen, auf denen manchmal noch das Etikett zu lesen ist oder die weiß überstrichen sind.

Badezimmer sind oft vernachlässigte Waisenkinder, was die Farbe angeht. Schon bunte Seifen können ein paar Farbtupfer hineinbringen. Duschgels und Bodylotions gibt es in den tollsten Farben und Behältnissen. Sie können sie in hübsche Flaschen schütten und von hinten anstrahlen, damit die Farben leuchten. Wenn Sie sich immer noch nicht trauen, lebhafte Farben für Wände und Stoffe zu benutzen, dann suchen Sie ein paar leuchtende Badehandtücher aus.

Experimentieren Sie mit farbigem Licht. Sie können bunte Glühbirnen kaufen oder farbiges Zellophanpapier benutzen. Rotes Licht fördert die Aktivität und könnte dem Schlafzimmer etwas Würze geben! Oranges Licht kann eine Party in Schwung bringen, es stimuliert den Appetit. Gelb könnte sich gut machen, wenn Sie für eine Prüfung lernen. Blaues Licht ist entspannend, und grünes Licht wirkt ausgleichend und harmonisierend – obwohl beide ziemlich kalt und etwas düster sein können, wenn Sie nicht vorsichtig damit umgehen.

Farbtherapeuten arbeiten oft mit farbigem Licht im Bad. Sie können zu Hause ein therapeutisches Farbbad nehmen, indem Sie Ihrem Badewasser natürliche Lebensmittelfarben zusetzen. Rot gibt Kraft, Blau entspannt, Grün harmonisiert, und Gelb macht gute Laune. Sie können die Farbe sogar während des Badens ändern, indem Sie noch eine zweite Primärfarbe hinzufügen: Blau und Gelb ergeben Grün, Rot und Gelb Orange, Blau und Rot Lila. Das I-Tüpfelchen sind dann noch farbige Kerzen auf dem Badewannenrand. (Benutzen Sie keine künstlichen Farben, da sie schädliche Chemikalien enthalten können!)

Machen Sie die Mahlzeiten zu einem Farbereignis, indem Sie die entsprechenden Lebensmittel aussuchen, Schattierungen von Grün zum Beispiel oder eine Symphonie in Orange. Lebensmittelfarben können dabei helfen. Oder dekorieren Sie die Salate mit bunten Blumen wie Borretsch oder Kapuzinerkresse. Eisbecher können Sie mit Lavendel und Rosenblättern verzieren. Fast jedes Essen gewinnt durch grüne frische Kräuter. Oder wie wäre es mit etwas ganz Exotischem: Korallenrote Jakobsmuscheln auf tintenfischschwarzer Pasta? Mahlzeiten, bei denen alles weiß ist, sehen so fade aus, daß sie dann auch entsprechend schmecken!

Sie können ein Zimmer durch neue Tischdecken und Überwürfe über Sessel und Sofa im Nu verwandeln. Sie sind ganz leicht selbst herzustellen. Wenn Sie preiswerten Stoff nehmen, dann können Sie die Farben auf die Jahreszeiten abstimmen – oder auf Ihre momentane Stimmung. Ihr Eßzimmer könnte statt artigem blau-weißem Damast mal einen grellen Dschungeldruck als Tischdecke vertragen. Das gleiche gilt für Vorhänge und Rollos. Anno dazumal hatten die Hausfrauen Sommer- und Wintervorhänge. Wenn Sie günstigen Stoff nehmen, könnten Sie sich für jede Jahreszeit und Stimmung das Passende zulegen.

16 Das duftende Heim

Oft bemerkt man an einem Haus als allererstes seinen Geruch – nicht wie es aussieht, nicht wie modern die Einrichtung ist, sondern wie es riecht. Unsere Nasen sind unglaublich sensibel, und der Grundeindruck von einem Ort wird zweifellos von der Wahrnehmung unseres Geruchssinns beeinflußt. Valerie Ann Worwood betont diesen Punkt in ihrem Buch *The Fragrant Pharmacy*: »Das erste, was Ihre Gäste begrüßt, wenn sie das Haus betreten, ist der Geruch, und der Eindruck den das hinterläßt, kann nachhaltiger sein als das ganze übrige Drum und Dran.«

Was also begrüßt Sie, wenn Sie Ihr Heim betreten? Riecht es warm und einladend, vielleicht nach einem Hauch Lavendel in der Bodenpolitur, nach der Blütenmischung auf der Kommode oder der zarten Süße eines Rosenstraußes? Oder duftet es frisch und sauber mit einer Spur Pinien- oder Zitronenaroma? Es könnte aber auch muffig und staubig riechen (hoffentlich nicht – nach all dem Putzen!), oder wittert man den beißenden Geruch alter Turnschuhe und Sportanzüge? Hängt etwa noch der Geruch vom letzten Essen in der abgestandenen Luft, Hühnchen vielleicht oder Kohl?

Die alten Griechen glaubten, daß man mit Hilfe wohlriechender Substanzen mit den Göttern in Kontakt treten könne. Sie hatten ein eigenes Vokabular für die Welt der Düfte. Blumige Düfte dienten dazu, Frieden herbeizuführen, Freude oder reine Sinnlichkeit. Wenn Sie Ihr Haus also wirklich zu einem Himmel für die Sinne machen wollen, dann verwöhnen Sie Ihre Nase. Sorgfältig ausgesuchte Düfte können die Stimmung heben, dem Körper Energie geben, zur Entspannung einladen und der Seele reines Entzücken bereiten. Duft ist ein sehr wirksames und dabei sehr subtiles Mittel, um die Atmosphäre in Ihrem Haus zu verändern. Wenn Sie geschickt damit umgehen, können Sie nicht nur Ihre eigene Stimmung heben, sondern die der ganzen Familie und aller Leute, die zu Besuch kommen oder nur mal hereinschauen. Das grenzt schon fast an Magie.

Es gibt eine Fülle einfacher Möglichkeiten, jedes Zimmer in Ihrem Haus mit Wohlgeruch zu füllen. Aber bitte, laufen Sie jetzt nicht in die nächste Drogerie, um synthetische Duftsprays, Geruchsvertilger oder Parfumzerstäuber zu kaufen. Zunächst ist dazu zu sagen, daß synthetische Düfte immer synthetisch riechen. Sie wirken leicht abstoßend und unwirklich. Außerdem reagieren viele Menschen allergisch auf synthetische Parfums – sie sind eine verbreitete Ursache für Allergien und immer problematisch für Leute mit Asthma, Ekzemen, Heuschnupfen und dergleichen. Drittens zerstören Spraydosen mit Fluorkohlenwasserstoff die Ozonschicht und können gesundheitsschädlich sein, weil sie die Lungen und Schleimhäute reizen. Dies sollten genug Gründe sein, um einen weiten Bogen um künstliche Duftstoffe zu machen.

Befreunden Sie sich lieber mit natürlichen Duftstoffen: Blumen, Kräutern, Früchten und ätherischen Ölen. Das sind die Werkzeuge der Göttin Aphrodite, die über die Welt der Düfte herrscht – nicht nur Düfte der Liebe, sondern auch der Freude, des Glücks und des Genusses. Es lohnt sich, ihr auf diese süß duftende Weise ein wenig Ehre zu erweisen.

Unsere Ahnen wußten noch, wie man dem Haus einen natürlichen Wohlgeruch verleiht – Kräuter wie Lavendel und Waldmeister wurden auf den Boden und unter Fußmatten gestreut, so daß sie ihren Duft freigaben, wenn jemand darüberging. In der Küche hingen nelkengespickte Orangen; Kräuterkissen wurden zwischen die Wäsche gelegt, damit sie gut roch und die Motten fernblieben. Wir können uns einiges bei unseren Vorfahren abschauen. Glücklicherweise gibt es einen einfachen Abkürzungsweg, und das ist die Aromatherapie.

Ätherische Öle zu Hause verwenden

Die ätherischen Öle der Aromatherapie sind der einfachste Weg, wie Ihr Heim das ganze Jahr über wunderbar duften kann. Es ist leicht zu lernen, wie man mit den Ölen umgeht – Sie benötigen lediglich etwas Zeit, um die richtigen Öle auszuwählen: Sie duften alle wunderbar, so daß die Entscheidung nicht leicht ist.

Es gibt ein paar Grundregeln, bevor wir uns in die Welt der Wohlgerüche begeben. Erstens sollten Sie immer darauf achten, daß Sie reine Öle bekommen. (Bei manchen billigen Sorten wird das ätherische Öl mit einem geruchlosen Öl verlängert; es gibt sogar Hersteller, die synthetische Stoffe beimengen.) Kaufen Sie in einem guten Bioladen ein, und überprüfen Sie die Zutaten auf dem Etikett. Bei echten Ölen gibt es je nach Duft sehr große Preisunterschiede. Wenn also alle Öle den gleichen Preis haben oder Ihnen Rosenöl oder Pomeranzenblütenöl billig angeboten werden, dann dürfen Sie davon ausgehen, daß es nicht echt ist.

Zweitens sollten Sie wissen, daß Aromatherapie eine Heilkunst ist und die ätherischen Öle wirkkräftige Substanzen sind, die mit Respekt behandelt werden sollten. Einige sind hochgiftig, wenn man sie schluckt, und manche Menschen sind allergisch dagegen. Benutzen Sie nie mehr als vorgeschrieben. Nehmen sie die Öle niemals ein, und reiben Sie sie nicht auf die Haut ohne vorherige Beratung durch einen qualifizierten Aromatherapeuten. Manche Öle sollten nicht während der Schwangerschaft benutzt werden und vertragen sich nicht mit homöopathischen Medikamenten. Fragen Sie im Zweifelsfall einen Experten. Wenn Sie allergiegefährdet sind, dann machen Sie einen Test: Verdünnen Sie das ätherische Öl mit einem Grundöl (zum Beispiel Mandelöl), tropfen Sie eine winzige Menge auf die Innenseite eines Arms und warten Sie 24 Stunden. Zeigen sich irgendwelche allergischen Reaktionen, dann benutzen Sie es nicht. (Um das Leben wirklich schwierig zu machen, gibt es Leute, die sogar auf Mandelöl allergisch reagieren.) Sollten Sie also hyperempfindlich sein, dann probieren Sie die folgenden Rezepte mit großer Vorsicht, und seien Sie nicht allzu enttäuscht, wenn Sie einen Niesanfall bekommen: Es gibt Alternativen zu ätherischen Ölen – dazu kommen wir noch.

 PRAKTISCHE AROMATHERAPIE

Es gibt viele Möglichkeiten, wie man ätherische Öle im Haus verwenden kann. Das sind die gebräuchlichsten:

Duftlampen aus Keramik oder Glas. Sie haben oben eine Vertiefung, die man mit Wasser füllt, in das man dann ein paar Tropfen Öl gibt; darunter ist Platz für ein Teelicht, das das Wasser sanft erhitzt, wodurch das Öl verdampft. Denken Sie daran, das Wasser immer aufzufüllen, sonst setzt sich eine klebrige Masse ab, die nur schwer zu entfernen ist (wie ich aus bitterer Erfahrung weiß).

Man kann auch einfach ein paar Tropfen in eine Schale mit warmem Wasser geben. Der Duft hält nicht so lange wie in einer Duftlampe, aber es funktioniert gut bei Parties, bei einer Essenseinladung oder im Krankenzimmer.

Es gibt spezielle Ringe zu kaufen, die man auf Glühbirnen stecken kann. Sie geben einfach ein paar Tropfen Öl darauf, und ein sanfter Duft durchweht das Zimmer.

Statt chemische Luftsprays zu kaufen, können Sie ein natürliches Raumspray herstellen, indem Sie einen Pflanzenzerstäuber mit Wasser und ätherischem Öl füllen. Im allgemeinen kommen 15 bis 20 Tropfen Öl auf einen viertel Liter Wasser. Vor Gebrauch muß der Zerstäuber gut geschüttelt werden, damit sich das Öl mit dem Wasser mischt.

Duftende Kerzen sind eine schöne Idee. Man kann fertige Aromatherapie-Kerzen kaufen (achten Sie aber wieder darauf, daß es echte Öle sind und keine synthetischen). Um ehrlich zu sein, sind sie sehr viel effektiver als alle Methoden, Kerzen zu parfümieren. Wenn Sie selbst Kerzen herstellen, dann geben Sie 10 Tropfen Öl in das Wachs, sobald es anfängt, fest zu werden. Sie können auch eine Kerze anzünden, warten, bis das Wachs um den Docht geschmolzen ist, die Kerze ausblasen, einige Tropfen Öl ins flüssige Wachs geben und die Kerze wieder anzünden. Es ist kein starker Duft, aber es ist angenehm bei der Arbeit am Schreibtisch. Tropfen Sie aber kein Öl nach, wenn die Kerze brennt.

Baden: Mit diesem herrlichen Thema werden wir uns im Kapitel 23 ausführlich befassen.

Die Auswahl der Öle

Sie liegt natürlich ganz bei Ihnen und Ihrer Nase. Aber gewisse Öle können im Haus und bei seinen Bewohnern eine ganz bestimmte Stimmung erzeugen. Hier nun ein Überblick über die aromatischen Superstars.

Zur Entspannung

Das sind die Öle, die Ruhe und Frieden verbreiten. Benutzen Sie sie, wenn sie die Welt anhalten und wegdriften wollen: Kamille, Muskatellersalbei, Weihrauch, Jasmin, Lavendel, Majoran, Melisse, Neroli (Orangenblüte), Rose.

Zur Beruhigung und Ermutigung

Wenn Sie sich beklommen und ängstlich fühlen, dann füllen Sie Ihr Heim mit Düften wie Geranie, Jasmin, Lavendel, Melisse, Neroli und Ylang Ylang.

Für klares Denken

Es gibt nützliche Öle, wenn Sie intellektuell arbeiten und Ihr Gehirn gut funktionieren muß. Rosmarin ist wunderbar (ich »verdufte« es beim Arbeiten), aber auch Basilikum, Zitrone, Teebaumöl, Pfefferminze und Zirbelkiefer sind sehr geeignet.

Zur Hebung der Stimmung

Wenn Sie sich niedergeschlagen und deprimiert fühlen und von negativen Gefühlen überschwemmt sind, dann raffen Sie sich auf und entzünden Sie eine Duftlampe mit einem der folgenden Öle: Bergamotte (ein verläßlicher Freund, wenn man ihn braucht), Kamille, Ysop, Lavendel, Orange und Schafgarbe.

Zur Besänftigung

Bevor Sie jemandem den Kopf abreißen, weil Sie so gereizt und wütend sind, schnuppern Sie lieber an Bergamotte, Kamille, Grapefruit, Lavendel, Mandarine, Orange oder Rose.

Zur Hebung des Selbstvertrauens

Wenn Ihr Selbstwertgefühl kurz vor dem Absturz ist oder Sie einem Kind mit zitternder Unterlippe gegenüberstehen, dem es am Selbstvertrauen fehlt, sind folgende Düfte empfehlenswert: Rosmarin hilft, sich zusammenzunehmen, Zirbelkiefer hilft, ein tapferes Gesicht zu machen. Probieren Sie auch Zeder, Jasmin, Wacholder, Rose und Thymian.

Zur Energiesteigerung

Wenn das ganze Haus in Trägheit zu versinken droht, dann wecken Sie es mit folgenden Ölen auf: Basilikum, Eukalyptus, Grapefruit, Wacholder, Orange, Pfefferminze, Rosmarin.

Für Parties

Sie haben zu einer Party eingeladen und möchten, daß sie in Schwung kommt? Jasmin ist sehr gut zur Begrüßung; Geranie ist ein äußerst liebenswürdiges Öl. Probieren Sie es auch mit ein bißchen Koriander, Zypresse, Wacholder, Mandarine, Orange, Zirbelkiefer, Nachthyazinthe und Ylang Ylang.

Für Liebesnächte

Ideal fürs Schlafzimmer und die große Verführungsszene: Brauen Sie sich eine berauschende Mischung zusammen aus Jasmin, Rose, Sandelholz, Nachthyazinthe und Ylang Ylang.

Zur Meditation

Ausgezeichnet für die Meditation, wenn Sie abschalten und nach innen gehen wollen: Kamille, Weihrauch, Wacholder, Lindenblüten, Rose, Sandelholz, Vetiver.

Für das Krankenzimmer

Halten Sie die Bazillen fern mit einer Mischung aus Eukalyptus, Zirbelkiefer, Rosmarin und Teebaumöl, dazu etwas Lavendel zur Beruhigung des Kranken.

Zum Verkauf eines Hauses

Nach Valerie Ann Worwood wirken ein paar Tropfen Muskatellersalbei oder Zitrone Wunder. Die potentiellen Käufer fühlen sich wohl in der entspannten, freundlichen Atmosphäre des Hauses.

 WEITERE TIPS FÜR DAS DUFTENDE HAUS

Wenn Sie erst einmal Ihren Geruchssinn aktiviert haben, können Sie kaum mehr aufhören. Hier sind noch einige weitere Ideen, wie Sie Ihr Haus in ein Duftparadies verwandeln können.

Fragen Sie irgendeinen Immobilienmakler, welcher Geruch den Verkauf eines Hauses begünstigt, und sie werden alle dasselbe sagen: Der Duft von frisch gebackenem Brot oder Kuchen und frisch gemahlenem Kaffee. Sie müssen deswegen aber nicht gleich Ihr Haus verkaufen. Brotbacken ist selbst eine Therapie und stellt jedes gekaufte Brot in den Schatten. Brotmaschinen machen das inzwischen so leicht, daß es wirklich keine Entschuldigung mehr gibt. Stellen Sie die Uhr ein, bevor Sie ins Bett gehen, und wachen Sie im köstlichen Duft Ihrer Heimbäckerei auf, um dann die frischen Brötchen zu genießen.

Blumen sind der subtilste und schönste Weg, um Duft in Ihrer Wohnung zu verbreiten. Fragen Sie sich, welchen Blumenduft Sie besonders gern mögen (jeder ist anders) und füllen Sie Ihr Heim dann mit dem Duft von Nelken, Fresien, Gardenien, Hyazinthen, Jasmin, Flieder, Lilien, Maiglöckchen, Mimosen, Narzissen, Pfingstrosen, Wicken, Veilchen und natürlich Rosen.

Pflanzen Sie süß duftende Blumen und Sträucher nah an die Fenster, so daß der Wind den Duft hineintragen kann: Flieder, Jasmin, Geißblatt, Rosen, Lavendel, Reseda, Zierorangen usw. Kräuter riechen auch sehr wohltuend: Pflanzen Sie Kräuter in Balkonkästen und in Töpfe, die Sie im Haus verteilen. Die folgenden duften am besten: Bergamotte, Lavendel, Zitronenmelisse, Verbene, Minze, Rosmarin, Salbei, Waldmeister und Thymian.

Benutzen Sie natürliches Holz, so daß sich sein harziger Duft im Haus ausbreiten kann. Ist das Holz alt und längst über dieses Stadium hinaus, dann helfen Sie mit einigen Tropfen Öl nach. Gut geeignet sind: Zeder, Zypresse, Sandelholz, Zirbelkiefer oder Rosenholz. Unter einen Tisch oder Stuhl gerieben, fördern sie auf unmerkliche Weise das Wohlbefinden.

Diese Holzöle können einen wunderbaren Duft verbreiten, wenn Sie einige Tropfen auf die Holzscheite geben, die im offenen Kamin gebrannt werden. Werfen Sie alte trockene Kräuter nicht weg – legen Sie sie auf die Glut, und Duftschwaden werden Ihr Haus durchwehen.

Im Sommer können Sie die Grillparty damit beenden, daß Sie trockene oder frische Kräuter in die Glut werfen und so den ganzen Garten in Duft hüllen. Alter Lavendel duftet herrlich und bringt noch eine Extranote in Ihre Gartenparty. Schaffen Sie sich Ihr eigenes Räucherwerk, indem Sie trockenen Lavendel, Salbei und Süßgras mit einem bunten Baumwollfaden oder einem feinen Lederstreifen eng zusammenbinden, etwa so dick wie ein Besenstil. Zünden Sie ein Ende an und blasen Sie, damit sich der Rauch kräftig entwickelt. Derartiges Räucherwerk, sogenannte *smudge sticks*, benutzen die Indianer zur Reinigung der Aura und von Räumen. Sie können sie auch zum Space Clearing benutzen, wie es in Kapitel 11 beschrieben ist.

Räucherstäbchen sind nicht jedermanns Sache, aber es lohnt sich zu experimentieren, um einen Duft herauszufinden, den Sie mögen. Schwere Düfte wie Patchouli und Moschus sind etwas überwältigend, und manche Blumendüfte riechen schwül und synthetisch. Vanille kann ein Erfolg sein, ebenso Sandelholz. Statt der Stäbchen gibt es auch Räucherwerk, das man auf Holzkohle verbrennt, das ist oft noch intensiver. Manche Esoterikläden verkaufen Räucherwerk, das angeblich fast alles bewerkstelligen kann (nur den Hausputz nicht): Von Reichtum bis zur Herbeirufung von Geistern. Tibetische, chinesische und ayurvedische Räucherstäbchen haben Heilwirkungen und können dazu beitragen, die Elemente in Ihrem Körper ins Gleichgewicht zu bringen. Probieren Sie sie aus.

Machen Sie sich eine Freude beim Abwaschen, indem Sie ein paar Tropfen Duftöl ins Spülmittel geben. Valerie Ann Worwood empfiehlt 5 Tropfen Lindenblüte, 3 Tropfen Bergamotte, 2 Tropfen Lavendel und 1 Tropfen Orange. Schütteln Sie alles durch, und schon kann es losgehen. Bergamotte und Zitrusfrüchte schaffen gute Laune, und Lavendel beruhigt.

Kommt der Winter, kann man Girlanden aus Tannenzapfen an die Heizung hängen, wo sie durch die Wärme ihren köstlichen Duft verströmen. Binden Sie die Zapfen mit dunkelfarbigen Rohwollquasten an eine Schnur. Die Wolle können Sie über Nacht in ein wenig Wasser mit ätherischen Ölen einweichen. Fröhliche Winterdüfte sind Zedernholz, Zimt, Ingwer, Nelke und Geranie. Binden sie noch ein paar bunte Bänder daran, und schmücken Sie einen Heizkörper damit. Sie müssen die Wolle einmal in der Woche einweichen, wenn sich der Duft nicht verlieren soll. Wenn Sie es einfacher haben wollen, können Sie auch einfach einen Wattebausch mit 6 Tropfen Öl beträufeln und hinter die Heizung stecken.

Um Kleiderschränke und Schubladen immer frisch zu halten, besprühen Sie Löschpapier mit Ihrem Duftölzerstäuber und legen es zwischen die Kleider. Probieren Sie es mit Zeder, Lavendel, Geranie, Vetiver oder Zitrone. Frischen Sie den Duft alle paar Monate auf.

Hübsche Lavendelkissen aus alter Spitze oder Leinen sehen wunderhübsch aus und verleihen Ihren Kleidern einen frischen Duft. Wenn Sie die sonnengetrocknete und gemangelte Bettwäsche mit Lavendelkissen im Schrank aufbewahren, werden Ihre Gäste Sie nicht mehr verlassen wollen.

Valerie Ann Worwood schlägt vor, ätherische Öle beim Waschen zu benutzen – nicht nur, damit die Kleidung duftet, sondern damit sich der Duft im Haus verbreiten kann. Geben Sie ein paar Tropfen Öl in die zweite Kammer Ihrer Waschmaschine: Lavendel, Orangenblüte und Kamille sind wunderbar für Bettwäsche und Nachtwäsche; Ylang Ylang ist ziemlich exotisch und sinnlich; wenn Schnupfen oder Grippe umgeht, dann nehmen Sie Eukalyptus, Zirbelkiefer oder Rosmarin. Zum Trocknen geben Sie ein paar Tropfen auf ein Taschentuch und stecken es mit in den Wäschetrockner. Lavendel, Rosmarin, Geranie, Rosenholz, Jasmin und Ylang Ylang sind alle sehr geeignet. Für weitere Ideen kann ich die Bücher von Valerie Ann Worwood empfehlen. Pflücken Sie Kräuersträuße im Garten und hängen Sie sie über den Küchentisch zum Trocknen – der Duft ist fein, sie sehen schön aus, und außerdem halten sie Insekten fern.

17 Klang und Stille, Licht und Schatten

Weiter geht es in der Welt der Sinne. In diesem Kapitel betrachten wir unser Heim unter dem Aspekt von Klang und Licht, um die Seele in Wohlgefühl zu wiegen und die Lebensgeister noch weiter anzuregen. Wir tauchen nun in die wunderbare Welt der Klänge ein.

Die Geräusche im Haus

Was hören Sie in Ihrem Haus? Hallt es wider vom Gelächter der Kinder; kann man angeregte Unterhaltungen vernehmen und die Geräusche zufriedener Haustiere? Oder schwingt darin heitere Stille, das leise Summen der Natur? Es gibt hier keine richtige oder falsche Antwort: Es ist völlig individuell, mit welchen Geräuschen sich jemand umgibt. Nur Sie können entscheiden, welche Klänge Sie lieben und welche Sie verrückt machen. Aber es lohnt sich, eine kurze Inventur der Geräusche in Ihrem Haus vorzunehmen.

Verbringen Sie einen Tag damit, sich die Geräusche drinnen und draußen bewußtzumachen. Hören Sie beim Aufwachen das Brummen des Stadtverkehrs oder das Muhen von Kühen? Können Sie überhaupt irgendwelche natürlichen Geräusche hören, oder werden sie von menschlichen Stimmen übertönt? Falls Sie in einer Mietwohnung leben – hören Sie da Ihre Nachbarn? Wachen Sie durch ein schrilles Weckerläuten auf, durch ein plärrendes Radio oder Stimmen aus dem Fernsehapparat? Falls Sie mit anderen Menschen in einem Haus leben: Wieviel sprechen Sie miteinander? Gibt es reichlich Austausch, oder gehen Sie aneinander vorbei, jeder in seiner eigenen Welt? Falls Sie allein leben, brauchen Sie das Radio oder Fernsehen zur Gesellschaft, oder ziehen Sie die Stille vor?

Wenn Sie sich die Geräusche in Ihrem Zuhause bewußtgemacht haben, können Sie entscheiden, ob Sie die verschiedenen Geräusche, Klänge und Töne mögen oder nicht. Vielleicht macht es gerade klick, und Ihnen fällt auf, warum Sie sich in Ihrem neuen Haus nicht richtig wohl fühlen: Sie merken vielleicht, daß Ihnen die vertrauten Geräusche der Nachbarn, die in Ihren Wohnungen hin und her gehen, fehlen; das hat Ihnen irgendwie Geborgenheit vermittelt. Oder Ihre Nerven sind schon ganz zermürbt, weil ständig hämmernde Musik läuft oder sich schrille Fernsehstimmen in Ihrem Wohnzimmer breitmachen.

Klang ist ein interessantes Phänomen. Er kann heilen, trösten und beruhigen, anregen und erheben. Aber er kann auch Schaden anrichten, die Nerven reizen und uns aus dem Gleichgewicht bringen. Klang umgeht das Bewußtsein und verbindet uns mit den tiefsten Gefühlsschichten. Wählen Sie also die Geräusche und Klänge, die Sie in Ihr Heim einlassen, mit größter Sorgfalt aus.

Das Klangfasten

Sollten Sie nicht sicher sein, wie Klang auf Sie wirkt, dann versuchen Sie einmal, einen Tag oder ein Wochenende ohne jedes vermeidbare Geräusch zu leben. Lassen Sie Ihre Ohren fasten – kein Fernsehen, kein Radio, keine Musik, kein leeres Gerede. Falls Sie mit anderen zusammenleben, dann versuchen Sie Ihre Hausgenossen dafür zu gewinnen, einen Tag in der Stille zu verbringen. Sagen Sie nur das absolut Notwendige, und verzichten Sie auf Unterhaltungen, die nur geführt werden, damit sich etwas tut. Das kann ein sehr interessantes Experiment sein. Als ich es zum ersten Mal ausprobiert habe – bei einem fünftägigen Retreat –, wurde mir klar, wie sehr ich Stille und Frieden brauche. Ich merkte auch, wieviel sinnlose Dinge ich von mir gebe, nur um höflich und freundlich zu sein! Eine Zeit der Stille kann einem die Augen öffnen. Wenn man das äußere Geplapper stoppt und sich aus dem Dauerlärm des Alltags zurückzieht, kann sich der Geist nach innen wenden, und manchmal gewinnt man erstaunliche Einsichten.

Ich will nicht sagen, Schweigen sei immer Gold, sondern nur, daß es von Zeit zu Zeit eine interessante Möglichkeit sein kann. Und natürlich existiert keine vollständige Stille. Selbst wenn man mitten auf dem Land lebt – ja, dort ganz besonders –, ist man von Geräuschen umgeben. Der Wind raschelt in den Blättern, die Wellen krachen ans Ufer, Regentropfen trommeln aufs Dach, Hunde bellen, Bienen summen, die Vögel stimmen ihren Chor in der Morgendämmerung an. Nur im Winter herrscht manchmal tiefe Stille, wenn eine dicke Schneedecke alle Geräusche erstickt.

Klänge haben heilende Kraft und können helfen, uns die Heimstätte zu schaffen, nach der wir uns sehnen. Musiktherapeuten haben entdeckt, daß bestimmte Klänge ans Wunderbare grenzende Wirkungen auf Körper und Geist haben. Der französische Klangtherapeut Dr. Alfred Tomatis glaubt, daß Gregorianische Gesänge und andere sakrale Musik aus den verschiedensten Kulturen den Körper harmonisieren, inneren Frieden und Vertrauen fördern und sogar das Schlafbedürfnis reduzieren können. Andere Forscher haben festgestellt, daß bestimmte Musik den Körper in einen tiefen Entspannungszustand bringt. Es gibt unzählige Wege, Ihr Haus mit heilenden Klängen zu füllen. Hier ein paar Ideen für den Anfang:

HEILENDE KLÄNGE

Spielen Sie ein Instrument? Kennen Sie jemand anderen, der es tut? Früher kamen die Menschen zum Singen und Tanzen zusammen – ein wunderbares Mittel, um sich nach der Arbeit zu entspannen. Wie wäre es, Ihren eigenen Singkreis ins Leben zu rufen? Sie müssen kein Experte sein, Freude an der Musik genügt. Keine Instrumente? Benutzen Sie einfach Ihre Stimme.

Schauen Sie sich nach einfachen Klanginstrumenten um. Glocken können klein und grell klingen, sonor oder wuchtig. Suchen Sie die aus, die Ihnen am besten gefallen. Tibetanische Klangschalen haben einen mystischen, fast unheimlichen Klang. Trommeln sind ein Echo des

Herzschlags. In der indianischen Tradition hat man seine Trommel selbst gebaut oder diejenige gekauft, die einen »gerufen« hat. Trommeln ist sehr ausgleichend und erdend nach einem harten Arbeitstag. Was haben Sie als Kind gespielt? Holen Sie Ihre alte Blockflöte heraus oder das Xylophon. Füllen Sie Plastikflaschen mit Bohnen, und schon haben Sie eine Rassel. Schnitzen Sie sich eine Flöte aus einem Holunder- oder Bambusrohr.

Sie hatten Streit und im Raum ist dicke Luft? Fahren Sie mit einer Faschingströte dazwischen: Das alberne Geräusch schneidet durch die schlechten Gefühle und bringt kindliche Unschuld in den Raum zurück.

Legen Sie sich ein großes Musikrepertoire zu, um für jede Stimmung das Richtige zu haben. Oper ist etwas für gehobene Ansprüche und kann sehr berührend sein, aber ab und zu braucht fast jeder mal einen Schuß Rock oder ein sentimentales Volkslied. Öffnen Sie sich für die verschiedensten Stilrichtungen.

Finden Sie heraus, wie Musik Ihre Stimmung beeinflußt. Ich muß nur ein bestimmtes Rachmaninov-Konzert hören, und es gibt kein Halten mehr – ich fange an zu heulen. Ein paar Takte Monteverdi zaubern ein Lächeln auf mein Gesicht. Bestimmte Rock- oder Poplieder lassen einen sofort mit den Füßen wippen, andere bringen die Tränen zum Fließen.

Wählen Sie die Musik sorgfältig aus, wenn Sie Gäste haben. Wagner ist nicht besonders gut für die Verdauung, und ein endloser Reggae-Bandwurm kann Ihren Gästen pochende Kopfschmerzen verpassen. Sofern Sie nicht wissen, ob Ihre Gäste genau den gleichen Geschmack haben wie Sie, gehen Sie lieber auf Nummer sicher: Leichte klassische Musik und sanfter Jazz kommen eigentlich immer gut an. Drehen Sie die Lautstärke zurück. Die Musik sollte nur im Hintergrund sein und nicht mit der Unterhaltung konkurrieren.

Bringen Sie natürliche Klänge in Ihr Hause: Ein Windspiel, einen Wasserfall und ähnliches. Mehr dazu werden Sie in Kapitel 20 erfahren.

Wenn sie an einer sehr lauten Straße wohnen, dann kaufen Sie sich Aufnahmen von Naturgeräuschen – und vielleicht einen Kopfhörer.

Der Klang von Vogelstimmen, Delphinen, Wasserfällen und Meeresbrandung kann einen unmittelbar in eine gelöste friedliche Stimmung bringen. Naturgeräusche können auch beim Meditieren helfen, wenn es in der Umgebung laut ist.

Versuchen Sie selbst zu singen und Geräusche zu machen. Die meisten von uns haben vergessen, wie man singt, aber es kann wirklich befreiend sein. Singen Sie mit dem Radio mit, wenn Sie allein sind; singen Sie alte Lieder oder das, was Ihnen gerade einfällt. Singen Sie heilige Laute wie »OM« oder die Vokale »aaa«, »eee« und »ooo«! Achten Sie auf die Wirkung. Singen Sie überall und jederzeit: Im Garten, im Badezimmer, im Wind und im Regen, am Morgen und am Abend. Singen sie einfach.

Dunkelheit und Licht

Wir haben in Kapitel 15 bereits über Farbe gesprochen, aber über das Licht als solches noch nicht. Wie Geräusche ist das Licht etwas, worüber wir selten nachdenken. Unsere Wohnung ist entweder hell oder dunkel, und so ist es eben. Wirklich?

Licht und Dunkelheit wirken genauso stark auf uns wie Farbe, Klang und Duft. Seit wir elektrisches Licht haben, sind wir nicht mehr so abhängig vom Kreislauf von Sonne und Mond, aber ein Teil von uns erinnert sich noch immer an eine Zeit, in der wir mit der Sonne aufgestanden und beim Sonnenuntergang zu Bett gegangen sind. Nach dem indischen Heilsystem Ayurveda ist das noch immer die gesündeste Lebensart. Ich will Ihnen nicht raten, mit den Vögeln aufzustehen (wobei es jedem Menschen guttut, ab und zu einen Sonnenaufgang zu erleben), aber es kann durchaus erhellend sein, wenn wir uns die subtile Wirkung bewußtmachen, die das Licht in unseren Räumen auf uns hat.

Machen Sie noch ein anderes Experiment: Entschließen Sie sich einen Tag lang (oder gar für ein Wochenende, wenn Sie es wirklich wissen wollen) zu einem Elektrizitätsfasten – keinerlei elektrisches Licht. Beobachten Sie, wie sich das Licht mit dem Sonnenlauf in den verschiedenen Zimmern ändert, wie anders das Sonnenlicht am frühen Morgen ist, wenn es kühl und verheißungsvoll durchs Fenster strömt, als am Mittag, wenn es senkrecht vom Himmel herunterbrennt, oder am Nachmittag und Abend, wenn es die Welt in einen rotgoldenen Schimmer taucht. Haben Sie bemerkt, wie sich das Licht nach einem Regenguß oder Gewitter ändert? Oder wie am Abend die Schatten länger werden und sich die Dunkelheit allmählich über das Haus senkt? Vielleicht ist es in Ihrem Haus immer irgendwie hell, durch Straßenlaternen, die Scheinwerfer vorbeifahrender Autos oder durch eine Neonreklame. Wenn es bei Ihrem Elektrizitätsfasten so dunkel geworden ist, daß Sie nichts mehr sehen, zünden Sie Kerzen an oder ein Feuer. Beobachten Sie die Schatten, den Tanz von Schwarz auf Schwarz, all die Schattierungen von Grau. Wie fühlen Sie sich, wenn die bunten Farben des Tages in der monochromen Dunkelheit versinken?

Achten Sie bei diesem Experiment darauf, wie das wechselnde Licht Ihre Stimmung beeinflußt und die Atmosphäre im Hause. Im allgemeinen sind wir ruhiger, mehr nach innen gewandt und weniger aktiv, wenn es dunkel ist – in den Wintermonaten, am Feierabend und in der Nacht. Wenn mehr natürliches Licht da ist, haben wir mehr Energie und sind im allgemeinen fröhlicher.

Manche Leute sind so abhängig von natürlichem Licht, daß sie eine Symptomatik entwickeln, die man *SAD* nennt *(seasonal affective disorder)*, ein Jahreszeitensyndrom, was sich in Depression, Müdigkeit, Gewichtszunahme und Hunger nach Kohlehydraten in den Wintermonaten äußert. Zum Glück können sich die meisten Betroffenen mit hellen Tageslichtlampen helfen. Aber auch jene, die nicht unter SAD leiden, werden vom Licht beeinflußt, und in einem heilenden Haus ist Lichttherapie ein wichtiges Element.

Natürliches Licht verändert sich ständig vom Morgen bis zum Abend und von Jahreszeit zu Jahreszeit. Es bleibt nie gleich. Auch das Mondlicht ändert sich im Mondkreislauf. Aber wir überfluten unseren Wohnbereich tagein, tagaus mit gleichbleibendem Kunstlicht. Experimentieren Sie mit verschiedenen Arten von Licht, so daß Sie die Stimmung so beeinflussen können, wie Sie wollen. Hier sind einige Tips, wie Sie das ganze Lichtspektrum in Ihrem Haus zur Geltung bringen können.

 ## Das Heim erleuchten

Machen Sie sich das natürliche Licht zunutze, wann immer möglich. Wenn man Ihnen nicht in die Fenster schaut, dann brauchen Sie keine Vorhänge und keine Rollos – oder ziehen Sie sie ganz zurück. Ihre Privatsphäre können Sie auch durch Fenstergardinen schützen, die nur die untere Hälfte des Fensters bedecken; oder Sie nehmen ganz einfachen Netz- oder Gazestoff, der möglichst viel Licht hindurchläßt.

Lassen Sie die Vorhänge nachts offen, damit der Mond durchs Fenster schauen kann und Sie seine Phasen miterleben. Manche Leute haben sehr lebhafte Träume bei Mondlicht. Ein gelegentliches Mondlichtbad ist sehr zu empfehlen.

Von fluoreszierenden Leuchtstoffröhren ist abzuraten: Es kann müde und reizbar machen, Allergien und Streß erzeugen. Falls Sie nicht Ihr ganzes Lichtsystem austauschen können, dann ersetzen Sie die Neonröhre wenigstens durch eine Tageslichtröhre, die sehr viel angenehmer ist.

Ersetzen Sie möglichst alle Glühbirnen durch natürliche Tageslichtbirnen, sie sind teurer, aber es lohnt sich, insbesondere in Zimmern, wo Sie viel arbeiten und genau hinsehen müssen, ob Sie nun lesen oder schreiben oder eine Handarbeit machen.

Prüfen Sie in jedem Zimmer, wie flexibel die Beleuchtung ist. Sitzen Sie unter einem Strahler, der Sie wie ein großes Auge beobachtet, oder unter einem einzigen zentralen Deckenlicht? Bringen Sie an den Fokuspunkten des Raumes verschiedenartige Lichtquellen an – Spotlights, Minileuchten, Tischlampen. Gedämpftes, indirektes Licht mittels Boden- und Wandleuchten schafft Atmosphäre. Installieren Sie Dimmer, damit Sie die Beleuchtung noch flexibler gestalten können.

Falls Ihr Haus eher düster ist, dann bringen Sie durch helle Wandfarben und Möbel mehr Licht ins Haus. Gut plazierte Spiegel können Licht ins Haus werfen. Prüfen Sie, ob sich vielleicht ein Decken- oder Giebelfenster einbauen läßt. Stehen Büsche und Bäume so nah am Haus, daß sie Licht wegnehmen? Falls eine Hauswand Sie bedrängt, dann könnten Sie sie hell streichen oder einen Spiegel anbringen, der das Licht reflektiert.

Schatten ist genau so wichtig wie Licht, insbesondere wenn Sie in einem heißen sonnigen Klima leben. Sprossenfensterläden erzeugen ein wunderbares schattiges Halbdunkel, das die Hitze draußen hält. Bauschiger Muslin und Gaze zerstreuen hartes Licht und machen es weich – sie wirken noch kühlender, wenn Sie zarte Blau- und Grünschattierungen wählen. Sonnendächer und Markisen über den Fenstern reduzieren die Hitze, Bepflanzungen rund ums Haus und Kletterpflanzen an den Fenstern halten ebenfalls die Wärme ab.

Wenn Sie in der Stadt leben und niemals in den Genuß von Dunkelheit kommen, dann schaffen Sie sich schwere, undurchsichtige Vorhänge oder Holzfensterläden für Ihr Schlafzimmer an. Sie werden dann vermutlich besser schlafen. Achten Sie aber immer darauf, daß noch frische Luft zirkulieren kann.

Manchmal brauchen wir alle ein stilles Kämmerlein, in das wir uns flüchten können; irgendeinen Ort, an dem wir uns einer kleinen kreativen Depression hingeben oder wenigstens Mitleid mit uns haben können! Im Mittelalter pflegte es einen »Garten des Saturn« zu geben, ein schattiges verstecktes Eckchen unter dichten dunklen Pflanzen. Saturn ist der Gott der Melancholie, und es galt als ganz natürlich, gelegentlich an einen Ort zu gehen, wo man mit der dunklen Seite kommunizieren konnte. Es ist wichtig, irgendwo so einen »Garten des Saturn« zu haben, sei es in einem wirklichen Garten oder in einer dunklen Nische im Haus. Manchmal ist es gesund, sich aus dem hellen Tageslicht zu entfernen und sich dem Dunklen zuzuwenden – nur für eine kurze Weile.

Vergessen Sie nicht das Wunder von lebendigem Licht im Hause: Kerzen, farbige Öllampen und offenes Feuer sind alle wunderbare natürliche Lichtquellen. (Dazu mehr in Kapitel 20.)

Seien Sie erfinderisch mit dem Licht. Die Lichterkette, die Sie zu Weihnachten über einen Baum hängen, kann auch im Sommer bei einer Grillparty gute Dienste tun; hängen Sie ein farbiges Tuch über eine Lampe, und schon ist die Stimmung verändert. (Aber Vorsicht! Gehen Sie sicher, daß sich nichts entzünden kann.)

18 Ein Haus zum Anfassen

Wenn ich durch mein Haus gehe, dann gibt es eine Menge Dinge, die ich einfach anfassen muß. Ich muß meine Hand über das glatte alte Eichengeländer im Treppenhaus gleiten lassen. Ich schlüpfe aus meinen Sandalen, um den rauhen Seegrasteppich im Wohnzimmer unter meinen Zehen zu fühlen, der mich irgendwie an einen Kiesstrand erinnert. Es gibt eine alte kuschelige Indianerdecke, in die ich mich hülle, wenn es kalt ist, und einen geschliffenen Rosenquarz, der meine Stirn kühlt, wenn es sehr heiß ist.

Wie sich die Dinge in Ihrem Heim anfühlen, trägt sehr zum »Wohlfühlfaktor« Ihres Zuhauses bei. Eine Vielfalt unterschiedlicher Oberflächen bewirkt sehr viel mehr, als daß es nur interessant und attraktiv aussieht. Jedesmal wenn die Hände, Füße, das Gesicht oder irgendein anderer Körperteil mit einer anderen Oberflächenstruktur in Kontakt kommt, dann spüren Sie Ihren Körper: Es ist ein Impuls, der Sie ganz beiläufig ins Hier und Jetzt bringt und Ihnen einen Augenblick des Gewahrseins schenkt.

Zu oft treiben wir durch den Tag und leben ausschließlich im Kopf oder im Herzen, aber nur selten im Körper. Eine Überraschung für die Sinne kann Sie augenblicklich auf den Boden bringen, zum Beispiel wenn die Fußsohlen von einem warmen Schafwollteppich auf kühle Steinplatten treten oder die Hände erst glatten Satin und dann rauhes Sackleinen oder Jute zu spüren bekommen: Plötzlich erinnert man sich wieder, daß man ja einen Körper hat.

Nicht nur Form und Farbe, auch wie sich die Dinge anfühlen, entscheidet, ob man sich wohl oder unwohl fühlt. Achten Sie bei der Auswahl von Stoffen nicht nur darauf, ob sie sich gut waschen lassen, sondern auch wie sie sich anfühlen. Wenn Sie sich fragen, ob etwas seinen Preis wert ist, dann lassen Sie Ihre Hand darüber gleiten – kommt dabei ein Lächeln auf Ihr Gesicht? Achten Sie einmal auf das

Rauhe und Glatte, das Kühle und Warme, das Matte und Glänzende, das metallisch Harte und das weiche Faltige.

Beginnen Sie damit, daß Sie sich Ihre Antworten im Abschnitt »Tasten« in Kapitel 6 anschauen. Was waren die Empfindungen, an die Sie sich erinnern konnten, als Sie in das Zuhause Ihrer Kindheit zurückgekehrt sind?

Wenn da nichts aufgetaucht ist und Sie spüren, daß Sie mit der allgemein vernachlässigten Welt des Tastens nicht viel Kontakt haben, dann lassen Sie Ihren Tastsinn einmal auf eine Entdeckungsreise gehen. Designer von Stoffen und Möbeln scheinen immer mehr Spaß daran zu haben, das Oberflächengefühl mit ins Spiel zu bringen; besuchen Sie also ein paar große Einrichtungsgeschäfte und fragen Sie Ihre Finger, was sie Ihnen zu sagen haben. Und wie immer finden Sie wenige Schritte vor Ihrer Haustür die unübertreffliche Fülle der Natur – ob Sie in der Stadt oder auf dem Land wohnen. Bäume, Steine, Gras, Blätter und Pflanzen: Alles fühlt sich einzigartig an.

So ist auch die Wahl der Oberflächenstrukturen, die das »Empfinden« Ihres Hauses ausmachen, völlig individuell. Es gibt keine Vorschriften dafür, richten Sie sich einfach nach dem Lächeln auf Ihrem Gesicht. Schauen wir uns die Fülle der Möglichkeiten an, die es in der Welt des Tastens und Fühlens gibt.

Stoffe

Fühlen Sie den Unterschied zwischen Seide und Mohair, Samt und Kaschmir, Leinen und Kord. Spüren Sie, wie gut sich reine Wolle anfühlt im Vergleich zu einer synthetischen Faser; wie sich ein reines Baumwollprodukt von einem Gewebe mit synthetischen Beimischungen unterscheidet. Fassen Sie die Textilien nicht nur mit den Fingern an, fahren Sie damit über die Wange. Was sagt Ihre Haut zu den verschiedenen Materialien? Jedes ruft ein anderes Gefühl, eine andere Empfindung hervor.

Kühle Stoffe

Wenn Sie in Ihrem Wohnzimmer frische Kattunvorhänge aufhängen und die Sessel mit grob gewebtem Leinen überziehen, geben Sie dem Raum eine kühle Atmosphäre. Haben Sie kräftige, dunkle Farben ausgesucht, sieht das Zimmer vielleicht warm aus, aber sobald Sie sich hinsetzen, fühlt es sich kühl an. Baumwolle und Leinen sind wunderbar für Zimmer, die frisch und hell wirken sollen, oder kühl und ruhig. Sie sind geschäftsmäßig, ehrlich und freundlich. Auf der Haut fühlen sie sich kühl an und sind bestens geeignet für Bettwäsche – es gibt nichts Schöneres, als an einem heißen Sommertag in ein Bett zu schlüpfen, das mit Bettüchern aus reinem Leinen oder aus feinem Baumwollsatin bezogen ist.

Warme gemütliche Stoffe

Wollen Sie dem Raum eine warme, geborgene Atmosphäre geben, so wählen Sie weiche, umhüllende Stoffe. Reine weiche Wolle strahlt eine einladende Wärme aus, ebenso Chenille und angerauhte Baumwolle. Englischleder und samtige Stoffe laden zum Kuscheln ein. Legen Sie noch eine Schmusedecke aus Mohair oder Alpaca dazu, und Sie werden das Nest nicht mehr verlassen wollen!

Ein Touch von Sinnlichkeit

Für den Tantratempel gibt es einige höchst verführerische Stoffe, die romantischen Spielen sehr entgegenkommen. Samt ist der Verführer Nummer eins – weich, üppig, luxuriös. Es gibt ihn in verschiedenen Ausführungen, glatt und knitterig. Samt ist empfindlich, als Bezugsstoff also weniger geeignet, aber mit einem schweren Velourstoff können Sie die gleiche Wirkung erzielen. Aphrodite wird frohlocken.

Seide und Satin sind sehr sexy für Negligés, und ich muß sagen, daß Satin auf der nackten Haus wirklich das Nonplusultra ist. Satinbettücher sind mittlerweile allerdings out (und scheußlich zu waschen), benutzen Sie Satin also lieber für Kissen, als Tagesdecke oder zum Drapieren eines Himmelbettes.

Pelz ist natürlich ein nicht zu überbietender Genuß für den Tastsinn – hochgeschätzt in mittelalterlichen Schlafgemächern –, aber niemand mit einem Funken Gewissen wird es heute fertigbringen, Pelz zu kaufen. Wir lassen ihn daher aus, sofern Sie nicht irgendwo ein altes Erbstück hängen haben oder in einem Secondhandladen einen guten Griff machen. Manche Designer spielen mit ziemlich realistischen Imitatpelzen. Man kann wunderbare Kissen daraus machen und Überwürfe – schauen Sie sich in Stoffgeschäften um.

Leder

Leder kann entweder wunderbar sein oder eine Katastrophe. Farbiges Leder ist im allgemeinen verboten – je natürlicher, um so besser. Leder ist eines der natürlichsten Materialien und wird mit dem Alter immer schöner. Ein gutes altes abgewetztes Chesterfield-Sofa läßt in der Phantasie ehrwürdige Bibliotheken und alte Landhäuser aufleuchten. Ponyleder erinnert an Mexiko und den Wilden Westen. Wildleder ist zur Zeit ein Schlager – aber es ist empfindlich. Alle Lederarten fühlen sich interessant an – vorausgesetzt, Sie sind kein eingeschworener Vegetarier.

Bodenbeläge

Was Sie auf den Boden legen, ist nicht nur eine Frage des Aussehens, sondern des Anfühlens. Es ist einfach schön, mit nackten Füßen über einen weichen Teppich oder warme Terracottafliesen zu laufen. Der Wechsel von rauh zu glatt, von warm zu kühl ist eine Wahrnehmungsübung für unsere vernachlässigten Füße. Denken Sie nur daran, wie herrlich es ist, am Strand warmen Sand durch die Zehen rieseln zu lassen oder barfuß über frisch gemähtes Gras zu laufen oder über die alten Planken eines Schiffdecks.

Auch in Ihrem Heim könnte es die verschiedensten Bodenbeschaffenheiten geben, um Ihren Füßen einen Genuß zu bereiten und Ihre Verbindung zur Erde zu stärken: Glattes, gewienertes Parkett im

Wohnzimmer und rauhen Sandstein im Wintergarten. Wie reagieren Ihre Zehen auf einen dicken Berberteppich oder auf eine rauhe Kokos- oder Sisalmatte? Wie unterscheidet sich Marmor von Kork? Lassen Sie Ihre Zehen die Welt erforschen. Dabei geht es nicht nur um die Füße. Ein Holzboden ist sehr angenehm, wenn Sie Yoga machen; Linoleum ist warm und hygienisch und sehr geeignet zum Spielen für Kinder. Ein flauschiger Kelim lädt dazu ein, sich am Sonntag mit einem Stoß Zeitungen und einem Becher Kaffee auf dem Boden breitzumachen.

Wände

Wir vergessen oft, daß sich auch Wände gut anfühlen können. Denken Sie nur an die rauhe unebene Oberfläche von altem Mauerwerk, die geometrischen Konturen einer Holztäfelung, an spiegelglattes Glas oder schweren Stein. Beschränken Sie sich nicht nur auf Farbe und Papier, lassen Sie Ihre Phantasie spielen. Natürlich hängt es vom Stil Ihres Hauses ab, aber manchmal ist eine unverputzte Ziegelwand sehr dekorativ – gestrichen oder natur. Grob behauener Stein schafft eine sehr erdige Atmosphäre. Auch in eine solche Wand kann man mit Farbe Leben hineinbringen.

Früher war es üblich, Wände mit Stoff zu tapezieren. Heutzutage können sich nur die Reichen solchen Luxus leisten, aber für ein kleines Zimmer würde es vielleicht doch reichen – der Stoff kann ganz billig sein, wenn Sie ihn selbst einfärben. Wandteppiche waren auch sehr beliebt, aber echte sind wirklich sehr teuer. Sie könnten genausogut ein Stück erlesenen Stoff kaufen und ihn wie einen Wandteppich über eine Holzstange oder einen goldfarbenen Metallstab hängen.

Stein und Kacheln bieten sich für Badezimmer und Küche an. Es gibt eine riesige Auswahl an Steinplatten und Fliesen. Wählen Sie nicht nur mit den Augen, sondern auch mit den Fingerspitzen und Händen. Was die Küche angeht – meistens gibt es dort eine Tafel für Notizen und Nachrichten: Sie könnten beispielsweise eine ganze Wand mit Tafelfarbe streichen. Sie haben dann immer genug Platz für die Einkaufsliste, und falls Sie Kinder haben, ist das die Wand, die sie nach Herzenslust bemalen dürfen, ohne daß sich jemand beschwert. Eine Alternative wäre dicker Kork an einer Wand als riesiges schwarzes Brett: Ideal für Fotos, Postkarten, Quittungen, Nachrichten, getrocknete Blumen ...

Oberflächen

Geben Sie sich nicht mit Furnierholz und Holzfaserplatten zufrieden. Gestalten Sie die Oberflächen so, daß man gerne mit der Hand darüber streicht oder mit den Fingerspitzen darauf klopft. Denken Sie an all die verschiedenen gefärbten und gemaserten Holzarten – von dunkler Eiche, warmem Nußbaum bis zu kühlen hellen Hölzern wie Esche und Ahorn. Spielen Sie mit Stein – rauhem Beton, hartem Granit, edlem Marmor. Lassen Sie Ihre Finger über das Korbgeflecht einer Stuhllehne gleiten. Am Spültisch oder im Badezimmer könnten Muscheln und Kieselsteine in den Beton eingegossen werden. Glas, zum Beispiel für einen Kaffeetisch, kann eine glatte oder strukturierte Oberfläche haben – viele Künstler und Designer gravieren oder sandstrahlen Glas entsprechend Ihren Wünschen.

Verzierungen

Wenn sie sich keine neuen Möbel, Vorhänge oder Überzüge leisten können, dann probieren Sie es mit Bordüren, Fransen, Paspeln und dergleichen. Sie können die Atmosphäre in einem Zimmer völlig verändern.

Einfache Baumwollvorhänge können mit einer breiten Fransenbordüre oder durch einen Besatz mit einem strukturierten Stoff stark aufgewertet werden, ebenso durch Raffhalter und Quasten. Es gibt sie in allen möglichen Farben und Ausführungen, aus Seide, Wolle oder golddurchwirkt. Sie könnten sie aber auch selbst herstellen.

Bänder, Einfassungen und Schnüre putzen Kissen oder Tagesdecken heraus. Perlen fassen sich gut an – Sie könnten einen Schlafzimmervorhang damit besticken oder gar einen ganzen Perlenvorhang machen. Experimentieren Sie mit Glas-, Keramik- und Holzperlen. Was ist am angenehmsten, wenn man hindurchgeht?

Es gibt so viele wunderbare Materialien, die Sie in Ihrem Haus verwenden können, wenn Sie Ihrer Phantasie freien Lauf lassen. Vergessen Sie die Regeln und trauen Sie mehr Ihren Sinneswahrnehmungen als Ihren Gedanken. Das Endergebnis wird wahrscheinlich nicht so pflegeleicht sein wie Nylon, weniger strapazierfähig als Plastik und Acryl, aber es wird sich bestimmt sehr viel besser anfühlen. Bevor wir dieses Kapitel schließen, noch ein paar Anregungen, denen Ihre Sinne sicher nicht widerstehen können …

 ## TIPS ZUM ANFASSEN

Wenn das Wetter kälter wird, sehnen wir uns nach warmen, wolligen, flauschigen Stoffen. Vielleicht leisten Sie sich ein paar kuschelige Überdecken für Sessel und Sofa aus Wolle, Samt oder Englischleder. Oder Sie legen noch ein paar Kissen dazu, die mit einem weichen Stoff bezogen sind. Mit dem Sommer kommen dann wieder die bunten Baumwolldrucke und Leinenüberzüge hervor.

Schauen Sie sich nicht nur in der Stoffabteilung des Einrichtungsgeschäftes um. Unter den Kleiderstoffen können Sie die schönsten Funde machen für Kissen und Überwürfe. Tweed kann modern oder vornehm-ländlich wirken, aber er ist ein bißchen kratzig und deswegen nur für Accessoires geeignet, nicht so sehr als Bezugstoff für Sessel und Sofa.

Teppiche und Kelims müssen nicht unbedingt auf dem Boden liegen. Es lassen sich daraus sehr strapazierfähige Bezüge für Sofas, Sessel, Fußschemel und Kissen machen. Sie sind auch sehr nützlich, um im Winter Zugluft abzuwehren, entweder als Vorhang oder als Rolle vor einer Verandatür.

Verwenden Sie Muscheln und Kieselsteine als interessante Knäufe an Türen und Schubladen. Spüren Sie die Unterschiede von glatt und rund gegenüber rauh und grobkörnig. Bringen Sie an jeder Tür eine andere Art von Knauf an, um Ihre Sinneserfahrung auszudehnen.

Legen Sie sich ein paar Stücke edles Porzellan zu – in Trödelläden oder auf Flohmärkten zu finden. Der Tee schmeckt einfach doppelt so gut, wenn die Lippen sich an hauchdünnes Porzellan schmiegen können. Selbst in der windigsten Hütte können Sie sich mit einer solchen Tasse Tee zurücklehnen, die Augen schließen und sich vorstellen, Sie wären in einem vornehmen Salon.

Stoffe können auch einmal ganz anders verwendet werden. Wenn Ralph Lauren Sofas mit Jeansstoff beziehen kann, warum sollten Sie dann nicht erfinderisch werden? Frottee muß nicht für Handtücher reserviert sein. Man kann Rollos daraus machen oder Frotteetücher als Fußmatten vor das Bett legen. Wattiertes Frottee ist ein wunderbarer Schutz vor einer zugigen Tür. Wo steht geschrieben, daß ein Tischtuch immer ein Tischtuch bleiben muß und sich nicht in einen Vorhang verwandeln läßt?

Umgekehrt können Sie alle möglichen Stoffe als Tischdecke verwenden, so daß Ihre Gäste unwillkürlich darüber streicheln. Saristoffe sehen toll aus bei einer Party; weicher Samt hat etwas leicht Dekadentes an sich. Und wenn Sie Ihre surrealistische Seite austoben wollen, dann kaufen Sie ein paar Meter Faserpelz oder künstliches Gras!

Stellen Sie hier und da eine Schüssel auf mit Dingen, die man gerne anfaßt: glatt geschliffene Bachkiesel, marmorierte Murmeln, Sand in verschiedenen Stärken von fein bis grob. Wenn Sie sich entspannen oder vor dem Fernseher sitzen, können Sie wunderbar mit den Händen in einer Sandschüssel spielen, die Spannung fließt aus den Händen und Handgelenken ab. Was könnte man sonst noch in eine Schüssel tun? Vielleicht kühles frisches Moos? Oder Sie füllen einen Glasbehälter mit farbigem Wasser und andersfarbigem Öl. Wenn Sie die Hand hineinstecken und die beiden vermischen, fühlen Sie die Kühle des Wassers und die Wärme des Öls, und es gibt wunderbare Muster.

19 Das kreative Heim

Objekte sind Symbole für das Selbst. Die Dinge, mit denen wir uns umgeben, sind Reflexionen unseres inneren Seins, Merkzeichen der Seele. Diese Lektion haben wir schon in Kapitel 4 gelernt, aber jetzt ist es an der Zeit, uns all die Dinge, die in unserem Haus verteilt sind, genauer anzusehen.

Die wenigsten Häuser und Wohnungen sind nur mit Möbeln und Stoffen gefüllt. Selbst der größte Minimalist plaziert ein paar erlesene Objekte an wohlüberlegten Stellen. Schauen Sie sich in ihrem Heim um, und Sie werden Hunderte von Dingen sehen – Bilder, Skulpturen, Nippes, Erinnerungsstücke, dekorative Gegenstände. Sind sie sorgfältig ausgesucht, können sie uns zum Lächeln bringen, wenn wir niedergeschlagen sind, und uns an positive Dinge erinnern, wenn wir mit uns und der Welt nicht im reinen sind. Sind sie wahllos zusammengekauft und unüberlegt aufgestellt, dann bringen sie nur Verwirrung ins Haus. Manchmal sind es auch stereotype Schaustücke, die in jedem beliebigen Haus stehen könnten – leblos ohne Individualität und Seele.

Es gibt Gegenstände in meinem Zuhause, die keinen richtigen Zweck haben und nur deswegen da sind, weil ich sie liebe. Auf meinem Schreibtisch sitzt ein kleiner Buddha. Wenn ich unzufrieden bin, weil mein Schreiben nicht gut läuft oder ich gerade nicht ins Internet hineinkomme, dann schaue ich ihn an und fühle mich nicht getadelt, sondern daran erinnert, daß das Leben mehr ist als die tägliche Pflicht. Er hat einen Sprung und ist auch sonst nicht ganz perfekt (ich habe ihn aus einem Trödelladen), aber er hat Seele. Jedem Tag schenkt er ein bißchen Frieden. Ich habe auch einige handgemachte Keramikstücke, die ich liebe. Eine blau-goldene Raku-Schale erinnert mich an verborgene Schätze und tiefe Gefühle. Eine große irdene Schüssel, die uns ein lieber Freund zur Hochzeit geschenkt hat, verlangt danach, mit Essen für Freunde gefüllt zu werden oder mit einer Überfülle bunter Früchte.

Über die Jahre hat mir mein Mann immer wieder ein Stück von einem Keramikmeister aus der Nachbarschaft geschenkt: Schalen und Teller, die mit Naturmotiven bemalt sind, scheuen Elementargeistern in allen Schattierungen von Grün, versehen mit schönen Inschriften. Dann gibt es eine seltsame Figur, den »liegenden Mann« aus Indonesien, der auf meinem Kaffeetisch lauert. Dieser Tisch ist meine erste Antiquität, die mir mein Bruder geschenkt hat, als ich gerade erst zehn war. Es gibt einen ausgebleichten und etwas fadenscheinigen Teppich aus meinem Elternhaus, meine Teddybären aus der Kindheit …

Das sind einige meiner Lieblingsdinge. Was haben sie gemeinsam? Auf eine undefinierbare Weise tun sie alle meiner Seele wohl. Thomas Moore trifft wieder mal den Nagel auf den Kopf, wenn er sagt: »Schönheit muß nicht hübsch ein. Manche Kunstgegenstände sind nicht schön anzuschauen, und doch wird man von ihrem Inhalt und ihrer Form in Bann gezogen und das Herz zu tiefer Imagination angeregt.«

Die Macht von Bildern

Bilder sind machtvoll. Sie sprechen direkt zur Seele und können intensive, oft vergessene Gefühle wecken. Wenn Sie das nicht glauben, dann beobachten Sie, was geschieht, wenn Sie etwas aus Ihrer Kindheit in die Hand nehmen, vielleicht auch nur etwas, das Ähnlichkeit mit einem Gegenstand aus Ihrer Kindheit hat. Ihre Hand streicht darüber, Erinnerungen steigen auf, manchmal begleitet von überwältigenden Gefühlen. Ein altes Holzpferd, das meiner Großmutter gehört hat, versetzt mich in ihr kleines Haus auf dem Land – ich kann sogar die Mischung von Essensdüften, Tabakrauch und leichter Feuchtigkeit riechen. Als ich einmal ein Springseil in die Hand nahm, hatte ich plötzlich wieder die alten Verse auf den Lippen, die wir beim Spielen gesungen haben und erinnerte mich sogar an das scheußliche Gefühl, verspottet zu werden, als ich bei einem Spiel hinfiel.

Gegenstände haben eine bestimmte emotionale Ladung – wenn wir eine tiefe Resonanz mit ihnen haben. Aber viele Dinge, mit denen wir unser Haus anfüllen, sind irgendwie tot. Sie sind nur Lückenbüßer. Sie steuern ein bißchen Farbe bei, aber die Seele geht dabei leer aus. Warum? Weil es schwer ist, Dinge zu lieben oder auch nur zu achten, wenn es sich um Massenware handelt, die von Maschinen aus synthetischem Material hergestellt wurde, eins wie das andere. So ein Gegenstand mag modern sein, vielleicht sogar schön, und trotzdem haftet ihm etwas Lebloses an.

Wenn ein Gegenstand jedoch der Vorstellungskraft eines menschlichen Herzens entsprungen ist und mit zwei menschlichen Händen geschaffen wurde, dann hat er eine geheimnisvolle, zeitlose Qualität. Der künstlerische Schaffensakt eines Menschen hat etwas Alchemistisches an sich. Ich habe es selbst entdeckt, als ich an einem Kurs in »Ursprünglichem Töpfern« teilnahm. Wir holten uns den Ton aus einem nahegelegenen Flußbett, mischten ihn mit grobem Sand und Wasser und kneteten ihn, bis er geschmeidig war. Dann schufen wir daraus mit den Händen Gefäße, indem wir Rollen formten oder Platten und sie so aufeinander setzten, daß die Moleküle des Tons miteinander verschmolzen und eine einheitliche Form entstand. Wo ein Klumpen Ton gewesen war, war jetzt eine Schüssel. Wir ließen sie trocknen, bauten im Freien einen Brennofen und übergaben unsere Werke dem Feuer. Was weich, schwer und verletzlich hineinging, kam leichter und stabiler heraus. Meine Gefäße sind gewiß keine Meisterstücke, aber ich erlebte, was für ein großartiger Prozeß das Töpfern ist, so daß ich hohen Respekt für Leute habe, die aus Ton so wunderbare Formen schaffen.

Gegenstände für die Seele

Ich habe selbst noch nicht versucht zu schnitzen, zu drehen, Glas zu blasen, zu weben, Metall zu schlagen, Papier herzustellen, Körbe zu flechten und all die anderen Handwerkskünste, aber ich sehe sofort, wenn etwas mit Herz und Seele gemacht wurde. In einem ganzen

Raum voller Gegenstände gibt es einen, der ruft, einen, der Verbindung zur Seele hat. Das sind die Gegenstände, die Ausstrahlung haben, an denen Sie sich jedesmal freuen, wenn Sie daran vorbeigehen. Es müssen keine Objekte sein, die Ihre Gäste beeindrucken, oder in die Welt hinausschreien, wieviel Geld Sie haben, oder daß Sie voll im neuesten Modetrend liegen; vielmehr sprechen sie leise zu all denen, die Ohren haben zu hören, Augen, um zu sehen und Finger, um zu berühren.

Diese Seelengegenstände brauchen nicht die Welt zu kosten. Oft sind sie weit billiger als die tollen Modeobjekte, die in den Wohnzeitschriften herausgestellt werden. Man geht nicht los, um solche Dinge zu kaufen. Es gibt keine Einkaufsliste für »Seelendinge«. Es sind Gegenstände, die einem das Leben zuträgt, nach und nach, wir müssen nur aufmerksam sein. Wenn Ihr Heim etwas nackt aussieht, nachdem Sie es entschlackt haben, ist viel Raum für neue Möglichkeiten da. Sie können es dabei belassen (Minimalismus hat durchaus etwas für sich); oder sie füllen die Lücken mit Natur. Was ist schöner als ein eigenartig geformter Stein aus einem Gebirgsbach? Ein Stück Treibholz, das von einem Bildhauer geformt sein könnte, weil es aussieht wie ein Engel oder ein Vogel? Eine Vase voller Zweige? Ein verlassenes Vogelnest, mit Moos überwachsen, über dessen kunstfertigen Bau man nur staunen kann (aber gehen Sie ganz sicher, daß es wirklich leer ist!)

Wenn Sie durch Ihr Haus gehen, dann schauen Sie sich die Dinge an, mit denen Sie sich umgeben. Passen Sie zu Ihnen und Ihrer Persönlichkeit? Können Sie sich an allen erfreuen oder bedrücken Sie manche, machen Sie sogar depressiv? Steht vielleicht zu viel herum? Dinge haben die Fähigkeit, sich in einem alarmierenden Tempo zu vervielfachen. Sie fangen mit einem Elefanten an, den Sie lieben, und bevor Sie sich versehen, schenkt Ihnen jeder Elefanten, und Sie können sich vor lauter Rüsseln und Schwänzen gar nicht mehr retten. Es kann auch leicht dazu kommen, daß eine Sammlung das Haus oder die Wohnung in Beschlag nimmt. Sie sollten sich ganz klar darüber sein, was Sie sammeln und warum. Der Haken ist, daß wir dann auch Geschenke für unsere Sammlung bekommen, die nicht unbedingt unseren Geschmack treffen. Wenn Sie merken, daß zuviel herumsteht, dann entschlacken Sie Ihr Heim aufs neue (siehe Hinweise in Kapitel 8). Je mehr Raum Sie gewinnen, um so mehr Platz haben Sie für echte Seelengegenstände, die von der Leere nach und nach angezogen werden.

 SEELENERFORSCHUNG

Niemand kann bestimmen, was ein Seelengegenstand ist, das kann nur Ihre Seele selbst entscheiden. Aber trotzdem noch ein paar Ideen:

Schauen Sie sich alte Kulturen an, die noch Kontakt zu ihrer Seele haben und wo noch echtes Handwerk lebt: Wieviel Seele ist in der Keramik der Indianer, den gewebten Stoffen der Beduinen, den Schnitzwerken der Afrikaner, den Malereien der Aborigines!

Kulturen, die noch nicht von der Technik erobert sind, schaffen oft die schönsten Dinge, voller Lebenssaft und Seele. Italienische Töpferwaren vom Land haben einen erdigen, ehrlichen Charakter – im allgemeinen sind sie aus Terracotta oder mit einfachen Motiven bemalt. Handbedruckte indische Stoffe sind immer ein Fest für die Augen und für die Hände, ebenso Stoffe aus der Karibik oder aus Afrika. Und was kann einen handgeknüpften persischen Teppich übertreffen?

Man muß nicht die ganze Welt durchstreifen – es gibt auch in unserer Umgebung ausgezeichnete Handwerker, die wunderschöne, zeitlose Objekte schaffen: Eine perfekt gedrehte Holzschüssel, die noch nach Harz duftet; ein in seiner Schlichtheit vollendeter Shaker-Stuhl; eine handgesteppte Patchwork-Decke. Ein Nachbar von uns produziert wunderschöne Weidenkörbe – sie sind äußerst praktisch, und wir haben in fast jedem Zimmer Verwendung dafür. Achten Sie darauf, wie sich Dinge anfassen, nicht nur wie sie aussehen. Wenden Sie all die Kriterien des letzten Kapitels auf die »unnützen« Dinge an, die Sie in Ihrem Heim haben: Fühlen sie sich gut an? Möchte man sie in die Hand nehmen und über die Oberfläche streicheln? Duften sie etwa gar noch? Das wäre noch ein zusätzlicher Pluspunkt.

Bilder können der Psyche starke Botschaften vermitteln, also wählen Sie sie mit Bedacht aus. Fühlen Sie sich wohl mit den Bildern an Ihren Wänden? Oder beachten Sie sie kaum? Es ist leicht, die Wände mit Drucken und Postern zu behängen, aber ein Original ist doch etwas ganz anderes. Kunst muß nicht die Welt kosten: Besuchen Sie Ausstellungen von Akademiestudenten (wer weiß, vielleicht ist ein zukünftiger Picasso oder Monet dabei!); schauen Sie sich in Ihrer Gegend nach Künstlern und Ausstellungen um. Stöbern Sie in Trödelläden und auf Flohmärkten nach »alten Meistern«.

Auch Ihre eigenen Bilder haben Respekt verdient. Würdigen Sie sie mit einem Rahmen, Sie werden überrascht sein! Kinderkunst ist herzerfrischend originell. Auch hier wirkt ein Rahmen Wunder. Wenn Sie noch keine Künstlerin sind, dann ist es nie zu spät, um anzufangen: Ihre Werke müssen nicht vollkommen sein oder naturgetreu, und sie müssen auch nichts hermachen. Spielen Sie einfach mit Farben und lassen Sie sich überraschen. Wenn Ihnen das Ergebnis gefällt, dann hängen Sie es auf.

Eine Wand könnte für Ihre schönsten Fotos reserviert sein. Wir benutzen das Bad für die Sammlung unserer Lieblingsfotos. Neben meinem Schreibtisch hängen gerahmte Postkarten von inspirierenden Landschaften (hauptsächlich himmelstürmende Berggipfel). Wenn ich mich schlapp fühle, dann schaue ich sie an und lasse mich an meine Gipfelerfahrungen erinnern.

Haben Sie Mut: Viele Leute bescheiden sich mit kleinen unauffälligen Dekorationsstücken. Manche meinen, weil ihr Heim klein und eng ist, müßten die Gegenstände genauso sein. Nicht unbedingt: Manchmal kann ein großer Gegenstand oder ein raumgreifendes Möbelstück den gegenteiligen Effekt haben, wenn man geschickt damit umgeht.

Benutzen Sie für praktische Zwecke schöne Gegenstände. Alte Zeitungen kommen bei uns in einen wunderschönen riesigen Weidenkorb in der Küche, wo sie darauf warten, dem Altpapier zugeführt zu werden. Meine Malfarben bewahre ich in einem bäuerlichen Tontopf auf. Meine Bleistifte liegen wohlgeordnet in einer bunten chinesischen

Büchse, die an beiden Seiten Kerzenhalter hat. Sie ist zwar nicht besonders schön, aber dafür lustig und ausgefallen, was ebenso wichtig ist. Seien Sie kreativ, indem Sie allerlei Gegenstände individuell umfunktionieren; das ist viel origineller, als beispielsweise Geld für Vorratsbehälter und Büroutensilien aus Plastik auszugeben.

Leisten Sie sich ab und zu handgeschöpftes Papier und genießen Sie den Unterschied. Schreiben Sie darauf mit einem Federhalter oder einem Federkiel, den Sie mit einem scharfen Messer schräg abschneiden. Es ist wirklich etwas ganz ganz anderes, wenn man die Feder eintaucht und mit ihr über das Papier mit seinen feinen Unebenheiten kratzt, als wenn man eine Textverarbeitungsmaschine füttert oder mit dem Kuli rasche Notizen auf ein weißes Blatt Papier wirft.

Manche Dinge sind notwendigerweise High-Tech. Aber geben Sie dem Fernseher, der Stereoanlage oder dem Computer eine menschliche Note, indem Sie etwas Handgemachtes oder Natürliches darauf stellen.

Wenn Sie vorhaben, sich neue Möbel anzuschaffen, dann erwägen Sie doch einmal, sie vom Tischler machen zu lassen. Sie müssen nicht unbedingt teuer sein, und Sie können am Entwurf mitwirken. Wir haben zwei handgefertigte Tische: einen ziemlich imposanten im Eßzimmer und einen viel einfacheren in der Küche. Beide gehören einfach zu uns und unserem Haus, weil wir an ihrer Entstehung beteiligt waren, und ich glaube nicht, daß ich sie jemals hergeben würde.

20 Das natürliche Zuhause

Was sind heute die populärsten Stilrichtungen in der Inneneinrichtung? Vornehmer japanischer Minimalismus, die stilvolle Schlichtheit der Shaker, gemütlicher Landhausstil, die anheimelnde Wärme eines Holzhauses. Auf den ersten Blick liegen Welten dazwischen, aber bei genauerem Hinsehen stellt sich heraus, daß sie alle eines gemeinsam haben: die Liebe zu natürlichen Materialien.

Wenn sich Ihr Heim immer noch seelenlos und unlebendig anfühlt, dann sollten Sie die Materialien prüfen, die Sie benutzt haben. Plastik und Synthetik kann gut aussehen und ist pflegeleicht, aber es sind im Grunde tote Stoffe. Die Hand schmiegt sich nicht gerne um einen Plastikknauf, so wie sie das bei einem Holzknauf tut. Ein Vinyl-Teppichboden lädt einfach nicht dazu ein, sich darauf zu räkeln, im Gegensatz zu einem Teppich aus reiner Wolle. Künstliche Blumen bringen zwar Farbe in den Raum, aber es fehlt ihnen das Leben, der Duft und die subtile Energie eines echten Blumenstraußes.

Natur ins Haus bringen heißt, sich mit ihren Heilkräften und Segnungen zu verbinden. Der Unterschied zwischen uns und der übrigen Schöpfung wird weniger scharf. Wir kommen mit Mutter Erde und Vater Himmel in Berührung, mit der alten heiligen Anziehungskraft unseres Planeten, und sei es durch noch so kleine Gesten. Es ist auch eine Einladung an die Götter und Göttinnen, die Geister und Engel wilder und vergessener Orte.

Holz

Das Material Nummer eins, um uns mit der Natur zu verbinden, ist Holz. Das traditionelle japanische Haus ist ein Paradies aus Holz und Bambus. Die Böden sind mit duftenden Tatamimatten belegt, Wandschirme bestehen aus wohlriechendem Zedernholz. Auch das Shaker-

Haus schwelgt in Holz. Ob es naturbelassen ist oder in wunderbar zarten Farben lackiert wird, es bleibt immer Holz, das mit Hingabe gedrechselt und mit Schnitzereien verziert wurde. In Bauernhäusern wird Holz benutzt, wo immer möglich: für breite Fußbodenbretter, offene Deckenbalken, Tische und Stühle aus Massivholz. Es gibt Eichentruhen für das Leinen und abgerundete Treppengeländer, über die Generationen ihre Hände haben gleiten lassen. Und das Blockhaus? Es ist das Herz und die Seele von Holz in seinem urtümlichen Zustand – ein Loblied auf den Wald.

Holz ist ein lebendiges, atmendes Material mit den unterschiedlichsten Färbungen, Düften und Beschaffenheiten. Die meisten Stammesvölker glauben, daß jeder Baum eine Seele hat. Die Ureinwohner von Neuseeland sind zutiefst bekümmert, wenn ein Baum gefällt wird, weil seine Seele keinen Zufluchtsort mehr auf der Erde hat und deswegen zu den Sternen zurückkehren muß: ein unersetzlicher Verlust. Die Kelten verehrten die Bäume, deren Geist den Menschen freundlich oder feindlich gesinnt sein konnte. Es gibt heroische Geschichten von Baumseelen, die für ihre menschlichen Freunde in den Kampf gezogen und dabei oft umgekommen sind, weil sie sich zu lange von ihrem Baum entfernt hatten.

Junges, grünes Holz strahlt Energie und Enthusiasmus aus. Wenn es älter wird und viele Male die Jahreszeiten durchlaufen hat, dann sammelt es Weisheit an und hat eine warme, schützende Energie. Holz hat etwas Umfangendes, Liebendes und Heilendes. Benutzen Sie es, wo Sie können, aber nehmen Sie, wenn möglich, gebrauchtes Holz, und wenn es neu sein muß, dann vergewissern Sie sich, daß es aus umweltverträglichen Quellen stammt. Meiden Sie unbedingt die gefährdeten tropischen Hölzer wie Teak, Mahagoni und Limba.

Beim Renovieren könnten Sie Holzflächen von Lack befreien und die Oberfläche nur mit Leinöl oder Bienenwachs behandeln und polieren. So kommt die schöne Maserung zur Geltung. Holzböden können wunderschön aussehen, wenn man Farbe und Lack entfernt. Jeder Raum gewinnt dadurch an Wärme und Stil. Wenn Sie Farbe hineinbringen wollen, dann legen Sie einen attraktiven Teppich darauf. Holz ist nicht nur für Fußböden geeignet. Vielleicht würde dem Eßzimmer eine Holztäfelung gut bekommen oder dem Arbeitszimmer? Sie können sich nicht entscheiden, wie Sie die Fensterrahmen, die Fensterbretter, die Türen streichen sollen? Lassen Sie sie in ihrem natürlichen Zustand und versiegeln Sie sie mit einem natürlichen Holzschutzmittel oder einem umweltfreundlichen Lack.

Holz ist nicht das einzige Material, um sich mit der Natur zu verbinden. Mit Steinfliesen und Marmor bringen Sie die Stärke und Festigkeit der Erde ins Haus, mit Terracotta und Backsteinen ihre Wärme (wörtlich: »gebackene Erde«). Setzen Sie sich der stillen Präsenz von Stein aus. Benutzen Sie natürliche Farbpigmente, wenn Sie die Wände streichen. Es sieht alles wunderbar aus, hat aber auch noch einen tieferen Sinn. Die Heilerin Denise Linn sagt:

> Die Erde als Element verleiht Kraft und Stärke. Der Erdgeist bringt Stabilität, alte Weisheit und Macht. Wenn Sie dem Erdelement Raum in Ihrem Haus geben, dann wird dort eine stabile, gelassene Atmosphäre herrschen. Ihr Heim wird zu einer Festung in Zeiten des Umbruchs.

Und wie bringen wir die Erde in unser Zuhause? Ich könnte ein ganzes Buch darüber schreiben, wir haben aber nur ein Kapitel. Beschränken wir uns also auf das Wichtigste.

Stein

Es gibt Steine, die muß man einfach in die Hand nehmen. Ob sie in einem Bergbach liegen, am Wegesrand oder unter Millionen von Kieselsteinen am Meeresstrand – immer gibt es welche, die es irgendwie schaffen, in die Tasche zu gelangen. Besondere Schutzkräfte werden den sogenannten »Hexensteinen« zugeschrieben, das sind Kieselsteine mit einem natürlichen Loch. Steine können an den verschiedensten Stellen im Hause liegen. Hier noch weitere Vorschläge:

- Folgen Sie dem griechischen Beispiel und legen Sie aus Kieselsteinen mit unterschiedlicher Färbung ein Mosaik in den Boden.
- Umranden Sie das Waschbecken oder die Badewanne mit glatten, gleichmäßig geformten, eingelassenen Kieseln.
- Benutzen Sie große, schön gemusterte Steine als Türstopper oder kleinere als Papierbeschwerer.
- Legen Sie besondere Steine in eine durchsichtige mit Wasser gefüllte Glasschüssel, damit ihre Färbungen zur Geltung kommen.

Edelsteine

Edelsteine stammen aus der Schatztruhe der Erde: Sie sind der Schatz des Drachens, den wir in unser Haus bringen. Es gibt eine Richtung der Heilkunst, die nur mit Edelsteinen arbeitet, aber selbst wenn Sie das nur schwer akzeptieren können, so können Sie sich doch an ihrer Schönheit freuen.

Denise Linn rät, einen bestimmten Edelstein als »Hauskristall« auszuwählen. Reinigen Sie ihn in einer Lösung aus einer Tasse Quellwasser und einer halben Tasse Salz. Legen Sie den Stein 24 Stunden in diese Lösung. Dann »bedenken« Sie den Stein mit der Energie, die Sie gerne in Ihrem Heim haben möchten. Halten Sie ihn einfach in den Händen und fokussieren Sie Ihre Energie und Intention im Stein. Legen Sie ihn dann an einen behüteten Platz im Herzen Ihres Heims. Denise meint, man sollte den Hauskristall nicht zur Schau stellen, weil Steine leicht die Energie von Menschen, die daran vorbeigehen, aufnehmen.

Ein weiterer Stein, den Denise viel im Hause benutzt, ist ein Lingam, ein säulenförmiger Stein, der in einem Fluß glatt geschliffen wurde. Er ist zugleich das phallische Symbol der indischen Religion und der Stab von Merkur/Hermes, der in griechischen und römischen Häusern als Hüter der Schwelle verehrt wurde. Denise nennt den Lingam einen »wilden Beschützer« und sagt, daß man damit spirituell abgehobene Menschen auf den Boden bringen kann. Er ist auch ein gutes Gegengewicht für ein Übermaß an femininer Energie im Haus. Der Lingam ist ganz und gar männlich, er ist das Yang-Symbol per se. Sie könnten es wie die Griechen und Römer machen und den Lingam an den Eingang stellen, oder es mit den Indern halten und ihn regelmäßig mit Sandelholzöl einreiben und mit einem Kranz Blumen schmücken.

Es gibt die verschiedensten Kristalle, zu viele, um sie hier alle aufzuführen. Wenn Sie sich für dieses Gebiet interessieren, dann finden Sie dazu in esoterischen Buchläden eine Menge Literatur. Hier sind die gebräuchlichsten Edelsteine mit ihren Eigenschaften.

Amethyst

Beruhigend und reinigend. Hilft bei der Meditation und fördert guten Schlaf. Geeignet für das Schlaf- und Meditationszimmer.

Hämatit (Blutstein)

Entgiftend, reinigend, stärkend. Soll die Entscheidungsfähigkeit stärken und Hellsichtigkeit fördern. Legen Sie ihn ins Arbeitszimmer oder in die Küche.

Karneol

Fokussiert und motiviert, stimuliert, erhöht die Energie und Kraft. Gut für Orte, wo es um Tatkraft und Aktivität geht: Arbeitszimmer, Schreibtisch von Jugendlichen, Eingang.

Zitrin

Klare Gedanken; verleiht Selbstvertrauen und Optimismus; fördert Freundschaft und zerstreut Angst. Soll Vermögen ansammeln und bewahren. Gut in der Familienkasse, im Zimmer von jemandem, der sich auf eine Prüfung oder ein Vorstellungsgespräch vorbereitet.

Jade

Erhöht die Vitalität, heilt, harmonisiert und schützt. Soll das Leben verlängern und Gelassenheit fördern. Gut im Wohnzimmer oder im Schlafzimmer.

Lapislazuli

Ein sehr spiritueller Stein, der vor bösen Geistern schützen soll; bewahrt vor Depressionen, fördert kreativen und künstlerischen Ausdruck; hebt die geistige Klarheit und begünstigt spirituelles Erwachen. Gut in der Nähe des Bettes, im Arbeitszimmer oder dort, wo sie Ihren künstlerischen Interessen oder Hobbys nachgehen.

Mondstein

Ein Stein, der turbulente Emotionen zur Ruhe bringt, die Intuition erhöht und für das Unbewußte öffnet. Ein sehr femininer Stein, der sanfte Yin-Energie in stark maskulin geprägte Häuser bringen kann. Gut im Schlafzimmer für fruchtbare Träume; im Badezimmer; im Meditationszimmer.

Bergkristall

Der vielseitigste Kristall von allen; wird von den amerikanischen Indianern häufig als Quelle der Kraft und für Prophezeiungen benutzt. Er schafft Ausgleich und erweitert. Hilft bei der Meditation. Bergkristalle sind sehr geeignet als Hauskristall und können überall im Haus benutzt werden.

Rosenquarz

Ein schönes Symbol für Liebe, Schönheit, Familie, Kinder und Kreativität. Fördert Frieden und hebt das Selbstwertgefühl. Schön für Zimmer von Babys und Kleinkindern; für Schlafzimmer, das Herz des Hauses, die Küche oder den wichtigsten Begegnungsplatz.

Sodalith

Ein positiver, ausgleichender Stein. Er fördert körperliches Durchhaltevermögen und spirituelles Gewahrsein; hilft, objektiv zu sein, und öffnet neue Horizonte. Legen Sie ihn auf ein Fensterbrett, neben eine Tür oder auf Ihren Schreibtisch.

Tigerauge

Ein erdender, fokussierender Stein, der die Konzentration fördert und dazu ermutigt, neue Herausforderungen anzunehmen. Er fördert Optimismus, gleicht Energie aus und kann die Kreativität heben. Gut im Flurbereich, um für das Hinausgehen in die Welt zu stärken, und im Arbeitszimmer. Sehr nützlich für Schulabsolventen.

Türkis

Das ist ein Stein der Stärke, des Erfolges und der Erfüllung mit einer starken Verbindung zum Geist. Viele Indianerstämme in Amerika lieben diesen Stein. Er fördert gute Beziehungen und größere Selbstwahrnehmung. Geeignet für Wohnzimmer, Eßzimmer und Arbeitszimmer.

Pflanzen und Blumen

Wie könnte man den Geist des Gartens und der Wildnis schöner ins Haus bringen als durch eine Vase voller Blumen oder eine kerngesunde Zimmerpflanze? Hellseher sagen, jede Pflanze habe ihren eigenen Geist. Die Gärten von Findhorn, deren Fruchtbarkeit rational nicht zu erklären war, sind angeblich dadurch entstanden, daß liebevoller Kontakt zu den Elementargeistern hergestellt wurde und sie um Hilfe gebeten wurden. Wählen Sie also sorgfältig aus, welche Pflanzen Sie in Ihr Haus einladen wollen. Wichtig ist, daß Sie sich innerlich mit ihnen verbunden fühlen. Entdecken Sie, was sie mögen und nicht mögen. Farne lieben die feuchte Luft im Badezimmer, ein Kaktus haßt sie und zieht ein heißes, trockenes Fensterbrett bei weitem vor. Eine Aspidistra (Schildblume) kann in einem Flur mit wenig Licht leben, während eine Geranie dort bald ihr Mißfallen kundtun würde. Unter Feng-Shui-Gesichtspunkten betrachtet, sind Pflanzen mit weichen runden Blättern gut für das Chi; Pflanzen mit stachelig-spitzen Blättern brauchen viel Platz, wenn sie keinen Streit erzeugen sollen.

Blumen können die Stimmung in einem Zimmer sofort verändern.

Leidenschaftliches Rot, Karmesin, Lila und Braunrot haben etwas Exotisches an sich. Gelb und Orange heben die Energie, sind freundlich und fröhlich. Wie könnte man auch mißmutig sein, wenn man von einer Sonnenblume angelacht wird? Weichere Schattierungen von Blau, Rosa, Malve und Weiß strahlen eine sanfte, heilende Energie aus.

 ## IDEEN FÜR DEN GARTEN

Es gibt eine unendliche Vielfalt von Gestaltungsmöglichkeiten mit Pflanzen und Blumen – gehen Sie in einen großen Buchladen, und Sie werden ganze Regale voller Gartenbücher finden. Hier wieder einige Ideen für den Anfang:

Setzen Sie Zwiebeln für alle Jahreszeiten. Es ist jedesmal ein Wunder, wenn der Keim durch die Erde stößt und so herrliche Blüten hervorbringt. Es gibt die üblichen Favoriten wie Narzissen, Tulpen und Hyazinthen, aber versuchen Sie es auch mit exotischen Lilien und Amaryllis.

Blumen müssen nicht für teures Geld im Laden gekauft werden. Füllen Sie Krüge mit Blütenzweigen im Frühling, mit Wiesenblumen im Sommer, mit bunten Zweigen und trockenen Gewächsen im Herbst. Kräutersträuße sehen nicht nur schön aus, sie duften auch noch und halten die Insekten ab.

Bepflanzen Sie Balkonkästen mit üppiger Blütenpracht. Nehmen Sie Duftpflanzen für das Schlafzimmerfenster.

Plündern sie den Gemüsegarten: Zwiebeln, Knoblauch und insbesondere Lauch produzieren sehr eindrucksvolle Blütenkugeln in Weiß und Rosa und Lila. Verpflanzen Sie sie in einen Blumentopf und staunen Sie.

Legen Sie Ihren Gästen kleine Blumengrüße an unerwartete Orte; ein paar Lavendelzweige, mit einem hübschen Bändchen zusammengehalten, auf das Kopfkissen, dazu ein Zettel: »Süße Träume«; einen Kranz Gänseblümchen um die Untertassen beim Frühstück; Rosenblätter zwischen die Handtücher; Kräuterzweige unter die Seifenschale. Leuchtende Gerbera an den Fuß einer Kerze; eßbare Blüten auf Kuchen oder in Punsch (Borretsch, Kapuzinerkresse, Holunder, Waldmeister, Schnittlauchblüten etc.) – aber Vorsicht: auf Ungeziefer achten!

Säen Sie Kresse, wie Sie das als Kind getan haben: Sie malen Ihre Initialen mit Wasser auf ein Löschpapier und streuen dann entsprechend die Samen darauf, um einen dramatischen Effekt zu erzielen, können Sie das Löschpapier vorher noch färben. Und wenn Sie es wirklich übertreiben wollen, dann bestreuen Sie eine Fußmatte aus Kokos oder Jute mit Erde, säen Sie darauf Gras- oder Kamillesamen und halten Sie sie feucht: Das ergibt eine lebende Türmatte.

Die anderen Elemente

Bisher haben wir uns nur damit beschäftigt, wie man den Geist der Erde ins Haus holen kann. Auch wenn die Erde vielleicht das wichtigste Element für das Haus ist, weil es für Verwurzelung, Sicherheit und Stabilität sorgt, bringen auch die drei anderen Elemente wunderbare Qualitäten in das natürliche Haus. Wir wollen sie nacheinander betrachten und sehen, wie ihr Geist und ihr Wesen in unserem Haus zur Geltung kommen können.

Feuer

Wir haben schon darüber gesprochen, wie wichtig das Feuer im Herd ist, das heilige Feuer, der lebendige Geist des Hauses. Feuer bringt Energie und Leben ins Haus und gibt jedem Auftrieb, der darin wohnt. Es ist auch sehr beschützend. Eine angezündete Kerze auf Ihrem Schreibtisch wird Ihnen helfen, konzentriert und beharrlich zu arbeiten. Ein Nachtlicht in einem Kinderzimmer hält alle furchterregenden Monster ab. Ein Feuer im offenen Kamin ist ein natürlicher Sammelpunkt für die Familie oder eine wunderbare Gelegenheit für stilles Nachsinnen.

Vergessen Sie aber nicht, daß Feuer gefährlich sein kann. Lassen Sie ein Feuer oder eine Kerze niemals unbeaufsichtigt brennen. Wenn Sie Nachtlichter oder lang brennende Kerzen benutzen, dann versichern Sie sich, daß sie fest in ihrem Halter stehen, und stellen Sie die Kerze samt Leuchter in eine Schale mit Wasser oder Sand, so daß nichts passieren kann.

Kerzen sind der übliche Weg, wie man das Element Feuer ins Haus bringt. Die Kerzenfarbe können Sie einfach so auswählen, daß sie zu Ihrer Einrichtung paßt, sie könnte aber auch einem inneren Bedürfnis entsprechen. Wenn Ihnen die Idee der Kerzenmagie gefällt, dann probieren Sie es mit entsprechenden Farben:

- Rosé: Wenn Sie nach Liebe suchen oder ein Kind empfangen möchten.
- Grün: Wenn jemand krank ist, um Harmonie, Frieden, Hoffnung, Wachstum und Heilung zu fördern. Um den Wohlstand zu vergrößern.
- Gelb: Wenn Sie eine Party geben; für Freude und Freundschaft. Auch um Konzentration, Weisheit und Kommunikation zu fördern und glückliche Ereignisse herbeizurufen.
- Rot: Wenn es Sie nach Leidenschaft, Energie, starker Ausstrahlung und Liebe in Ihrem Leben verlangt.
- Orange: Wenn Sie sich für eine Party fertig machen; wenn Freunde und Familie zusammenkommen, für Freude und Glück.
- Blau: Wenn Sie meditieren oder sich erschöpft und angespannt fühlen, wirkt beruhigend und entspannend.
- Lila: Wenn Sie sich tiefere Träume oder spirituelles Gewahrsein wünschen; um zu meditieren oder für den Hausaltar; für innere Entwicklung.
- Weiß: Jederzeit! Für jedes Zimmer und jeden Zweck geeignet.

Konzentrieren Sie sich auf Ihr Ziel, bevor Sie eine Kerze entzünden und meditieren Sie darüber, während sie brennt.

Wenn Sie das Feuerelement direkt von der Sonne ins Haus bringen wollen, dann nehmen Sie ein Vergrößerungsglas und ein Stück Papier, halten Sie das Glas so lange über das Papier, bis es brennt, und entzünden Sie mit diesem Fidibus eine Kerze.

Eine schöne Idee ist eine Feuerzeremonie: Schreiben Sie auf ein Stück Papier alle Ihre Wünsche für Ihr Heim, oder zeichnen oder malen Sie sie auf. Nun übergeben Sie das Blatt dem Feuer und schauen zu, wie es verbrennt. Dabei stellen Sie sich vor, daß das Feuer Ihre Bitten zum Himmel trägt, so daß sie dann Wirklichkeit werden.

Wasser

Wasser besänftigt und beruhigt die Seele; es wirkt reinigend und heilend. Bedenken Sie, daß es bis zum heutigen Tag bei der Taufe verwendet wird. Um die Energie des Wassers in Ihr Haus zu bringen, insbesondere wenn die Luft sehr trocken ist, stellen Sie zahlreiche Schalen mit frischem sauberen Wasser auf. Sie könnten daraus Ornamente machen, indem Sie schöne Steine oder Muscheln hineinlegen oder Blütenblätter oder ganze Blüten darin schwimmen lassen.

 WASSER INS HAUS BRINGEN

Kaufen Sie ein Aquarium und setzen Sie Fische hinein. Wenn Sie Feng Shui folgen, dann nehmen sie Goldfische, weil sie Wohlstand mit sich bringen. Falls Sie etwas Exotischeres wollen, dann schauen Sie sich um in der Welt der Zierfische. Vom verdrießlichen Wels bis zum modischen Neonfisch finden Sie die abenteuerlichsten Formen und Farben.

Installieren Sie einen kleinen Wasserfall in Ihrem Heim und genießen Sie den beruhigenden Klang plätschernden Wassers – ein Steckenpferd von Feng Shui, weil Wasser das Chi anhebt. Man kann die verschiedensten Modelle kaufen, ganz einfache und sehr kunstvolle; oder Sie bauen sich selbst einen mit einem tiefen Gefäß, einer kleinen elektrischen Pumpe (aus Garten- oder Aquariumgeschäften) und Steinen und Felsen.

Versprühen Sie regelmäßig Wasser in Ihrem Haus. Die Pflanzen lieben es. Es heißt, daß man dadurch unangenehme emotionale Ladungen neutralisieren und heilende negative Ionen vermehren kann. Benutzen Sie Quellwasser, dem Sie auch Blütenessenzen oder homöopathische Mittel zusetzen können, um den Effekt zu verstärken.

Was das Badezimmer oder die Dusche angeht, so kommen wir darauf noch in Kapitel 23 zu sprechen.

Sorgen Sie für sauberes Wasser in Ihrem Heim, indem Sie Wasserfilter benutzen – ideal wäre ein zentraler Filter, durch den das gesamte Wasser läuft. Wichtig ist, daß Filter regelmäßig gereinigt und gewartet werden.

Fangen Sie Regenwasser zum Haarewaschen auf – es ist so schön altmodisch. Stellen Sie eine Schale Wasser in einer mondhellen Nacht hinaus, um das Mondlicht einzufangen. Stellen Sie die Schale neben Ihr Bett und warten Sie auf interessante Träume.

Luft

Wir sind immer von Luft umgeben, aber sie kann leicht stagnieren und abgestanden sein. Denken Sie nur daran, wie frische Luft beleben kann, etwa in den Bergen, im Wald oder am Meer. Bringen Sie die ganze Kraft des Elements Luft in Ihr Haus.

 LÜFTEN

Häuser müssen atmen. Öffnen Sie die Fenster (besonders in Schlafzimmern) und sorgen Sie für Durchzug. Verbessern Sie die Qualität der Luft (besonders, wenn Sie in der Stadt leben), indem Sie einen Ionisierer aufstellen, durch den die Luft frischer riecht und mehr Energie erhält. Wichtig ist, Ionisierer in Zimmern mit Fernseher oder Computer zu haben.

Wenn möglich, schlafen Sie im Sommer draußen. Hängen Sie eine Hängematte im Garten, auf der Veranda oder dem Balkon auf.

Ventilatoren halten die Luft in Bewegung, sorgen für Kühle und liegen im Trend: Nehmen sie einen altmodischen für die Decke oder einen verchromten für den Boden oder den Tisch.

Das Verbrennen von Räucherwerk oder das Verdampfen von ätherischen Ölen gilt in alten Kulturen schon immer als eine Möglichkeit, die Luftgeister anzuziehen. (Siehe dazu Kapitel 16.)

216

TEIL VI
EIGENRAUM

21 Ein Refugium für die Seele

Kürzlich stand eine amüsante Geschichte in der Zeitung. Darin hieß es, das Gartenhäuschen sei oft der Retter moderner Ehen. Männer, die ein geheimes Versteck haben, in das sie verschwinden können – sei es das Gartenhäuschen, die Garage oder die Werkstatt –, kommen mit ihrer Beziehung viel besser zurecht als jene, denen ein solcher Rückzugsort fehlt. Die Medien machen sich zwar darüber lustig, aber die Sache ist durchaus ernst. Wir brauchen einen Raum, der nur uns gehört, in dem wir ganz wir selbst sein können: irgendein Versteck, in das die Welt keinen Zutritt hat, wo ich ganz mit mir allein bin.

Meine erste Reaktion auf die Geschichte war: »Das ist doch klar«, worauf bald folgte, »aber nicht nur für Männer«. Männer haben schon immer solche Rückzugsorte gehabt – nicht nur zu Hause, sondern auch in der Gesellschaft, in ihren diversen Clubs und Vereinen. Man hat immer gewußt, daß Männer einen Ort abseits von Verantwortung, von Beruf, von Frauen, von Kindern brauchen. Bedauerlicherweise gesteht die Gesellschaft dieses Bedürfnis den Frauen nicht zu. Das war einmal anders: Sogenannte primitive Gesellschaften haben sowohl Männern wie Frauen Rückzugsmöglichkeiten zu bestimmten, regelmäßigen Zeiten gewährt. Alleinsein war immer ein Element der Übergangsriten (Pubertät, Eheschließung, Trauer), aber es gehörte auch zum Alltagsrhythmus – etwa zum Monatszyklus der Frau oder zum Kreislauf der Jahreszeiten. Frauen zogen sich während der Blutung zur Kontemplation zurück. Bei jahreszeitlichen Festen gab es Zeiten der Innenschau für Frauen und Männer, die den großen öffentlichen Zeremonien vorausgingen. Auch unsere Vorfahren hatten noch dieses Wissen; sie zogen sich für einige Zeit zurück oder gingen auf Wallfahrten.

Jeder von uns, ob Mann oder Frau, Kind oder Erwachsener, verheiratet oder nicht, braucht einen Raum, der ihm ganz allein gehört, oder wenigstens einen Ort, wo wir von Zeit zu Zeit die Tür schließen können und nicht gestört werden. Psychologen pochen darauf. Clare Cooper Marcus beschreibt es so:

> Ein eigenes Zimmer im Heim ist für gute Beziehungen zwischen einem Paar und unter den Familienangehörigen entscheidend. Das eigene Schlafzimmer oder Arbeitszimmer erlaubt der Person, sich in ihre Privatsphäre zurückzuziehen und den anderen deutlich zu machen, daß sie Zeit für sich braucht.

Das wissen auch einsichtige Architekten. David Pearson, der Wortführer der natürlichen Architektur und Autor des Buches *The Natural House Book*, sagt es deutlich: »Alle Mitglieder eines Haushalts brauchen Raum für sich, wo sie ganz sie selbst sein können, frei von allen Störungen.«

»Ganz sie selbst«, das ist der Schlüssel. Wenn wir einen Raum mit anderen teilen, dann können wir gar nicht anders, als unsere *Persona* aufzusetzen, die Maske, die uns erlaubt, mit der äußeren Welt und mit anderen zurechtzukommen. Ob eine Maske starr oder flexibel ist, hängt von den Menschen ab, die uns umgeben. Wie sehr wir uns auch geliebt und angenommen fühlen mögen, wir tragen trotzdem eine Maske, auch wenn sie nur locker sitzt und ein glückliches Gesicht zeigt. Aber in unseren eigenen vier Wänden kann die Maske abfallen: Allein mit uns selbst, ohne die Notwendigkeit, die Rolle des Freundes, der Mutter, der Geliebten zu spielen, können wir unserer eigenen Seele begegnen.

Tenemos, das Heiligtum der Götter

Es ist nicht immer leicht, mit sich allein zu sein. Falls das in Ihrem Leben so gut wie nie vorkommt, dann überlegen Sie mal: Haben Sie vielleicht Angst vor dem, was zum Vorschein kommen könnte, wenn Sie ehrlich und aufrichtig Zeit mit Ihrem Selbst verbringen? Ich hatte Angst. Jahrelang war ich arbeitssüchtig, hatte nie Zeit innezuhalten und nachzudenken. Wenn ich schließlich aufhörte zu arbeiten, dann ging ich aus, und wenn ich nicht ausging, dann saß ich vorm Fernseher. Selbst wenn ich meine Stickerei machte, sah ich gleichzeitig fern. Es schien, als wagte ich nicht, mir selbst zu begegnen. Aber mit der Zeit entwöhnte ich mich und stieg aus dieser Tretmühle aus. Ich lernte, mir selbst gegenüberzutreten. Um ehrlich zu sein – es war nicht leicht und es war nicht angenehm, und das ist es immer noch nicht. Aber es ist ein Prozeß, durch den wir alle gehen müssen, wenn wir wahrhaftig sein und unser eigenes wahres Selbst finden wollen.

Ich hatte Glück. Wie durch Zufall fand ich einen Ort, wo mir auf dieser Reise geholfen wurde, und ich lernte, wie notwendig es ist, einen ruhigen Platz für die Seele zu haben. Das Pelican Center, das es nun leider nicht mehr gibt, hielt Kurse und Workshops auf der Grundlage der Psychologie C. G. Jungs ab und bot regelmäßig Retreats an: Rückzug in die Stille. Es war ein heilender Hafen, ein Refugium, ein *Tenemos*. Thomas Moore erklärt dazu: »Tenemos war für die alten Griechen der geheiligte Bezirk eines Gottes, einer Göttin oder eines anderen Geistwesens, von dem eine wohltätige Wirkung auf das menschliche Leben ausging.«

Das Pelican Center war voller Geister. Wenn wir zu später Stunde im Atelier malten, dann schien der Ort mit überirdischen Wesen voll zu sein. Wir machten in der Stille unglaubliche Entdeckungen über uns selbst, über einander und über die Welt. Tiefe, rohe Gefühle wurden aufgedeckt, alte Verletzungen kamen wieder an die Oberfläche, um im klaren heilenden Licht des Tages analysiert oder in der warmen Dunkelheit der Nacht sanft umfangen zu werden. Es war, als befänden wir uns in einem alchemistischen Tiegel.

Kurz bevor das Zentrum geschlossen wurde, machte ich dort ein sechstägiges Retreat. Wir waren sechs Personen und verbrachten die Woche in wohltuendem Schweigen. Ich las und malte und ging im Garten spazieren. Die Pflichten und der Streß des Alltags fielen von mir ab, und ich fühlte mich enorm erleichtert, aber auch sehr traurig. Ich war traurig, weil ich hier, nur wenige Meilen von meinem wunderschönen Zuhause entfernt, einen Frieden und eine heitere Gelassenheit fand, die ich in meinem eigenen Haus einfach nicht verwirklichen konnte.

Wie kommt es, so fragte ich mich, daß ein Ort ein Refugium ist und ein anderer nur ein Haus? Das Pelican Center wurde von fähigen Therapeuten geleitet, die wußten, wie man einen Raum schafft, der Heilung und Selbsterkenntnis begünstigt. Aber es gab auch noch andere Faktoren, die man in jeden Raum übertragen konnte. Ich erkannte, daß das Rezept für mich in etwa so aussah: Achtung und Respekt für mein Bedürfnis nach Privatsphäre und Stille; keine Zeitungen, kein Radio, kein Fernsehen; kein aufdringliches Telefon; die Möglichkeit, mich von der Außenwelt zurückzuziehen; Zeit, um in der Natur zu sein; Zeit zu malen, zu denken und zu lesen, kurzum *Muße*; ein Zimmer ganz für mich allein.

Je mehr ich darüber nachdachte, um so mehr erkannte ich, daß diese Dinge durchaus innerhalb meiner Reichweite lagen. Als ich nach Hause kam, schritt ich zur Tat. Ich nahm den Anrufbeantworter aus meinem Arbeitszimmer und verlegte ihn nach unten. Wenn ich jetzt arbeite und nicht gestört werden möchte, dann lege ich das Telefon in meinem Büro still und lasse den Anrufbeantworter unten die Anrufe entgegennehmen. Wir kündigten unsere Abonnements für Sonntagszeitungen, und ich entwöhnte mich vom Fernsehen, auch von den Nachrichten. Ich kaufte eine Hängematte und befestigte sie zwischen zwei Bäumen im Garten, als ein Ort zum Nachsinnen unter einem grünen Baldachin. Und vor allem: Wir verwandelten ein ungenutztes Schlafzimmer in mein Atelier – wo ich malen, lesen oder einfach aus dem Fenster schauen kann. Es ist ein Ort, der ganz meiner Seele gehört. Arbeitsbücher dürfen nicht hinein, und wenn ich die Tür schließe, dann weiß ich, daß mich niemand stören wird. Es ist ein kleines einfaches Zimmer, aber so bald ich es betrete, tut meine Seele einen tiefen Seufzer der Erleichterung. Ich schließe die Tür, und es ist ein wahres Tenemos, ein Refugium, ein Heiligtum.

Das eigene Refugium finden

Haben Sie einen Ort, wo sie sich vollkommen sicher fühlen, ganz geborgen und in Frieden mit Ihrer Seele? Wenn nicht, dann stellen Sie sich vor, wie ein solcher Ort aussehen sollte. Ich habe meine Geschichte nur als Beispiel erzählt – Ihre Bedürfnisse könnten ganz anderer Art sein. Die Frage ist, was braucht Ihre Seele, um durchatmen zu können?

Wenn Ihre spontane Reaktion so aussieht, daß Sie sich gar nicht vorstellen können, was es heißt, der Seele Raum zum Atmen, zum Nachsinnen, zum Sein zu geben – dann könnten Sie sich einmal nach einem Retreat-Zentrum umsehen. Es gibt heutzutage viele – manche gehören zu Klöstern, Konventen und Heiligtümern und sind religiös geprägt; andere gehören keiner Glaubensrichtung an oder sind ganz weltlich. Aber die guten haben alle diese Atmosphäre des Tenemos, eines Ortes, an dem der Geist zu Hause ist. Ihre Seele sollte aufatmen, wenn sie diesen Ort betreten, und ein bißchen traurig sein, wenn Sie ihn verlassen. Sie fühlen, daß sie gerne wiederkommen würden. Wenn Sie einen solchen Platz gefunden haben, überlegen Sie, wodurch er diese Qualitäten erhält. Suchen Sie die Antwort nicht nur in den äußeren Gegebenheiten, dem großen Garten, der herrlichen Kapelle. Fragen Sie sich, was die Essenz dieses Ortes ist. Dann können Sie versuchen, etwas von diesem Gefühl in Ihrem eigenen Heim zu verwirklichen.

IHR REFUGIUM

Wenn Sie bereits ein Zimmer haben, das Ihr Refugium ist, um so besser. Sollten Sie aber sogar Ihr Schlafzimmer mit jemandem teilen, dann müssen Sie sich etwas einfallen lassen. Wir werden uns damit im nächsten Kapitel befassen. Hier geht es darum, wie man aus einem normalen Zimmer ein Heiligtum macht.

Versuchen Sie das Zimmer so sauber und ordentlich wie möglich zu halten. Wenn Ihr Blick ständig auf unerledigte Arbeit und Staub fällt, dann übernimmt ihr Verstand das Ruder. Denken Sie an Kirchen, heilige Orte, eine Waldlichtung. Alles ist darauf ausgerichtet, die Seele anzusprechen, anstatt den Verstand zu beschäftigen.

Vielleicht wollen Sie an diesem Ort überhaupt keine Dekoration. Wenn ja, dann wählen Sie Farben, die Ruhe und Frieden ausstrahlen. Viele Leute lieben Weiß, das die klassische Einfachheit einer Mönchszelle hat, aber ein stilles Blau oder eine der spirituellen Farbtöne wie Malve oder Lavendel sind gute Alternativen. Oder ruft Ihre Seele nach etwas weniger Traditionellem? Vielleicht nach einem holzgetäfelten Atelier oder einem gebärmutterartigem Nest? Wenn es Sie nach Einhüllung verlangt, dann könnten Sie innerhalb Ihres Zimmers eine Art Zelt errichten. In Indien schmückt man ein Zimmer oft damit, daß ein prächtiges Zelt darin aufgestellt wird. Sie brauchen dafür nur sehr viel Stoff – entweder bauschigen weißen Muslin oder einen gemusterten Stoff.

Zu einem heiligen Raum gehört ein religiöses Kunstwerk. Vielleicht gibt es etwas, das in Ihrer Seele Resonanz hat, vielleicht eine Ikone der Jungfrau oder das Gemälde eines Erzengels? Eine Buddha-Statue oder eine Abbildung einer Hindu-Gottheit? Eine Skulptur der Muttergöttin oder einer ägyptischen Gottheit? Vielleicht etwas aus der Natur – einen Stein oder eine Wurzel? Eine Vase voll herrlicher Blumen oder ein Arrangement aus Blättern und Wiesenblumen?

Gönnen Sie sich etwas Bequemlichkeit. Ich bin keine große Anhängerin davon, den Körper zu martern, um die Seele zu befreien. Lieber habe ich große weiche Kissen und warme Teppiche um mich als Steinboden ohne Heizung. Ein guter Stuhl ist ein Segen. Ich liebe Schaukelstühle, weil durch die sanfte Bewegung meine Seele ins Träumen kommt. Ein gemütliches Sofa oder ein Lehnstuhl kann aber auch gute Dienste leisten – und ein Haufen Kissen auf dem Boden.

Reduzieren Sie die technischen Apparate auf ein Minimum. Werfen Sie Fernseher und Videogerät hinaus, verlegen Sie das Telefon und kaufen Sie sich einen Anrufbeantworter, falls Sie noch keinen besitzen. So können Sie bestimmen, wann Sie Kontakte haben wollen und wann nicht. Widerstehen Sie dem mobilen Telefon, das Hermes so sehr liebt (warum sollten Sie ständig für die ganze Welt in Rufweite sein?). Wenn das nicht möglich ist, dann vergewissern Sie sich, ob es wirklich Ihren Interessen dient. Schalten Sie es ab, wenn Sie sich zurückziehen. Die Welt kann warten. Sie hat die letzten Jahrtausende auch ohne Mobiltelefon existiert. Entwickeln Sie statt dessen Ihre Intuition.

Die Seele braucht Stille, um sich mitzuteilen. Nehmen Sie sich Zeit für stille Meditation – ohne daß der Fernseher oder die Stereoanlage im Hintergrund laufen. Wenn Sie einfach nur nach innen hören, hat Ihre Seele Gelegenheit, eine Unterhaltung zu beginnen.

Schenken Sie sich und Ihrem Refugium Zeit. Sie können nicht erwarten, hineinzugehen, sich hinzusetzen und sofort erleuchtet zu werden. Einfach nur sein. Still sitzen. Was würde Ihre Seele gerne tun? Horchen Sie darauf. Manchmal gibt es keine Antwort. Aber geben Sie nicht auf. Vertrauen Sie darauf, daß die Götter kommen werden, wenn Sie sich einen Tenemos schaffen, einen heilenden Raum.

22 Eine stille Ecke

Vielleicht haben Sie nicht den Luxus eines ganzen eigenen Zimmers. Das macht nichts – Sie können trotzdem ein kleines Fleckchen für die Seele finden, und wenn Ihr Wohnraum noch so klein ist und Sie ihn mit anderen teilen müssen. Sie müssen sich nur mehr nach innen wenden – und einfallsreicher sein.

In der russisch-orthodoxen Spiritualität gibt es den Begriff *poustina*. Poustina kann ein physischer Raum sein, ein Rückzugsort oder der geheime Ort im Herzen, eine Einsiedelei im Inneren. Es ist ein tröstlicher Gedanke, daß selbst im größten Gedränge niemand unser inneres Poustina betreten kann – außer wir laden ihn dazu ein.

Durch die Schaffung eines inneren Heiligtums haben die Menschen die unglaublichsten Bedrängnisse überlebt. Es ist gut, sich das klar zu machen, falls Sie jetzt glauben sollten, daß Sie sich kein Refugium schaffen können, weil Sie einfach nicht den Platz dafür haben.

Tatsache ist, daß die wenigsten von uns so wenig Raum zur Verfügung haben, daß sie nicht einmal eine Ecke für sich abzweigen könnten, die sie ihr eigen nennen. Gibt es in Ihrem Heim irgendwelche Räume oder Ecken, die vernachlässigt oder unbenutzt sind? Haben Sie einen staubigen Dachboden, der in einen Rückzugsort verwandelt werden könnte? Oder einen Keller oder ein Gartenhäuschen? Könnten Sie das Gewächshaus in Beschlag nehmen oder die Rumpelkammer? Wenn nicht, dann überlegen Sie, wo Sie sich in Ihrem Haus am geborgensten fühlen. »Die meisten Menschen haben einen Lieblingsplatz«, sagt David Pearson, »eine Ecke am Kamin, den Schaukelstuhl beim Kachelofen ... ein halb versteckter Sitz am Fenster, Nischen und Schlupfwinkel, die Bank auf der Veranda ...«

Natürlich hat er recht, aber viele von uns haben keine so romantischen Ecken in ihrem Heim. Andere Plätze können genauso wohltun: eine bestimmte Stufe auf der Treppe; der Küchentisch, wenn alle aus dem

Haus sind; ein Teppich vor dem offenen Feuer; das Badezimmer oder die Waschküche. Gibt es irgendwo eine stille Ecke? Als ich Kind war, hatte ich mein Versteck hinter dem Sofa unter den französischen Fenstern. Auch als Erwachsener braucht man noch seine Ecke. Könnten Sie sich vielleicht mit einem Wandschirm oder einem Vorhang helfen?

Um es noch einmal zu sagen: Es scheint, daß Frauen in dieser Hinsicht irgendwie benachteiligt sind. Es ist beispielsweise noch immer üblich, daß ein bestimmter Stuhl dem Familienoberhaupt gehört, und oft haben Männer ein stilles Arbeitszimmer, in das sie sich zurückziehen können. Aber Frauen genießen dieses Privileg selten – sie haben in der Regel kein eigenes Zimmer, oft nicht einmal ein »eigenes« Möbelstück. Das ist eine Kränkung für Hestia und ebenso für Artemis, die andere archetypische Göttin. Sie ist eine jungfräuliche Jägerin, die ohne den Frieden der Einsamkeit nicht existieren kann – fern von allen Bedürfnissen und Forderungen der Menschen. Auch Athena, die Göttin der Weisheit, braucht einen Ort für sich, wo sie lesen, forschen und nachdenken kann. Übrigens war Athena auch eine Weberin, und alle Aktivitäten wie Weben, Stricken und Sticken sind wunderbare Formen der Meditation, in denen man vom Rhythmus des Webschiffchens oder der Nadeln in einen Zustand stiller Besinnung kommt. Um Ihrer Seele willen, nehmen Sie einen Stuhl oder eine Ecke in Besitz, irgendeinen Ort, auf den Ihr Name gestempelt ist, wo andere anklopfen, bevor sie eintreten oder fragen, bevor sie Gebrauch davon machen.

Der Hausaltar

Es gibt noch eine andere Möglichkeit, wie Sie Ihr Heim zu einem Heiligtum machen können. Dafür brauchen Sie sogar noch weniger Raum. Errichten Sie einen Altar oder mehrere Altäre in verschiedenen Zimmern. Das Wort Altar läßt Bilder von heiligen Messen oder heidnischen Ritualen auftauchen. Ein Altar ist aber nichts anderes als ein spiritueller Fokus, eine kleine Heimstatt für den Geist.

Menschen haben zu allen Zeiten Altäre oder Schreine geschaffen. Es gibt Anhaltspunkte dafür, daß schon unsere Vorfahren in der Jungsteinzeit bestimmte Orte heilig gehalten und ihnen eine numinose Qualität zugeschrieben haben. Im alten Griechenland und Rom wurden, wie wir schon gesehen haben, in jedem Haus Altäre für die Laren und Penaten und andere Götter errichtet. Aber heutzutage findet man in westlichen Häusern nur noch selten Spuren von heiligen Orten oder Altären (außer bei Menschen, die einer orthodoxen Religion angehören). Und doch ist es ganz einfach, einen Altar einzurichten. Man braucht nur wenig Platz – es könnte ein Fensterbrett sein, ein Tisch, ein Teil Ihres Schreibtisches, ein Fach im Bücherregal ... Bestimmt ist Ihnen jetzt schon ein geeigneter Ort eingefallen. Ich möchte wetten, daß Sie dort auf irgendeine Weise, und sei es ganz bewußt, schon eine Art Altar haben. Vielleicht sind es zwei geliebte Fotos, vielleicht ein Kristall oder eine Kerze, vielleicht ein Halter für Räucherstäbchen und daneben eine Vase mit Blumen.

Das sind bereits Altäre – kleine Fokuspunkte, an denen Sie innehalten, nachsinnen, vielleicht ein Gebet sprechen oder an jemanden denken, den Sie lieben. Was Sie auf Ihren Altar stellen, ist völlig Ihre Sache. Aber es sollten Dinge sein, die direkt zu Ihrer Seele sprechen, nichts, was nur gut aussieht oder sich gut anfühlt, sondern Dinge, die eine tiefe Resonanz in Ihnen hervorrufen.

Meist haben die Gegenstände auf einem Altar eine friedliche Wirkung, aber manchmal rufen sie alle möglichen Emotionen wach, Ängste, Unsicherheiten und unerfüllte Bedürfnisse. Die Hindu-Göttin Kali ist dafür ein gutes Beispiel. Kali ist eine machtvolle Göttin des Lebens und der Stärke, aber sie verschlingt auch das Leben und tanzt auf den Körpern der Toten mit einer Kette aus Totenschädeln um den Hals. Aber die Lektion von Kali ist tief und wichtig. Kein Wachstum ohne Verwesung; nichts Neues ohne Abschied vom Alten. Wählen Sie also sorgfältig aus, was Sie auf Ihren Altar stellen, und tauschen Sie die Gegenstände bei Bedarf aus.

Ein Altar der Elemente

Wenn Sie nicht wissen, was Sie auf Ihren Altar stellen können, dann halten Sie sich an den guten alten Brauch der meisten traditionellen Gesellschaften, die auf ihren Altären die vier Elemente repräsentieren. Das Element Erde wird in etwas Lebendigem verehrt, zum Beispiel einer Pflanze, oder mit einem Stück Erdsubstanz, etwa einem Stein, einer Schale mit Erde, einem Keramikgefäß oder einem schönen Stück Holz. Das Element Luft kommt durch Räucherwerk zur Geltung, durch den Rauch, der von der Luft in den Himmel getragen wird. Kaufen Sie sich Räucherstäbchen oder verbrennen Sie trockene Kräuter auf einem Stück Holzkohle in einem feuerfesten Behälter. Wenn Ihnen Räucherstäbchen nicht zusagen, dann können Sie ebensogut eine Aromalampe nehmen. Das Element Feuer wird durch Kerzen gegenwärtig und das Element Wasser durch eine Schale mit reinem Quellwasser oder durch etwas, das zum Wasser gehört, sei es Sand vom Meeresstrand, ein Kieselstein oder eine Muschel. Sie können ein Mandala hinzufügen, das Bild eines Heiligen oder eines Engels, vielleicht eine Statue, einen Kristall, frische Blumen …

Ich versuche, meinen ganzen Schreibtisch in einen Altar zu verwandeln: Eine Kerze brennt darauf, und zu meiner Rechten thront ein besonders friedvoller, heiterer Buddha. Ein grimmiger Schutzdämon sitzt auf meinem Computer und erinnert mich daran, stark zu sein und keinen Unsinn zuzulassen. Neben ihm steht eine wunderschöne goldene und azurblaue Raku-Schale, die mir zeigt, daß Vollendung nicht Perfektion sein muß; sie ist schön trotz der Sprünge und der verlaufenen Glasur. Oft zünde ich eine Aromalampe an, um meinen Kopf klar zu haben, aber auch, weil sie dazu beiträgt, meinen Arbeitsplatz in eine kleine Oase der Sammlung und Ruhe zu verwandeln.

Ich habe festgestellt, daß die meisten Leute, selbst in hektischen Büros, ihre Computer irgendwie schmücken. Wenn Ihr Arbeitsplatz die Küche ist, dann haben Sie wahrscheinlich etwas Ähnliches mit dem Kühlschrank oder dem Fensterbrett gemacht. Tief in unserer Seele existiert das Bedürfnis nach solch einfachen Spuren des Heiligen.

Spiritueller Schutz

Es begeistert mich, scheinbar leblose Gegenstände mit Geist auszustatten. Warum sollten wir es beim Computer oder der Kühlschranktür belassen? In alten Zeiten war es üblich, überall im Haus Zeichen des Schutzes und des Gebets anzubringen. Die Türschwelle wurde oft dadurch geschützt, daß man ein Messer, eine offene Schere oder irgendeinen Gegenstand aus Eisen darunter vergrub. Hufeisen hingen über der Haustür und dem Scheunentor als ein Symbol für Glück und um den Teufel abzuhalten. Auf den griechischen Inseln habe ich über den Türen oft Girlanden aus Knoblauch und Wildblumen gesehen, angeblich um Vampire und böse Geister abzuhalten. Wir tun dasselbe mit Blumenkränzen am 1. Mai und Adventskränzen in der Weihnachtszeit. In Indien sieht man oft, daß die Türen, ja sogar die Scharniere, mit schützenden Zeichen bemalt sind. In traditionellen Gesellschaften auf der ganzen Welt wurden auf die Häuser Schutzsymbole gemalt, um das Böse fernzuhalten. Glaskugeln und Spiegel wurden in die Fenster gehängt, um böse Geister abzuwehren.

Obwohl wir heute nicht mehr so abergläubisch sind (oder wenigstens gerne glauben, daß wir es nicht sind), fühlt es sich doch sehr stimmig an, dem Haus spirituellen Schutz zu verleihen. Ich bin durchaus dafür, die Hexenkugeln und Hufeisen wieder einzuführen und Symbole auf die Türen und Fensterläden zu malen. Sie sehen schön aus und machen Ihr Haus zu Ihrem eigenen. Sie sind auch ein Tribut an das spirituelle Leben der Seele.

Das Wichtigste von allem ist, daß Sie Ihr *Poustina* nicht vergessen. Wenn es Ihnen scheint, als könnten Sie auch nicht den kleinsten Platz für Ihre Seele in Besitz nehmen, dann erinnern Sie sich daran, daß der heilige Ort mehr der Zeit als des physischen Raumes bedarf. Wenn Sie sich täglich eine Stunde Zeit für sich und Ihre Seelenarbeit nehmen, dann wird sich auch die äußere Welt bald verändern. Wenn die Kinder in der Schule sind, ist ihr Spielzimmer frei, wenn der Partner bei der Arbeit ist, benutzen Sie das Schlafzimmer. Aber diese Zeitspanne muß

Ihnen ganz allein gehören. Machen Sie es wie die Hotels, benutzen Sie das gute alte Zeichen »Bitte nicht stören«. Lassen Sie Ihre Familie, Ihre Zimmergenossen, Ihre Freunde und Nachbarn wissen, daß es Zeiten gibt, zu denen Sie einfach allein sein müssen. Sie können solche Zeiten auch ankündigen und sagen, wie lange Sie nicht verfügbar sind. Dann schließen Sie einfach die Tür, lehnen sich zurück und schenken Ihrer Seele jeden Tag ein klein wenig Frieden.

23 Badefreuden

Vergessen Sie nie, daß es ein Zimmer im Haus gibt, wo Sie immer allein sein können. Wenn Ihnen alles zuviel wird und Sie Zeit brauchen, um zur Ruhe zu kommen und Ihren Gedanken nachzuhängen, dann legen Sie sich und Ihre Gedanken ausgiebig in warmes Wasser. Baden, Entspannung und Meditation gehen Hand in Hand, und selbst das kleinste Badezimmer kann ein Tempel des Friedens werden.

Oft sind die Badezimmer in unseren Häusern sehr vernachlässigt. Wir überschütten unsere Küche mit liebevoller Aufmerksamkeit, ebenso unsere Wohnräume und Schlafzimmer, aber das gute alte Badezimmer bleibt ein karger Waschraum. Der Grund dafür ist nicht schwer zu finden. Bis zum 19. Jahrhundert gab es in westlichen Häusern überhaupt kein Badezimmer, und selbst als sich das änderte, war das Baden doch nur ein Mittel, um sauber zu werden. Gewiß hat niemand darin etwas Seelenvolles gesehen. Ein luxuriöses, sinnliches Badezimmer scheint irgendwie etwas Dekadentes an sich zu haben.

Das ist merkwürdig, denn alle großen alten Kulturen hatten ausgeprägte Badetraditionen. Für die Ägypter war es etwas ganz Wichtiges, ebenso für die Römer, die ihre berühmten Bäder nach ägyptischen Vorbildern bauten. In Rom war das Baden eine öffentliche Angelegenheit. Man baute dafür große Hallen, die ganz dem Genuß, der Gesundheit und der Hygiene gewidmet waren. Oft waren sie Herkules, dem großen Helden und Archetypen der Stärke, und Hygeia, der Göttin der Gesundheit, gewidmet, deren Statuen die Bäder zierten; außerdem Apollo und Äskulap, dem Gott des Heilens.

Auch die Griechen schätzten das Baden hoch, es wurde sogar als ein ganz normaler Teil eines guten Abendessens betrachtet, sich zwischen den Gängen in ein parfümiertes Bad zu legen. In Indien ist das Eintauchen in die heiligen Wasser des Ganges keineswegs nur ein Bad, sondern ein frommer Akt. Das arabische Hammam ist ein Ort der Sinnenfreude und der rituellen Reinigung, ein Rückzugsort zur spirituellen und physischen Erneuerung. In Japan ist das Baden ein regelrechter Kult. Es heißt, wir im Westen baden, um sauber zu werden, während man sich in Japan erst reinigt, um dann zu baden. Baden gilt als ein Akt des Ausgleichs zwischen Geist und Sinnlichkeit, eine meditative Erfahrung, die den Geist und den Körper reinigt.

Sinnliches Baden

Es ist ein großer Unterschied, ob man badet, um sauber zu werden oder um zu genießen. Wenn Sie sich reinigen wollen, dann duschen Sie. Es geht schnell, ist sparsam und sehr effizient. Wenn Sie Ihrer Seele Zeit schenken wollen und Ihrem Körper das Gefühl, verwöhnt zu werden, dann schwelgen Sie in einem Bad.

Besonders gern tue ich das in Hotels, wenn ich das Glück habe, ein geräumiges blitzendes Badezimmer vorzufinden mit den verschiedensten wohlriechenden Essenzen, üppigen weichen Frotteetüchern und einem kuscheligen Bademantel. Eines der schönsten Bäder, in dem ich je gewesen bin, war in einem Hotel auf Malta. Das Bad war mitten in einer Säulenhalle, deren Wände mit Fresken geschmückt waren. In der ganzen Halle waren kleine Kerzen verteilt, und ein Ölbrenner verdampfte zarten Blumenduft. Das Becken war randvoll, und auf der Wasseroberfläche schwammen Blüten. Als ich mich hineinsinken ließ, fühlte ich mich wie Aphrodite, die in ihrem sybaristischen Bad göttliche Freuden genießt. Balsamische Musik spielte im Hintergrund, die mich in himmlische Sphären trug.

Nun gut, vielleicht passen die Säulen nicht in Ihr Badezimmer (mit Fresken könnten sie es jedoch versuchen!, aber was hält Sie davon ab, alles übrige zu Hause nachzuahmen? Die meisten Bäder haben scheußlich grelles Licht – schalten Sie es einfach aus und zünden Sie Kerzen an. Das sanfte weiche Kerzenlicht entspannt – und schmeichelt. Bevor Sie sich in die Wanne legen, zünden Sie eine Duftlampe an mit beruhigenden Essenzen (siehe dazu Kapitel 16). Sanfte Musik, flauschige Badehandtücher, ein kuscheliger Bademantel, duftende Badezusätze, Cremes und Öle für danach – und nun lassen Sie alle Ihre Sinne schwelgen.

Sorgen Sie dafür, daß Sie das Badezimmer zuschließen können (wenn Sie kleine Kinder haben, sollte das Schloß so hoch sein, daß sie sich nicht selbst einschließen können) und hängen Sie das Schild »Bitte nicht stören« an die Tür. Dann steigen Sie in die Wanne, lassen sich zurücksinken (ein Badekissen ist zu empfehlen) und lassen sich treiben ...

Selbstgemachte Badezusätze

Man kann für Badeöl oder andere Badezusätze unglaublich viel Geld loswerden. Viele sind voller künstlicher Farbstoffe, künstlicher Aromen und Schaumstoffe. Es lohnt sich also, Badezusätze selbst herzustellen. Hier sind ein paar Ideen zum Anfangen:

Salzeinreibung

Geben Sie je einen Teelöffel grobes Meersalz und einen Teelöffel Olivenöl in die Hand und vermischen Sie beides. Fügen Sie zwei Tropfen ätherisches Öl dazu (Lavendel zum Entspannen, Kiefer zum Anregen, Geranie zum Wohlfühlen). Reiben Sie den ganzen Körper mit kleinen kreisenden Bewegungen in Richtung Herz ein. Spülen Sie das Salz mit der Dusche ab und klopfen Sie sich trocken.

Frisches Kräuterbad

Wenn Sie im Garten oder im Blumenkasten Kräuter haben, dann nehmen Sie frische, ansonsten geht es auch mit getrockneten – nehmen Sie einfach weniger. Sie brauchen eine Handvoll Kräuter: Lavendel, Waldmeister, Lindenblüte, Kamille (oder eine Kräutermischung) zur Beruhigung, Thymian, Rosmarin und Pfefferminze zur Anregung. Geben sie die Kräuter in ein Baumwolltuch oder -säckchen, binden Sie es fest zu und werfen Sie es in die Wanne, während das Wasser einläuft.

Lassen Sie ein paar Kräuterblätter auf dem Wasser schwimmen. Entspannen Sie sich. Reiben Sie sich mit dem Säckchen ganz ab, damit die Kräuter richtig mit Ihrer Haut in Verbindung kommen – und mit Ihrem Geist.

Aphrodites Lieblingsbad

Das ist ein göttliches Bad. Das Rezept habe ich schon so lange, daß ich nicht mehr weiß, woher es stammt. Es verlangt ein bißchen Zeit, aber die Mühe lohnt sich. Wegen der Blumen, die man dazu braucht, ist es eigentlich nur ein Sommerrezept, aber man kann sich auch mit ätherischen Ölen helfen. Nehmen Sie je zwei Eßlöffel Kapuzinerkresse, Rosenblätter, Rosmarin, Nachtviole und Geißblatt, dazu je einen Eßlöffel Lorbeerblätter und getrocknete Ginsengwurzel. In gut zwei Litern Wasser fünfzehn Minuten in einem Emailletopf köcheln lassen. Abgießen, vier Tropfen Neroli (Orangenblüte) zugeben und den Sud ins Badewasser gießen. Lassen Sie ein paar Rosenblätter auf dem Wasser schwimmen. Der Duft ist ein Genuß – süß und erdig und sehr sinnlich!

 NOCH MEHR WASSERZAUBER

Genießen Sie das Baden im Freien – nicht nur einen kurzen Sprung in den Pool, sondern eine Energiedusche unter einem Wasserfall oder kontemplatives Rückenschwimmen auf einem stillen See. Manch unternehmerischer Geist hat sich eine Dusche oder ein Bad in den Garten gebaut oder sogar in die freie Natur. In Campinggeschäften kann man solargeheizte Duschen kaufen. Ich habe einmal ein Foto von einer Badewanne mitten auf einer Wiese gesehen. Sie wurde mit Quellwasser gefüllt, und darunter brannte ein Holzfeuer. Man muß wohl auf einem Holzbrett sitzen, um sich nicht an einer empfindlichen Stelle zu verbrennen. Aber stellen Sie sich vor, wie schön es sein muß, beim Baden in die Bäume oder in den Sternenhimmel zu schauen.

Wenn Sie sich mit Ihrem Badezimmer begnügen müssen, wie wäre es mit einer Renovierung? Es muß kein Vermögen kosten. Kacheln können gestrichen werden – fragen Sie danach in einem Malergeschäft. Ebenso die gräßlichen Vinyltapeten, die man oft in Badezimmern vorfindet. Reißen Sie den alten synthetischen Teppichboden heraus und ziehen Sie den Holzboden ab oder streichen Sie ihn, wenn er noch in gutem Zustand ist. Falls nicht, dann sehen Sie sich nach einem reinem Baumwollteppich um. Werfen Sie den ganzen Kram hinaus, der sich über die Jahre angesammelt hat (sofern das nicht schon beim ersten großen Aufräumen geschehen ist). Verdecken Sie unerfreuliche Anblicke mit Stoff. Hängen Sie ein paar Bilder auf, oder bemalen Sie die Wände im original römischen Bäderstil.

Schauen Sie sich um, was es für öffentliche Bäder gibt, um mit der guten alten Badetradition wieder in Kontakt zu kommen: Dampfbäder, Saunas, vielleicht gibt es sogar ein Thermalbad in Ihrer Nähe. Ich habe schon die verschiedensten Badeerfahrungen gemacht – von einem Whirlpool unter den Sternen auf den Bahamas, über ein höllisches Schwefelbad in Wyoming, bis zu einem klaren Bergsee in Wales. Wenn Sie im Urlaub sind, dann erkundigen Sie sich, wie die Leute in der Gegend baden, vielleicht können Sie mitmachen.

Gönnen Sie sich einmal einen Besuch in einem Kurbad und erforschen sie all die verschiedenen Wassertherapien: Dampfbad und Sauna, Aquagymnastik, Watsu (Shiatsu im Wasser), hydrotherapeutische Verfahren – manche sind wunderbar, andere die reine Folter!

Haben Sie schon die Heilkraft von Schlamm- und Moorbädern entdeckt? Gewisse Schlammarten haben Tausende von Mineralien und Kräutern in sich, die der Körper über die Haut aufnimmt. Fragen Sie im Bioladen nach – in der eigenen Wanne ist es eine ziemliche Schweinerei, tut aber sehr gut. Nach einem Schlammbad schlief ich einmal fünfzehn Stunden durch!

Während Sie im Bad liegen, können Sie Ihre Gedanken schweifen lassen und einfach träumen, oder Sie üben Ihre Vorstellungskraft. Stellen Sie sich vor, daß Sie in einem kristallklaren Bergsee schwimmen oder sich von warmen Ozeanwellen wiegen lassen. Sie fühlen sich durchwärmt, geborgen und tief entspannt. Benutzen Sie die Gelegenheit, sich großherzig all das Gute und Schöne zu sagen, das Sie schon immer hören wollten: Daß Sie stolz auf sich sind, daß Sie es gut machen, daß Sie sich gut fühlen und gut aussehen; Sie lieben und schätzen Ihren Körper. Stellen Sie sich vor, wie wunderschöne Nymphen – die Dienerinnen der Aphrodite – kommen, um Ihnen beim Baden behilflich zu sein. Sie waschen ihnen die Haare, maniküren Ihnen die Nägel oder sagen Ihnen einfach, wie wunderbar Sie sind. Sie könnten Ihnen Geschenke überreichen: mehr Selbstwertgefühl, eine große Dosis Vertrauen, ein besseres Körperbild, Lachen, Freude, ein paar Augenblicke Ruhe und Frieden …

Die täglichen Verrichtungen wie Baden, Gesichtsreinigung oder Zähneputzen können zu einem Ritual der Achtsamkeit werden, wenn Sie mit Ihrer Aufmerksamkeit ganz dabei sind. Denken Sie an den Tag, der vor Ihnen liegt, oder an den Tag, der vergangen ist, an die Dinge, die Sie heute erreichen wollen, oder an die guten Dinge, die geschehen sind. Verbinden Sie damit einige Augenblicke der Stille, in denen Sie bei sich sind und sich für das öffnen, was kommt, oder das reflektieren, was war.

Es gibt ein Buch, das ich Ihnen fürs Badezimmer empfehlen möchte: *Heilbäder* von Mary Muryn. Zahlreiche Badetips für jede Gelegenheit und Stimmung.

TEIL VII
DAS HELFENDE HEIM

24 Ehe, Liebe und Beziehungen

Wenn Sie in einem sauberen, aufgeräumten Haus leben, dann dürfte Ihr Geist frei und klar sein. Ist Ihr Haus mit inspirierenden Farben und schönen Objekten ausgestattet, die die Seele ansprechen, sollte sich das Leben leichter und mit weniger Anstrengung fortbewegen. Und dennoch ist das manchmal – trotz aller Bemühungen – nicht der Fall. Sie kommen einfach nicht weiter, fühlen sich von alten Problemen gefangen, frustriert und depressiv.

Natürlich kann das Zuhause nicht alles in Ihrem Leben in Ordnung bringen (manchmal muß man die Antworten außerhalb der eigenen vier Wände suchen), aber es kann einem oft eine helfende Hand reichen. Mit Feng-Shui-Techniken und anderen Formen des Haus-Heilens lassen sich vielleicht doch Probleme lösen – auf höchst überraschende und unerwartete Weise. In den nächsten beiden Kapiteln befassen wir uns mit einigen erstaunlich einfachen Tips, die bei den üblichsten Dilemmas des Lebens helfen können. Beginnen wir mit dem Bereich, der wahrscheinlich der wichtigste ist und die meisten Probleme mit sich bringt – Beziehungen.

Liebe und Beziehungen

Ob Sie sich eine neue Beziehung wünschen oder eine bestehende verbessern wollen – Feng-Shui hält einige unkomplizierte Ratschläge bereit, wie Sie Ihr Liebesleben verbessern können.

Vermutlich haben Sie den Ehesektor bereits überprüft und gegebenenfalls Schritte unternommen, ihm in Ihrem Heim Geltung zu verschaffen. Nach Möglichkeit sollte Ihr Schlafzimmer im Ehebereich Ihrer Wohnung liegen, oder zumindest sollte Ihr Bett in der Eheecke des Zimmers stehen. Wenn Sie das noch nicht getan haben, dann schauen Sie sich noch einmal die Feng-Shui-Richtlinien in Teil IV an. Haben Sie die Basis in Ordnung gebracht, dann können Sie noch folgendes tun:

 FENG SHUI FÜR BEZIEHUNGEN

Werten Sie den Ehebereich auf, indem Sie diese Ecke mit schönem hellem Licht ausstatten – ein Kronleuchter wäre ideal, vorausgesetzt er paßt in Ihr Haus, oder schauen Sie sich nach einer modernen Lampe um. Eine große Stehlampe mit einem roten oder rosa Lampenschirm wäre auch geeignet. Stellen Sie dazu eine Vase mit einem üppigen Blumenstrauß in romantischen Rosa- und Rottönen.

Prüfen Sie noch einmal, ob sich in Ihrem Schlafzimmer Dinge befinden, die Ihre Arbeit repräsentieren oder eine vergangene Beziehung. Wenn Ihr Schlafzimmer Ihre Vergangenheit oder Ihren Beruf beherbergt, dann bleiben Sie mit Ihrer Arbeit oder einer verflossenen Liebe verheiratet. Das Schlafzimmer sollte dem Schlafen vorbehalten sein. Falls Sie darin arbeiten müssen, dann teilen Sie den Arbeitsbereich ab und stellen Sie nachts das Telefon aus.

Die Bilder, mit denen Sie sich umgeben, sind sehr wichtig. Wenn sie einzelne Menschen oder einsame Landschaften darstellen (wie schön sie auch sein mögen), dann schneiden Sie sich symbolisch von Beziehungen ab. Im Schlafzimmer sollten Sie Bilder von Paaren oder von romantischen Landschaften aufhängen.

Wählen Sie für Ihr Schlafzimmer weiche angenehme Stoffe und runde Formen. Sie wecken in uns Gefühle der Harmonie und Liebe. Ihr Schlafzimmer sollte ein sinnliches Refugium sein, die Möbel, die Vorhänge, das Bett und die Überdecke sollten also vor allem Behaglichkeit und Geborgenheit vermitteln. Die Stoffe sollten ein Vergnügen für die Haut sein. Sparen Sie nicht mit Kissen, um es sich auf dem Bett bequem zu machen. Kerzen repräsentieren das Element Feuer und symbolisieren Leidenschaft.

Nehmen Sie rote Kerzen, wenn Sie sich nach einem wildem Liebesleben sehnen, rosa für Romanzen oder – noch besser – Sie legen sich eine Kerzensammlung in Rosa- und Rottönen für das ganze Spektrum der Gefühle zu. Ihr Licht ist weich und angenehm und bringt vielleicht Ihr Liebesleben zum Blühen.

Hilfe für spezifische Probleme

Falls Sie in Ihrem Liebesleben ein bestimmtes Problem haben, dann finden Sie vielleicht hier die Lösung.

Einen neuen Partner anziehen

Sarah Rossbach stellt in ihrem Buch *Feng-Shui: die chinesische Kunst des gesunden Wohnens* ein Heilmittel für Menschen vor, die heiraten möchten, aber wahrscheinlich funktioniert es auch für eine neue Beziehung. Sie sagt, der gleiche Rat gelte auch für Leute, die in einer Partnerschaft leben und darin glücklich und zufrieden bleiben wollen. Und das geht so:

Besorgen Sie sich von einem frisch verheirateten Paar neun Objekte, oder lassen Sie das Paar neun Ihrer eigenen Gegenstände berühren, und zwar entweder am Hochzeitstag oder in den neunzig darauf folgenden Tagen. Visualisieren Sie, daß Sie zusammen mit den Gegenständen das Ehe-Chi empfangen. Legen Sie die Gegenstände in den Ehebereich Ihres Schlafzimmers.

Viele Menschen haben es schwer, einen neuen Partner zu finden, weil sie nicht wirklich wissen, was sie wollen, Angst haben, alte Fehler zu wiederholen, oder sich vor Bindung fürchten. Wenn Sie das Gefühl haben, daß Ihre Vergangenheit Ihnen bei der Suche nach Liebe im Weg steht, dann lohnt es sich vielleicht, über Ihre Ängste mit einem Therapeuten oder Berater zu sprechen. Oft kann eine neue Sichtweise die Situation völlig verändern.

Sie können auch einmal Übungen aus diesem Buch dazu verwenden, um zu entdecken, was Sie von einem Partner wirklich wollen und brauchen. Denken Sie an vergangene Beziehungen (was gut war und was nicht gut war, welche Muster sich wiederholt haben). Stellen Sie sich die Wunderfrage (siehe Kapitel 6): Wie wären Sie, wie würden Sie sich fühlen und handeln, wenn Sie den idealen Partner hätten?

Stellen Sie eine »Liebeskarte« zusammen (so wie Sie es in Kapitel 6 für das ideale Heim gemacht haben) und hängen Sie sie in der Eheecke auf. Fragen Sie Ihr Heim um Rat, vielleicht kann es Ihnen etwas darüber sagen, was Sie von einer Liebesbeziehung abhält.

Eine wackelige Beziehung neu beleben

Prüfen Sie in Ihrem Heim und besonders im Ehesektor, ob es dort etwa Dinge gibt, die wortwörtlich instabil sind. Beispielsweise ein dreibeiniger Tisch, zerbrechliche Vasen oder Zierstücke, die kaputtgehen könnten, wenn man sie nur anschaut. Sorgen Sie dafür, daß Ihr Haus mit soliden, stabilen, bodenständigen Dingen gefüllt ist, die ihren Platz behaupten.

Sie müssen Ihrer Beziehung, und das heißt auch dem Ehebereich, in Ihrem Heim Gewicht geben, stellen Sie also etwas sehr Stabiles in diese Ecke, vielleicht einen massiven Tisch oder ein schweres Sofa, etwas mit Bodenhaftung, das auf keinen Fall wackelt. Stellen Sie etwas Erdig-Irdisches in die Eheecke (falls nicht schon Ihr Bett dort steht), etwa einen großen irdenen Topf oder eine Statue oder einen Stein.

Was für Stoffe haben Sie in Ihrem Schlafzimmer – sind sie zart und duftig und empfindlich? Ersetzen Sie sie mit etwas Robusterem, vielleicht mit üppigen Samtvorhängen, einer schönen warmen Wolldecke oder einer kuscheligen Steppdecke.

Gibt es vielleicht zu viele Türen im Schlafzimmer oder im Ehebereich? Falls ja, dann verhängen Sie eine mit einem schweren Vorhang oder einem Wandteppich.

Überprüfen Sie auch Ihren Schreibtisch. Es sollte nichts darauf liegen, was leicht weggeblasen werden kann. Im Ehebereich des Schreibtisches, also in der hinteren rechten Ecke, sollte etwas Gewichtiges plaziert sein, vielleicht ein Foto von Ihnen beiden in einem breiten schweren Rahmen und dazu ein roter Blumentopf mit einer gesunden Pflanze oder ein schöner großer Stein.

Eine konfliktreiche Beziehung beruhigen

Wenn Sie immer Streit haben und gerne mehr Ruhe und Frieden in Ihre Beziehung bringen möchten, dann beginnen Sie doch damit, im Ehesektor Ihres Heims und in Ihrem Schlafzimmer (falls sie nicht zusammenfallen) beruhigende Farben zu verwenden. Obwohl Feng Shui normalerweise warme Schattierungen empfiehlt wie Rosa und mildes Rot, könnten sie es in einer explosiven Beziehung einmal mit Blau- und Grüntönen versuchen, um die Energie zu dämpfen.

Bilder sind wie immer wichtig. Nehmen sie die Fotos von dramatischen Landschaften oder leidenschaftlichen Flamencotänzern ab und hängen Sie statt dessen Bilder auf, die einfach Fröhlichkeit ausstrahlen, zum Beispiel glücklich spielende Kinder. Feng-Shui-Experten empfehlen Bilder, die das Loslassen symbolisieren: Vögel, die in die Freiheit entlassen werden, ein Heißluftballon beim Start, ein Schiff beim Stapellauf.

Die Leidenschaft neu entfachen

Feuer ist das Element, das die Leidenschaft steuert, versorgen Sie sich also mit Kerzen, besonders in leuchtendem Rot und Rosa. Sie müssen sich nicht mit Bildern aus dem Kamasutra oder sonstigen erotischen Darstellungen umgeben – aber achten Sie darauf, daß die Bilder und

Poster leidenschaftliche Farben haben und mit Leidenschaft geschaffen wurden.

Bringen Sie feuriges Rot in Ihr Schlafzimmer, nicht unbedingt als vorherrschende Farbe, aber als Akzentfarbe.

Alles, was die Form einer Flamme hat, ist auch geeignet – abweichend von der Feng-Shui-Vorliebe für weiche Formen. Kissen könnten die Form eines Dreiecks oder eines Diamanten haben, oder Sie legen einen Überwurf diagonal über das Bett, so daß zwei Dreiecke entstehen.

Eine Beziehung retten

Wenn Ihre Beziehung wirklich auf der Kippe ist und Sie an der Schwelle zur Trennung oder gar vor der Scheidung stehen, dann sollten Sie Abstand gewinnen und versuchen, die ganze Situation etwas objektiver zu betrachten, ohne Beschuldigungen, Ärger und Wut. Sie suchen nach Klarheit in Ihrem Leben, beginnen Sie also wieder mit dem Saubermachen. Putzen Sie vor allem die Fenster (die Augen des Hauses), so daß Sie klar sehen können. Entfernen Sie die Spinnweben, entstauben Sie die Lampen und ersetzen Sie kaputte Glühbirnen.

Sorgen Sie für gutes, helles Licht in Ihrem Schlafzimmer – vermeiden Sie Schatten und Zwielicht.

Arbeiten Sie wieder mit der Wunderfrage: Woran würden Sie erkennen, daß Ihr Problem gelöst ist? Was wäre anders, wie würden Sie sich verhalten? Wie würde sich Ihr Partner verhalten? Wie würden sich Ihre Freunde und Ihre Familie verhalten? Was ist nötig, um die Tür zur Versöhnung zu öffnen?

25 Beruf, Kreativität und Geld

Durch das Befolgen simpler Feng-Shui-Regeln können Sie Ihrem Berufsleben Auftrieb geben, Ihre Kreativität entfalten und sogar mehr Geld ins Haus bringen. Bevor Sie irgendeinen dieser Tips in die Tat umsetzen, sollten Sie sich noch einmal den früheren Kapiteln über Putzen, Entschlacken und Feng Shui (Teil III und IV) zuwenden, um sicherzugehen, daß Sie die Grundregeln befolgt haben. Damit die Würfel ins Rollen kommen, brauchen Sie häufig nicht mehr zu tun, als gründlich zu putzen und auszumisten und einige Feng-Shui-Regeln zu berücksichtigen. Wenn danach das Problem immer noch da ist, dann versuchen Sie es einmal mit den folgenden Tips.

 ## Dem Beruf Auftrieb geben

Meistens hat unser Berufsleben mit der Haustür und dem Eingangsbereich zu tun. Achten Sie darauf, daß die Haustür sauber ist und gut funktioniert. Sie soll sich leicht öffnen lassen (wenn sie klemmt, lassen Sie sie sofort reparieren). Sie sollte frisch gestrichen oder geölt sein, und alle Beschläge, wie Türgriff, Schloß, Briefschlitz, sollten nur so glänzen. Keine Spinnweben, keine Schmutzflecken, keine blätternde Farbe. Windspiele, die beim Eintreten klingen, sind ausgezeichnet, um diesen Sektor mit Energie aufzuladen.

Wenn Sie Ihre Karriere stabilisieren wollen, dann stellen Sie rechts und links neben die Tür einen schweren Blumentopf oder eine Statue (entweder draußen oder drinnen).

Feng-Shui-Experte William Spear sagte, daß die Chinesen Karriere mit Wasser in Verbindung bringen (das auch mit Geld und Vermögen zu tun hat). Er schlägt daher vor, den Karrieresektor mit Objekten aufzuwerten, die Flüssigkeit enthalten, etwa ein Ölbrenner mit farbigem Öl oder eine schöne Schale, die mit Wasser gefüllt ist, auf dem

Kerzen oder Blütenblätter schwimmen. Bilder und Fotos könnten Wasser in irgendeiner Form darstellen: ein Fluß, ein Bach, das Meer, ein Wasserfall, Wale und Delphine.

Ihr Schreibtisch ist auch ein Symbol für Ihren Beruf, also schenken Sie ihm Aufmerksamkeit. Falls Sie im Handel arbeiten und mit Geld zu tun haben, dann sollte der Schreibtisch quadratisch oder rechteckig sein. Sind Sie mehr kreativ tätig, so bietet sich eine ovale oder runde Form an. Wenn sie beides wollen, dann suchen Sie sich einen Schreibtisch aus, der anmutige Linienführung mit geraden Kanten verbindet. Massivholz ist die beste Wahl, schwarze und weiße Tische haben die Tendenz, das Arbeitstempo zu verlangsamen. Es sollte nichts über Ihrem Schreibtisch hängen, keine Pflanzen, keine Mobiles und keine Lampen.

Idealerweise sollte Ihr Schreibtisch diagonal zur Tür stehen, damit Sie sie gut im Blick haben. Falls Sie mit dem Rücken zur Tür sitzen und den Schreibtisch nicht verrücken können, stellen Sie einen Spiegel auf den Tisch, damit Sie die Tür im Auge haben. Das allein kann schon Ihre Karriere retten!

Sortieren Sie gründlich aus und ordnen Sie Ihre Papiere und Akten. Wenn Sie immer das Gefühl haben, Sie hätten zu viel Arbeit, dann müssen Sie die Papierhaufen beseitigen – und beispielsweise in einer Hängeregistratur ordentlich ablegen. Nun betrachten Sie Ihren aufgeräumten Schreibtisch und stellen Sie Objekte darauf, die das Bagua Ihres Arbeitsplatzes anheben: Eine Blumenvase, eine Pflanze oder einen schönen Kristall in die linke obere Ecke, ein Foto der Familie oder des Partners in die rechte obere Ecke oder ein Bild, das Wärme und Liebe zum Ausdruck bringt. Das trägt dazu bei, Ihr Arbeitsleben zu vermenschlichen und harmonischer zu machen. Auf der vorderen rechten Seite befinden sich die »hilfreichen Menschen«, das ist also der natürliche Platz fürs Telefon (falls Sie Rechtshänder sind), auch für das Adreßbuch (legen Sie einen Bleikristall darauf, um es aufzuwerten). Falls Sie Linkshänder sind, kann das Telefon ruhig im Wissenssektor stehen. Ansonsten ist das der Platz für Nachschlagwerke. Direkt vor

Ihnen oder auf dem Computer befindet sich der Sektor »Ruhm und Anerkennung«. Das ist ein guter Platz für einen inspirierenden Gegenstand – ein Bild, eine Statue, eine Kerze.

 REICHTUM INS HAUS ZIEHEN

Wenn Sie den Wohlstandssektor geputzt und aufgeräumt und eventuell fehlende Ecken ergänzt haben, nun aber immer noch Mühe haben, Ihre Rechnungen zu bezahlen, dann können Sie noch folgendes versuchen:

Befinden sich die Eingangstür und der Hinterausgang in einer geraden Linie? Das könnte Ihr Problem sein. Stellen Sie eine Pflanze zwischen die beiden Türen und hängen Sie einen runden Kristall dazwischen, so daß die Chi-Energie innehalten muß. Sind die Türen im Vergleich zur Größe Ihres Heims oder Ihres Büros zu groß? Das könnte auch dafür verantwortlich sein, daß sich das Geld verflüchtigt. Stellen Sie ein gutes, schweres, solides Objekt an den Eingang neben die Tür – oder leisten Sie sich zwei große Steinschalen, um die Energie an beiden Seiten der Haustür zu stabilisieren.

Goldfische sind ein beliebtes Mittel der Chinesen, um Reichtum zu mehren. Stellen Sie das Aquarium in die Wohlstandsecke des Hauses oder des Arbeitszimmers. Um das beste Ergebnis zu erzielen, sollten Sie neun Fische haben – acht rote und einen schwarzen. Halten Sie das Aquarium sauber und geben Sie den Fischen genügend Platz. Ein Belüfter sorgt für reichlich Sauerstoff und erhöht außerdem das Chi. Wenn sie keine Fische haben wollen, dann installieren Sie einen Wasserfall oder einen kleinen Brunnen, in dem Wasser sprudelt.

Rot und Grün sind die Farben, die traditionellerweise mit Wohlstand verbunden werden. Ich will nicht sagen, daß Sie Ihr Haus jetzt in diesen Farben dekorieren müssen (außer es sind Ihre Lieblingsfarben), aber achten Sie einfach darauf, daß diese Farben im Wohlstandssektor vorkommen. Eine gesunde grüne Pflanze in einem leuchtend roten Topf könnte helfen.

Falls Sie leicht Geld in die Hände bekommen, es sich aber unerklärlich schnell verflüchtigt, dann müssen Sie dem Wohlstandsbereich Gewicht geben. Stellen Sie etwas Schweres in diese Ecke, einen Stein, eine Pflanze, eine Statue oder ein massives Möbelstück.

Wichtig ist, daß die Wohlstandsecke viel Licht hat. Falls nicht viel Tageslicht einfällt, dann stellen Sie eine große Lampe dorthin.

Überprüfen Sie die Küche. Im Feng Shui hängt die Küche mit Wohlstand zusammen. Sie muß hell und sauber sein und frei von unnützem Kram. Insbesondere der Herd muß saubergehalten werden und einwandfrei funktionieren. Wenn die Brenner verstopft sind, dann werden Sie Ihre Schulden nie loswerden. Benutzen Sie alle Brenner oder Platten, nicht nur die zwei vorderen – je mehr Brenner man benutzt, um so mehr Geld verdient man. Und vergessen Sie nicht, den Toilettendeckel immer zu schließen, Sie spülen sonst Geld hinunter.

Falls Sie der glückliche Besitzer eines Swimmingpools sind, dann sollten Sie keine allzu großen Geldprobleme haben (wahrscheinlich sind Sie sowieso schon vermögend, wenn Sie einen Swimmingpool Ihr eigen nennen). Dennoch können damit Schwierigkeiten entstehen. Ein Swimmingpool im Inneren kann das Haus aus dem Gleichgewicht bringen – es ist keine gute Idee, sofern das Haus nicht wirklich riesig ist. Ein rundes Schwimmbecken ist am besten, möglichst nicht zu nah am Haus, sonst könnte es das Haus zu sehr dominieren. In diesem Fall legen Sie einen geschwungenen Pfad aus abgerundeten Steinen zwischen Haus und Becken. Sollte ein Swimmingpool außerhalb Ihrer finanziellen Möglichkeiten liegen, dann ist ein Gartenteich genauso effektiv. Er sollte eine runde Form haben, abseits vom Haus liegen und saubergehalten werden.

 FÖRDERUNG DER KREATIVITÄT

Wollten Sie schon immer ein Buch schreiben? Oder malen? Oder ein innovatives Unternehmen gründen? Feng-Shui-Beraterin Sarah Shurety schlägt vor, den Fokus auf das Arbeitszimmer zu richten oder den Ort im Haus, wo Sie kreativ tätig sind. Probieren Sie folgende Tips aus:

Hängen Sie ein Windspiel über die Tür, das in Bewegung kommt, wenn Sie eintreten. Das hebt die Energie des Raumes und signalisiert Ihrem Unbewußten, daß Sie einen anderen Ort betreten und sich jetzt Ihrer Arbeit widmen werden.

Stellen Sie auf Ihrem Schreibtisch oder Arbeitstisch direkt vor sich etwas hin, das Sie mit Ihren Träumen verbindet, mit der Vision, die Sie zu Ihrer Arbeit inspiriert. Es könnte ein Bild sein, der Umschlag eines Buches, irgend etwas, das Ihre Träume und Projekte symbolisiert. Falls ein Computer diesen Platz einnimmt, dann hängen Sie das Bild an die Wand dahinter. Sarah erzählte mir von einer Frau, die ein Tierheim gründen wollte. Sie hängte Tierfotos an die Wand und zusätzlich die Visitenkarten von diversen Firmen, von denen Sie sich finanzielle Unterstützung erhoffte. Das Tierheim wurde ein großer Erfolg.

Auch hier kann Wasser helfen. Sarah empfiehlt, eine kleine Quelle im Arbeitszimmer zu installieren, weil das sprudelnde Wasser die Kreativität freisetzt (und außerdem Geld anzieht – keine schlechte Kombination). Es führt außerdem zu Klarheit und mindert Streß. Der beste Platz dafür ist neben dem Eingang oder in der Wohlstandsecke. In der linken Ecke Ihres Arbeitstisches sollte eine helle Lampe stehen, am besten eine, die nach oben strahlt. Stellen Sie immer frische Blumen auf Ihren Arbeitstisch, um Sie zu inspirieren.

Sie könnten auch wieder mit der Schatzkartentechnik arbeiten, ausgerichtet an Ihren Zielen und Visionen. Hängen Sie die Karte an die Wand, so daß Sie sie bei der Arbeit sehen können. Lassen Sie die Duftlampe während der Arbeit mit inspirierenden und erhebenden Aromaölen brennen (siehe dazu Kapitel 16).

Nachwort: Die Reise ist zu Ende – und beginnt

Wir haben eine lange spannende Reise durch Ihre häusliche Umgebung gemacht. Ich hoffe, daß Sie sich Ihrem Heim nun mehr verbunden fühlen, daß es nicht mehr nur ein praktischer Ort ist, an dem Sie essen und schlafen, sondern zu einem heilenden Refugium geworden ist. Vielleicht fühlt es sich sogar wie ein warmer liebevoller Freund an. So wie ein guter Freund eine Schulter hat, an der man weinen kann, guten Rat und zwei warme tröstende Arme, so kann Ihr Heim Sie umarmen und trösten.

Ich habe Ihnen eine Menge guter, solider, praktischer Ratschläge gegeben, wie Sie den Raum, in dem Sie leben, transformieren können. Aber wie wichtig Feng Shui, Space Clearing, Ordnung und Sauberkeit auch sein mögen – vergessen Sie nicht, daß Sie der wichtigste Teil dieses Prozesses sind: Ihre Intuition, Ihre Vorstellungskraft, Ihre Intention. Der Prozeß der Verwandlung eines Hauses in ein Heim hängt nicht vom Geld ab, und Sie brauchen auch kein Examen als Innenarchitektin. Aber es geht nicht ohne Herz und Seele.

Inzwischen haben Sie vielleicht gemerkt, daß der Prozeß der Beseelung Ihres Hauses viel damit zu tun hat, Ihre eigene Seele zu finden, Ihr wahres inneres Selbst. Sie können das eine nicht erreichen, ohne vom anderen etwas zu entdecken. Die uns umgebende Welt des Geistes wahrzunehmen, mit den eigenen intuitiven Kräften in Kontakt zu kommen, die Sinne zu schärfen und sensibel dafür zu werden, wie sie auf Licht, Farbe, Klang, Duft, Berührung und Geschmack reagieren – all das gehört dazu, wenn man die Neigungen und Grenzen der eigenen Seele entdeckt.

Den Archetypen des Hauses zu begegnen und mit ihnen zu leben – Hestia, Aphrodite, Artemis, Hermes und ihren Begleitern –, führt uns in die Tiefen der Seele.

Wenn wir entdecken, daß alles und jedes eine eigene Energie und Ausstrahlung hat, sei es ein Feuer oder ein Tisch, eine Vase oder ein Papierkorb, kann unsere Sichtweise der Welt sich völlig verändern – und unsere Position darin. Wir beginnen zu verstehen, daß wir alle ein Teil dieser Welt sind und daß die Welt in uns ist und uns umgibt. Wir alle sind Teil des Rhythmus des Lebens, des Tanzes der Natur auf diesem Planeten. Dieses Wissen kann uns über die Grenzen unserer eigenen vier Wände hinausführen und uns ein tiefes Gefühl der Zugehörigkeit zur Erde selbst, unser aller Zuhause, schenken.

Ein Buch wie dieses kann keine Wunder vollbringen. Aber das muß es auch nicht. Sie haben jetzt die Werkzeuge, und es liegt an Ihnen, sie so zu benutzen, wie es für Sie stimmt. Falls Sie noch keine Zeit hatten, die Übungen in Teil II zu machen, dann möchte ich Ihnen dringend ans Herz legen, sie nachzuholen. Wenn Sie sich mit diesen Techniken angefreundet haben (und sie sind wirklich ganz einfach), dann können Sie damit Kräfte jenseits Ihres rationalen und bewußten Verstandes erschließen. Mit ihrer Hilfe können Sie Antworten auf die meisten Probleme und Schwierigkeiten des Lebens finden.

Sie brauchen nur ruhig und still zu werden und in einen Zustand tiefer Entspannung einzutauchen, und Sie werden wahrscheinlich die Antworten finden, die Sie brauchen. Wenn Sie eine schwere Entscheidung treffen müssen, könnten Sie Ihr Heim um Hilfe bitten. Wenn Sie mehr Zeit für sich benötigen, dann verbinden sie sich mit Hestias stiller Weisheit. Wenn Sie schlaue Antworten für knifflige Probleme brauchen, dann bitten Sie Hermes um ein paar gute Ideen. Wenn Sie sich verletzlich und bedrückt fühlen, dann bitten Sie die Schutzengel Ihres Heims, ihre starken, liebevollen Flügel über Sie zu breiten. Sie sind nie allein, wenn Sie mit dem Geist Ihres Zuhauses in Kontakt treten.

Natürlich kann man sich fragen, ob man wirklich mit dem Geist des Hauses oder mit den Göttern kommuniziert oder ob man nur mit seinem höheren Selbst oder dem Unbewußten Verbindung aufnimmt. Es spielt eigentlich keine Rolle. Was zählt ist, mit der eigenen inneren Weisheit in Kontakt zu kommen, wenn man den rastlosen bewußten

Verstand zur Ruhe bringt. Ich glaube daran, daß unser Zuhause uns dabei ganz direkt helfen kann, allerdings muß ich zugeben, daß ich eine gewisse Neigung zur Romantik habe. Aber seien Sie versichert, daß Sie Antwort bekommen, wenn Sie fragen – vorausgesetzt, daß Sie die Zeit finden, innezuhalten, still zu werden und zu lauschen.

Wenn ich Sie um etwas bitten dürfte, dann wäre es dies: daß Sie sich Zeit nehmen für Ihre Seele. Gäbe es nur eines im Leben, was Sie sich schenken, dann schenken Sie sich Zeit. Es müssen nicht gleich viele Stunden sein, aber diese entscheidende viertel oder halbe Stunde ganz für sich allein. Suchen Sie sich den richtigen Platz im Haus, einen gemütlichen Lehnstuhl oder eine Ecke und geben Sie sich Zeit, einfach zu sein. Lassen Sie Frieden einkehren und Ihren Geist schweifen. Geben Sie Ihrem Zuhause und Ihrer Seele die Chance, gemeinsam in der Stille Heilung zu bewirken.

Danksagung

Dieses Buch ist nicht von mir allein geschaffen worden – es ist das Werk vieler Menschen über viele Jahre. Sein Fundament sind die vielen verschiedenen Orte, die für mich Zuhause waren, und die Menschen, mit denen ich die Häuser und Wohnungen geteilt habe. Sie alle – meine Familie, meine Freunde und meine Mitbewohner – standen mir zur Seite, während ich geschrieben habe.

Besonderen Dank möchte ich all den Zimmerern, Klempnern und Innenarchitekten der Seele aussprechen:

Sarah Dening für ihre große Unterstützung und Freundschaft und ihre Einsicht in die Typologie C. G. Jungs in Zusammenhang mit dem Haus, was die Grundlage von Kapitel 4 ausmacht. Sarah Shurety und Liz Williams, meinen beiden Feng-Shui-Genies, die mein Chi so gut im Fluß halten. Denise Linn und Karen Kingston, zwei hervorragenden Space Clearern, die über die Jahre so großzügig mit ihrer Zeit, ihrer Weisheit und Inspiration waren.

Jim Bultman von Green Street, meinem wunderbaren E-mail-Partner, für seine Hilfe, Hestia auf die Spur zu kommen.

Jane Mayers, Richard Lanham, Beth Easdale und den anderen Mitgliedern des Pelican Centre – Teresa, Marie, Nuala, Rachel und Lily –, meinen Weggefährten auf der Odyssee der Seele. Ohne das Pelican Centre gäbe es dieses Buch nicht.

Jane Mayers und Paresh Rink, die während des Schreibens des Buches meinen Körper und meine Seele zusammengehalten haben.

Adrian, der meinen eigenen heiligen Raum geschaffen hat. Chris und Alice Eastland für ihre zuverlässige Unterstützung, für das Lesen des Manuskripts und ihre Ratschläge für das Internet.

Lynne Crawford für den gelegentlichen und sehr notwendigen Anstoß.

Judy Chilcote, die so viel mehr ist als eine Agentin – eine gute Freundin, die all die schwierigen Dinge für mich tut.

Belinda Budga, die Lektorin meiner Träume, voll vernünftiger Ratschläge und hochfliegender Inspiration (die perfekte Kombination). Michele Turney, die gewissenhafte Redakteurin. Megan Slyfield und Hattie Madden von der Presseabteilung für ihre Ermutigung und all den unbekannten Helden in der Design-, Produktions- und Marketingabteilung des Verlages, denen zu verdanken ist, daß das Buch wirklich dorthin kommt, wo es hin soll, nämlich in Ihre Hände und – wie ich hoffe – in Ihr Zuhause.

Nicht zuletzt gilt mein Dank und meine Liebe meinem alten Pfarrhaus für den wertvollen, manchmal harten Erziehungsprozeß in der Kunst, den Geist und die Seele eines Hauses zu respektieren.

Literaturhinweise

Ban Breathnach, Sarah. *Ein guter Tag*, Goldmann, München 1998

Bloom, William. *Psychic Protection*, Piatkus, London 1996

Brennan, Barbara Ann. *Licht-Heilung*, Goldmann, München 1994

Bridges, Carol. *A Soul in Place*, Earth Nation Publishing, Nashville 1995

Brown, Simon. *Feng Shui*, Goldmann, München 1998

Brown, Simon. *Feng-Shui-Praxis*, Goldmann, München 1998

Buchman, Dian Dincin. *The Complete Book of Water Therapy*, Keats, New Canaan 1994

Budapest, Zsuzsanna E. *Die Göttin im Schlafzimmer*, Goldmann, München 1996

Chaitow, Leon. *Body Tonic*, Gaia, London 1995

Chiazzari, Suzy. *Harmonisch wohnen – glücklicher leben*, Christian, München 1998

Chuen, Master Lam Kam. *Das Feng Shui Handbuch*, Joy, Sulzberg 1996

Clarke, David with Roberts, Andy. *Twilight of the Celtic Gods*, Blandford, London 1996

Cooper, David. *Silence, Simplicity and Solitude*, Bell Tower, New York 1996

Day, Christopher. *Bauen für die Seele*, Ökobuch, Staufen 1996

Demetrakopoulos, Stephanie A. *Hestia, Goddess of the Hearth*, in der Zeitschrift *Spring* 1979, Spring Publications, Irving 1979

Dewhurst-Maddock, Olivea. *Selbstheilung durch Klang und Stimme*, AT, Aarau 1993

Downing, Damien. *Day Light Robbery*, Arrow, London 1988

Dowrick, Stephanie. *Nähe und Distanz: Das Selbsthilfe-Therapiebuch*, Frauenoffensive, München 1996

Fairchild, Dennis. *Healing Homes*, WaveField Books, Birmingham MI 1996

Fox, Matthew & Sheldrake, Rupert. *Die Seele ist ein Feld*, O. W. Barth, München 1998

Gimbel, Theo. *Heilen mit Farbe*, AT, Aarau 1994

Goldman, Jonathan. *Healing Sounds*, Element, Shaftesbury 1992

Goodman, Marion. *The Pregnant Virgin*, Inner City Books

Hillman, James. *Charakter und Bestimmung*, Goldmann, München 1998

Hillman, James (ed.). *Facing the Gods*, Spring, Dallas 1980

Holbeche, Soozi. *The Power of Gems and Crystals*, Piatkus, London 1989

Johnson, Robert A. *Owning Your Own Shadow*, Harper, San Francisco, New York 1991

Jordan, Michael. *The Encyclopedia of Gods*, Kyle Cathie, London 1992

Jung, C. G. *Erinnerungen, Träume, Gedanken*, Walter-Verlag, Zürich 1997

Kabat-Zinn, Jon. *Im Alltag Ruhe finden*, Herder, Freiburg 1998

Kingston, Karen. *Creating Sacred Space with Feng Shui*, Piatkus, London 1996

Lacy, Marie Louise. *The Power of Colour to Heal the Environment*, Rainbow Bridge Publications, London 1996

Larousse. *Dictionary of World Folklore*, Larousse, Edinburgh 1995

Lawlor, Anthony. *The Temple in the House*, Tarcher/Putnam, New York 1994

Leigh, Michelle Dominique. *The New Beauty*, Newleaf, London 1996

Liberman, Jacob. *Light – Medicine of the Future*, Bear & Company, Sante Fe 1991

Linn, Denise. *Die Magie des Wohnens*, Goldmann, München 1996

Logan, Karen. *Clean House, Clean Planet*, Pocket Books, New York 1993

MacDonald Baker, Sidney. *Detoxification & Healing*, Keats, New Canaan 1997

Marc, Olivier. *Psychology of the House*, Thames & Hudson, London 1977

Marcus, Clare Cooper. *House as a Mirror of Self*, Conari Press, Berkeley 1995

McIntyre, Anne. *Das große Buch der heilenden Pflanzen*, Hugendubel, München 1998

Mella, Dorothee L. *The Language of Colour*, Michael Joseph, London 1988

Ming-Dao, Deng. *Tao im täglichen Leben*, Goldmann, München 1998

Mitchell, Jann. *Home Sweeter Home*, Hillsboro 1996

Mojay, Gabriel. *Aromatherapie für die Seele*, Goldmann, München 1999

Moran, Victoria. *Shelter for the Spirit*, HarperCollins, New York 1997

Moore, Thomas, *Die Seele lieben*, Droemer Knaur, München 1995

Moore, Thomas (ed.). *The Essential James Hillman*, Routledge, London 1990

Muryn, Mary. *Heilbäder*, Droemer Knaur, München 1997

Nahmad, Claire. *Earth Magic*, Rider, London 1993

Null, Gary. *The Healthy Body Book*, Health Communications, Deerfield Beach 1994

Pagram, Beverly. *Alte Hausmittel neu entdeckt*, Du Mont, Köln 1998

Palmer, Magda. *Die verborgene Kraft der Kristalle*, Heyne, München 1996

Palmer, Martin & Nigel. *Sacred Britain*, Piatkus, London 1997

Paris, Ginette. *Pagan Meditations – Aphrodite, Hestia, Artemis*, Spring, Woodstock 1986

Paungger, Johanna & Poppe, Thomas. *Aus eigener Kraft*, Goldmann, München 1997

Literaturhinweise

Pearson, David. *The Natural House Book*, Gaia, London 1989

Pearson, David. *The Natural House Catalog*, Gaia, London 1996

Petersen, Brenda. *Nature and Other Mothers*, HarperCollins, New York 1992

Rinpoche, Sogyal. *Das tibetische Buch vom Leben und vom Sterben*, O. W. Barth, München 1993

Rossbach, Sarah & Yun, Lin. *Feng Shui, Farbe und Raumgestaltung*, Droemer Knaur, München 1996

Rossbach, Sarah. *Feng Shui*, Rider, London 1984

Rossbach, Sarah. *Feng Shui: die chinesische Kunst des Wohnens*, Droemer Knaur, München 1994

Rybczynski, Witold. *Home*, Penguin, New York 1986

St. Aubyn, Lorna. *Rituals for Everyday Living*, Piatkus, London 1994

St. James, Elaine. *Living the Simple Life*, Hyperion, New York 1996

St. James, Elaine. *Zurück zum Selbst*, Goldmann, München 1996

Sardello, Robert. *Facing the World with Soul*, Lindisfarne Press, New York 1992

Schiff, Francine. *Food for Solitude*, Element, Shaftesbury 1992

Shurety, Sarah. *Harmonie im ganzen Haus – Feng Shui*, DuMont, Köln 1997

Smith, Cyril W. & Best, Simon. *Electromagnetic Man*, Dent, London 1989

Spear, William. *Die Kunst des Feng Shui*, Droemer Knaur, München 1996

Too, Lillian. *Das große Buch des Feng Shui*, Droemer Knaur, München 1997

Uyldert, Mellie. *Verborgene Kraft der Edelsteine*, Hugendubel, München 1994

Verner Bonds, Lilian. *Discover the Magic of Colour*, Optima, London 1993

Wildwood, Chrissie. *Bloomsbury Encyclopedia of Aromatherapy*, Bloomsbury, London 1996

Wildwood, Chrissie. *Create Your Own Perfumes using Essential Oils*, Piatkus, London 1994

Worwood, Valerie Ann. *The Fragrant Mind*, Doubleday, London 1995

Worwood, Valerie Ann. *The Fragrant Pharmacy*, Bantam, London 1990

Worwood, Valerie Ann. *Liebesdüfte*, Goldmann, München 1995